行 思

——北京化工大学附属中学教学设计案例精选

全疆发 主编

中国林业出版社

图书在版编目（CIP）数据

行思：北京化工大学附属中学教学设计案例精选/全疆发主编．—北京：中国林业出版社，2018.8

ISBN 978-7-5038-9701-6

Ⅰ．①行… Ⅱ．①全… Ⅲ．①课堂教学－教学设计－中学 Ⅳ．①G623.421

中国版本图书馆 CIP 数据核字（2018）第 181467 号

出版：中国林业出版社（100009　北京市西城区德胜门内大街刘海胡同 7 号）

E-mail：377406220@qq.com　**电话**：010－83143520

发行：中国林业出版社总发行

印刷：三河祥达印装厂

版次：2018 年 8 月第 1 版

印次：2018 年 8 月第 1 次

开本：787mm×960mm　1/16

印张：17.75

字数：350 千字

定价：48.00 元

前　言

古希腊哲学家柏拉图认为，“美不是美的具体事物。美是理念，是美的具体事物所以美的原因。”朱光潜先生讲：“美不仅在物，亦不仅在心，它在心与物的关系上面；但这种关系并不如康德和一般人所想象的，在物为刺激，在心为感受；它是心借物的形象来表现情趣。世间并没有天生自在，俯拾即是的美，凡是美都要经过心灵的创造。”古今中外关于“美”的论述确实不少，共同之处是强调了心灵层面的发现、感受、体验、创造等。

作为中小学的一线教师，我们没有能力成为学究派，从理论上刨根问底把美研究个透。但是，我们能够结合教育教学实践，用心去发现、体验、实践、感悟那些教学活动中“让人感到愉悦”的现象、事物、行为，或者说是在行动过程中的思考、思想与感悟，体验到成长、成功、愉悦等，也是一段美的历程。因为审美是人类从主观、情感上去发现、品味、欣赏客观事物中的美，并从中获得愉悦感。这种主观心理活动，能提升人的境界，促进人的发展。这种审美的情感体验过程，不仅能丰富教师的工作与生活，更是教师职业生涯的激昂与提升过程。它不仅有助于教师对教育教学规律的认识，也有助于对教师自我价值的肯定。

这本书汇集了北京化工大学附属中学部分教师近 3 年的教学设计、教学案例、教学研究成果等，涉及课堂教学、班级管理等方面，共计 45 篇。其中一些做法、观点不乏新意，也有稍显稚嫩的，但教学成果都是实在的。更重要的是，这一总结、反思、提炼的过程，老师们体验到教育教学过程中的人性关怀之美、师生互动的情感愉悦之美、发现教育规律的觉悟之美、能力提升的成功之美。换句话说，这一书的形成，与其说是美的形式，不如说是美的价值，是教师教育实践活动的一次审美体验。

基础教育的主阵地是课堂，教师是课堂教学的组织者与实践者。教师的综合素养直接影响着课堂教学质量的高低。课堂教学改进和教学质量提升，首先应该有实实在在的行动，其次借助教学反思与理论研究促进教学实践能力的再提升。因此，在常态教学与教学研究中，应该一手抓教学实践行动，一手抓反思总结。通过引领与支持教师们在教学行动中思考教学改革的方法，进一步提升课堂教学效益。“行”且“思”是教师专业化成长、综合素养提升的必由之路。

这一书既是每位作者的思想和实践的结晶，承载着老师在工作中的努力与创造，也是一个个优美的故事，诉说着每一位北京化工大学附属中学人的点滴喜悦。这本书能够付梓出版，在感谢每位作者的同时，还要感谢初中部刘延军副主任的费心梳理、华师教育研究院聂成华主任的指导帮助。

教育的本质是唤醒学生心灵深处对真、善、美的潜在追求，这就要求教师的心灵深处有着对真、善、美的追求。学校鼓励、支持教师在教学实践行动中，反思、总结、提炼教学经验甚至规律，本意也在唤醒教师。只有这样，“美的教育”办学思想才能落实在常态的教学活动中，为学生的美好人生奠基，这个美好愿景才能真正实现。

全疆发

2018 年 5 月 18 日

于北京化工大学附属中学

目录

研究成果

初中数学学困生自我调节学习能力的调查研究

初中　刘延军

本课题围绕初中生自我调节学习能力，尤其是数学学困生自我调节学习能力的特点展开了系统而全面的研究，相关的选题具有重要的理论价值和实际意义。课题综合采用了调查法、深度访谈法和文献分析法，获取了关于初中生及数学学困生的第一手资料，通过描述性分析、独立样本t检验、方差分析、事后分析、回归分析等统计方法，考察了初中生自我调节学习能力的整体状况，探索了初中数学学困生与非学困生自我调节学习能力的差异，揭示了初中数学学困生自我调节学习的特点，为更加清晰地了解初中生数学学困生的内部机制提供了科学的依据。

一、核心词的研究

（一）自我调节学习

1. 自我调节学习的概念

Zimmerman（齐默曼）认为（1990），学生能够主动地、灵活地运用元认知策略，能够自我激发学习动机，能够对自己的学习行为积极地做出自我观察、自我判断、自我反应，这样的学习就是自我调节学习。

国内研究者们围绕自我调节学习的本质也开展了大量的研究，董奇等认为自我调节学习是指学习者为了保证学习的成功、提高学习效果、达到学习目的，而在进行学习活动的全过程中，将自己正在进行的学习活动作为意识的对象，不断地对其进行的积极、自觉的计划、监督、检查、评价、反馈、控制和调节过程。方平认为，自我调节学习是指学习者为了提高学习的效果，达到学习的目标而主动地调节认知、情绪动机和行为的过程。

2. 自我调节学习定义

本研究中自我调节学习的操作性定义是，学习者为了提高学习效果，达到学习目标，在学习过程中积极主动地计划、监督、检查、评价、反馈并不断地控制和调节认知、情绪动机、行为和环境的过程。

（二）学困生概念

1. 国外学困生的定义

柯克在《特殊儿童教育》（1962）中首次提到学习困难的概念：学习困难是指个体在一种或多种过程中表现出的落后、障碍或延迟发展，这些过程涉及说话、语言、阅读、书写、算术或其他学科。学习困难是由可能存在的脑功能失调所致心理障碍或情绪或行为紊乱造成的，但并非智力落后、感觉剥夺或不利的文化与教学因素造成的结果。

1977年美国教育办公室（USOE）把学习困难定义为，在理解、使用口头或书面语言方面的一种或多种基本心理过程障碍，体现为听、说、读、写、思考、数学计算的一种能力缺陷。这一术语包括由知觉障碍、脑损伤、轻微脑功能障碍、失读症、发展性失语症等因素造成的学习问题，但不包括由视觉、听觉、动机障碍或智力落后、情感障碍及环境、文化、经济因素造成的学习困难问题。

1981年美国学业困难联合委员会提出：学习困难是一个综合概念，指的是由不同症状组成的一组功能失调，表现为听、说、读、写、推理、数学等方面能力的获得和运用困难，1990年美国学习困难联合委员会又对其早期定义进行了修订，修订后的内容是：学习困难是一个用于描述异质障碍体的概括性术语，障碍表现为在获得和使用听、说、读、写、推理或数学能力方面的明显困难。

2. 国内学困生的界定

上海《初中学习困难学生教育研究》课题组对学习困难学生的定义是：学困生是指感官和智力正常，但学习效果低下，达不到国家规定的教学大纲要求的学生。

雷雳将学习困难定义为：学习困难是指学生智力正常，但在听、说、读、推理、数学能力或社会技能等方面有显著困难，与其他智力相当的学生之间有明显差距。

总之，由于出发点和侧重点不同，国内较有影响的观点有以下三种：第一种，以学科标准判断。持这种观点的人以一定年龄或年级的儿童对所学的知识、技能所必须达到的水平为标准来判断个体是否为学习困难者。第二种，以发展标准判断学生是否学习困难，这种观点认为个体是好是差，关键是看他是否最大限度地发挥了自身具有的潜能。第三种，以名次标准判断，把同一群体的学习者，按照学业成绩由高到低分别排出名次，名次排在后边的就是学习困难者。

3. 学困生定义

本研究对初中数学学困生下的操作性定义是：由于学习兴趣、学习动机、学习策略、学习基础等非智力因素，使学生无法适应普通学校教育条件下的学习生活，导致数学学业成绩不良，无法把数学知识运用于实际生活中的学生。这种学业不良是可以转化的，由于智力因素导致的学业成绩未达标准者，不属于学困生的范畴。

二、研究过程

（一）研究设计

本课题通过逐步深入的方式，考察初中数学学困生自我学习能力的状况。总体研究思路和框架见图 1。

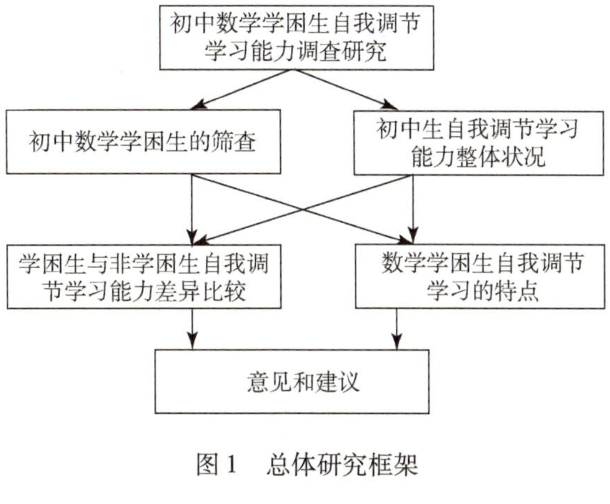

图 1　总体研究框架

（二）研究对象

随机抽取北京市某中学初中生160名，发放问卷160份，回收160份，剔除无效和答题不认真的27份，有效回收问卷133份，有效回收率为83.13%。被试的人口统计学情况详见表1，父母学历和父母职业分布见图2~图5。

表1　被试人口统计学变量描述统计表（$n=133$）

人口学变量	类别	人数	百分比（%）	均值	标准差	标准误
性别	男	83	62.4	1.38	0.49	0.04
	女	50	37.6			
年龄	12	10	7.5	13.58	0.86	0.07
	13	57	42.9			
	14	46	34.6			
	15	19	14.3			
	16	1	0.8			
年级	初一	39	29.3	2.05	0.80	0.70
	初二	48	36.1			
	初三	46	34.6			
父亲学历	初中及以下	4	3.0	3.02	1.22	0.11
	高中及中专	59	44.4			
	大专	27	20.3			
	本科	17	12.8			
	研究生	26	19.5			
母亲学历	初中及以下	9	6.8	2.84	1.19	0.10
	高中及中专	60	45.1			
	大专	25	18.8			
	本科	21	15.8			
	研究生	18	13.5			
父亲职业	1	2	1.5			
	2	14	10.5			
	3	8	6.0			
	4	56	42.1			
	5	7	5.3			
	6	46	34.6			

（续表）

人口学变量	类别	人数	百分比（%）	均值	标准差	标准误
母亲职业	1	0	0			
	2	13	9.8			
	3	7	5.3			
	4	52	39.1			
	5	0	0			
	6	61	45.9			

注：1. 国家机关、党群组织、企业、事业单位负责人；2. 专业技术人员；3. 办事人员和有关人员；4. 商业、服务业人员；5. 生产、运输设备操作及有关人员；6. 其他从业人员。

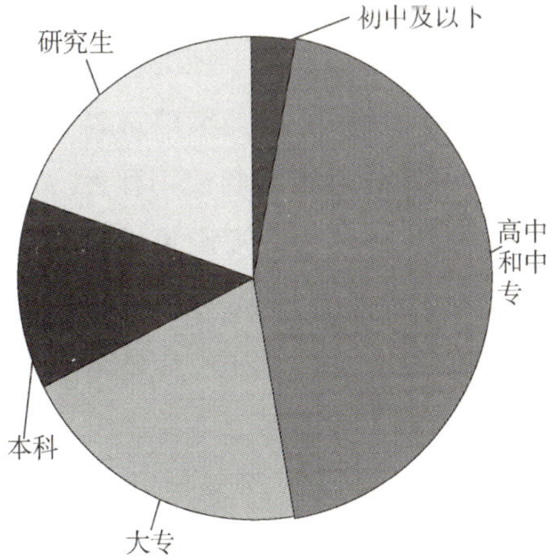

图 2　父亲学历分布

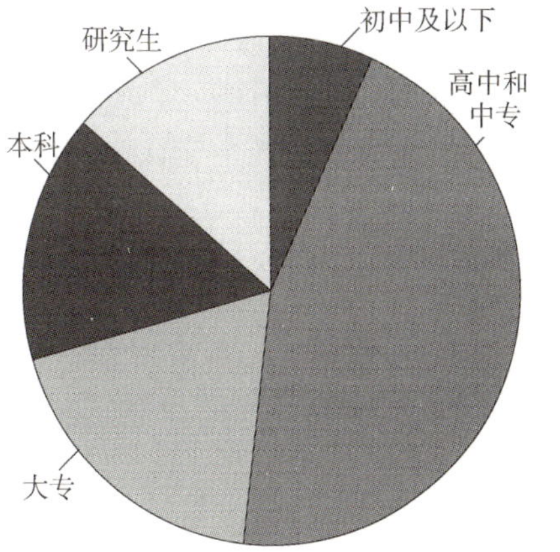

图 3　母亲学历分布

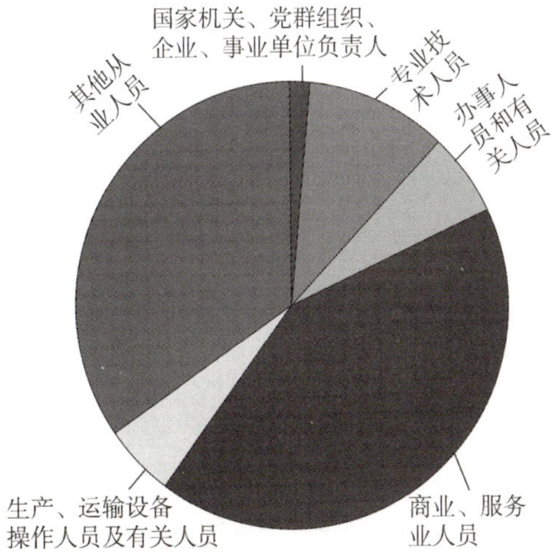

图 4　父亲职业分布

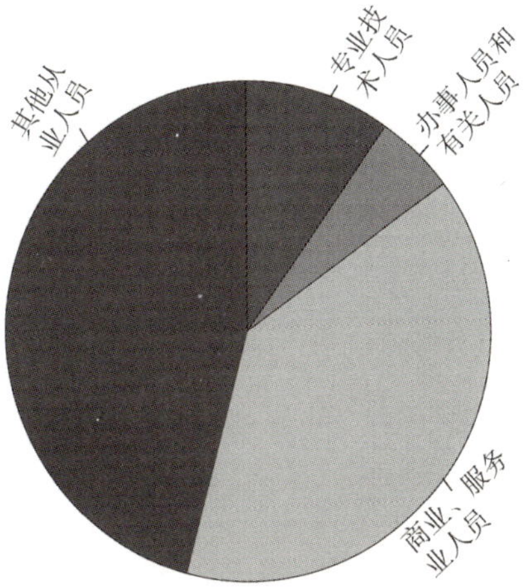

图 5　母亲职业分布

（三）研究方法

本课题采用的研究方法包括问卷法、访谈法和文献分析法，其中问卷采用的是方平教授编制的非常成熟的初中生自我调节学习能力量表，并在调查研究中对该问卷的信效度进行了检验，实践证明该问卷适合于测量初中数学学困生的自我调节学习能力。

（四）技术路线

首先，《初中生自我调节学习问卷》是方平教授编制的用于测量初中生自我调节学习能力的问卷，该问卷包括学习动机和学习策略两个分量表，学习动机量表主要用于调查初中生在学习过程中对其学习期望、任务价值和情感的感知程度，由价值成分、期望成分和情感成分构成；学习策略量表主要调查初中生在学习过程中元认知、认知策略、资源管理策略的使用程度。该问卷共 79 个题目，反向计分 12 题，该量表具有良好的信效度测量学指标。在本次调查研究中，该问卷内部一致性系数 $a=0.93$，其中学习动机/情感分量表的 α 系数为 0.82，学习策略分量表的 α 系数为 0.85。三阶五维度 15 因素的模型如图 6 所示。

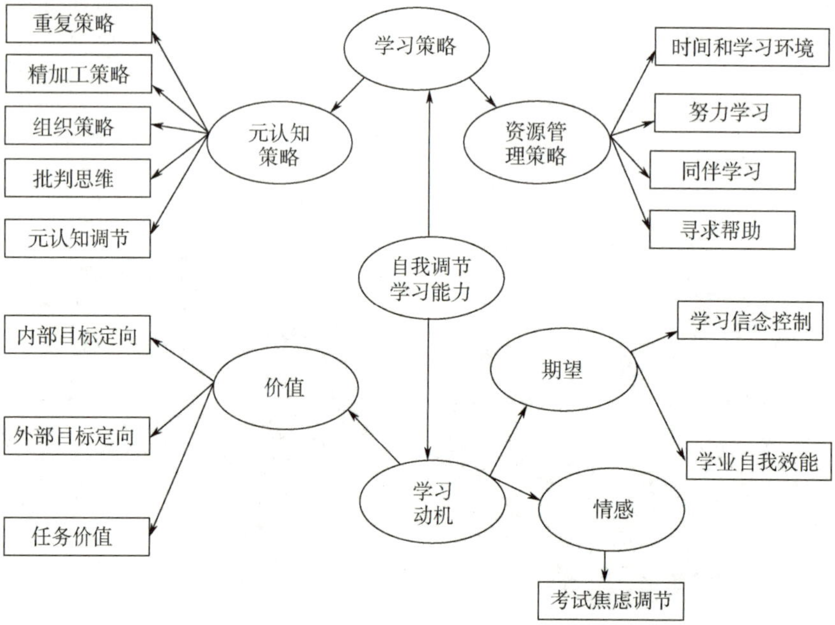

图 6　三阶五维度模型

该模型的各项拟合指标如表 2 所示。

表 2　模型的各项拟合指标

Chi-square	*df*	x^2/df	*GFI*	*CFI*	*IFI*	*TLI*	*RMSEA*
139.5	79	1.77	0.880	0.937	0.939	0.917	0.076

可见，该量表适用于初中生数学自我调节学习能力的测量。

其次，施测时，以班级为单位在课堂上进行团体实测并当场回收问卷，由班主任担任主试，在施测前对班主任进行培训，由班主任宣读测试指导语，要求学生实事求是，按照自己的真实情况如实填写，整个测试在 20～30 分钟完成。问卷录入由专业人员完成。所有问卷录入前，都会统一编码，该编码也会同时录入到数据库中，保证了数据与问卷源的一一对应，方便检验数据录入的准确性。有效数据的筛查和分析使用 SPSS18.0 和 AMOS17.0 完成。

最后，通过深入访谈了解学生的实际想法和真实情况，结合测量的客观数据分析，更加全面地了解数学学困生自我调节学习的现状，解释其自我调节学习的特点和需要增强的维度，并为转化工作提供策略上的指导。

三、研究发现和结论

（一）初中生数学自我调节学习能力的整体现状

1. 不同性别初中生自我调节学习能力分析

男女生在自我调节能力各维度上存在差异，除了学业自我效能维度男生高于女生以外，其他 14 个维度，女生均高于男生。学习动机方面，女生的学习信念控制显著高于男生（$t = -1.90$c. n.）；学习策略方面，女生的组织策略显著高于男生（$t = -2.08$，$p < 0.05$），女生会在学习中比男生更积极主动的“寻求帮助”（$t = -2.67$，$p < 0.01$）。所以，要加强男生自我调节学习能力的培养，尤其在学习信念控制、组织策略和寻求帮助方面，激发他们的学习动机，熟悉并掌握学习策略的应用（表 3）。

表 3　不同性别初中生自我调节能力各维度的描述统计

项目	性别	N	均值	标准差	均值的标准误	*t* 值
内部目标定向	男	83	16.71	2.41	0.27	−0.68
	女	50	17.00	2.30	0.32	

（续表）

项目	性别	N	均值	标准差	均值的标准误	t 值
外部目标定向	男	83	15.96	3.10	0.34	-1.73
	女	50	16.88	2.70	0.83	
任务价值	男	83	24.40	2.79	0.30	-1.27
	女	50	25.02	2.66	0.37	
A 价值总分	男	83	57.07	6.79	0.74	-1.58
	女	50	58.90	5.88	0.83	
学习信念控制	男	83	16.57	2.96	0.32	-1.90
	女	50	17.42	2.18	0.30	
学业自我效能	男	83	30.80	5.60	0.61	0.75
	女	50	30.08	4.91	0.69	
B 期望总分	男	83	47.36	7.36	0.80	-0.11
	女	50	47.50	5.84	0.82	
C 情感考试焦虑调节	男	83	14.20	4.57	0.50	-0.44
	女	50	14.56	4.27	0.60	
学习动机	男	83	118.64	12.94	1.42	-1.03
	女	50	120.96	11.89	1.68	
重复策略	男	83	14.75	3.04	0.33	-0.32
	女	50	14.92	2.89	0.41	
精加工策略	男	83	23.52	4.13	0.45	-1.03
	女	50	24.24	3.52	0.49	
组织策略	男	83	14.13	3.21	0.35	-2.08*
	女	50	15.30	3.01	0.42	
批判思维	男	83	19.40	3.68	0.40	-0.17
	女	50	19.50	3.05	0.43	
元认知自我调节	男	83	43.51	6.80	0.74	-1.42
	女	50	45.28	7.22	1.02	
D 元认知策略总分	男	83	115.30	18.00	1.97	-1.26
	女	50	119.24	16.79	2.37	
时间和学习环境	男	83	26.14	3.86	0.42	-1.11
	女	50	26.90	3.71	0.52	

（续表）

项目	性别	N	均值	标准差	均值的标准误	t 值
努力调节	男	83	14.69	2.54	0.28	-0.48
	女	50	14.92	3.06	0.43	
同伴学习	男	83	7.00	2.06	0.22	-0.65
	女	50	7.24	2.03	0.28	
寻求帮助	男	83	14.33	1.95	0.21	-2.67**
	女	50	15.34	2.37	0.33	
E 资源管理总分	男	83	62.16	6.78	0.74	-1.77
	女	50	64.40	7.53	1.06	
学习策略	男	83	177.46	23.28	2.55	-1.49
	女	50	183.64	23.05	3.26	
自我调节学习总分	男	83	296.10	32.40	3.55	-1.47
	女	50	304.60	32.20	4.55	

注：$*p<0.05$，$**p<0.01$。

2. 不同年级初中生自我调节学习能力的差异

不同年级初中生的自我调节学习能力差异显著（$F=3.15$，$p<0.05$），初三学生自我调节学习能力最强，且显著大于初二学生（$F=16.05$，$p<0.05$），初二学生的自我调节学习能力最弱，初二、初三学生的自我调节学习能力与初一学生差异均不显著。①学习动机层面。不同年级的学习动机差异显著（$F=4.85$，$p<0.01$），初三的学习动机最高，初二其次，初一的学习动机最差，初三学生的学习动机显著高于初二和初一学生的学习动机。价值和期望维度的年级差异显著（$F=4.85$，$p<0.01$；$F=4.18$，$p<0.05$），初三学生看待学习的价值和对待学习的期望都是最高的（面临中考，学习的紧迫性），且初三学生看待学习的价值显著高于初一学生，初一学生的学习价值观最差，初三学生对待学习的期望显著高于初二学生，初二学生对待学习的期望是最差的。进一步的分析表明，学习价值的差异主要体现在内部目标定向（$F=4.29$，$p<0.05$）和任务价值（$F=9.23$，$p<0.01$），尤其是任务价值的年级差异极其显著。初三学生的内部目标定向极其显著高于初一学生，初二学生的内部目标定向显著高于初一学生，初一学生的内部目标定向最不明确；初二、初三学生学习的任务价值均极其显著高于初一学生，初二学生高于初三学生，但

差异不显著。学习的期望差异主要体现在学业自我效能感，初三学生的自我效能感最高，且显著高于初二学生，初二学生的学业自我效能感最差（可能处于高原期）。②学习策略层面。初三学生的学习策略最好，初一其次，初二最差，初三学生的重复策略、组织策略和时间与环境管理策略均显著高于初二学生，初一学生的三种学习策略也要好于初二学生，但差异不显著。

综上所述，初中生自我调节学习能力的年级差异显著。初三学生的自我调节学习能力最强，且显著大于初二学生，初二学生的自我调节学习能力最弱，初二、初三学生的自我调节学习能力与初一学生差异均不显著。在学习动机层面，初三的学习动机最高，初二其次，初一的学习动机最差，初三学生的学习动机显著高于初二和初一学生的学习动机，故需加强初一、初二学生学习动机的激发和培养，尤其是初一学生内部目标定向和任务价值方面。在学习策略层面，初三学生的学习策略最好，初一其次，初二最差，所以，需加强初一、初二学生学习策略的指导与训练，尤其是初二学生重复、组织和时间与环境管理策略三个方面（表4）。

表4　不同年级初中生自我调节学习能力的方差分析摘要表

项目	年级	N	均值	标准差	标准误	F 值	事后比较
内部目标定向	初一	39	16.23	2.03	0.33	4.29*	3>1**，3>2*，2>1
	初二	48	16.54	2.83	0.41		
	初三	46	17.61	1.90	0.28		
	总数	133	16.82	2.37	0.21		
外部目标定向	初一	39	16.05	3.23	0.52	1.16	3>2>1
	初二	48	16.00	3.24	0.47		
	初三	46	16.85	2.42	0.36		
	总数	133	16.31	2.98	0.26		
任务价值	初一	39	23.13	2.04	0.33	9.23***	3>1***，2>3，2>1***
	初二	48	25.27	2.98	0.43		
	初三	46	25.24	2.59	0.38		
	总数	133	24.63	2.76	0.24		
A 价值总分	初一	39	55.41	5.63	0.90	4.85**	3>1**，3>2，2>1
	初二	48	57.81	7.52	1.09		
	初三	46	59.70	5.45	0.80		
	总数	133	57.76	6.51	0.57		

（续表）

项目	年级	N	均值	标准差	标准误	*F* 值	事后比较
学习信念控制	初一	39	16.72	2.90	0.47	2.24	3>1，3>2，1>2
	初二	48	16.40	3.00	0.43		
	初三	46	17.54	2.11	0.31		
	总数	133	16.89	2.72	0.24		
学业自我效能	初一	39	30.10	5.09	0.82	3.30*	3>1，3>2*，1>2
	初二	48	29.38	5.62	0.81		
	初三	46	32.09	5.00	0.73		
	总数	133	30.53	5.35	0.46		
B 期望总分	初一	39	46.82	6.14	0.98	4.18*	3>1，3>2*，1>2
	初二	48	45.77	7.70	1.11		
	初三	46	49.63	5.83	0.86		
	总数	133	47.41	6.81	0.59		
C 情感考试焦虑调节	初一	39	14.69	4.62	0.74	0.80	3>1，3>2，1>2
	初二	48	13.69	3.99	0.58		
	初三	46	14.72	4.78	0.70		
	总数	133	14.34	4.46	0.39		
学习动机	初一	39	116.92	10.98	1.76	4.85**	3>1*，3>2*，2>1
	初二	48	117.27	14.10	2.04		
	初三	46	124.04	11.00	1.62		
	总数	133	119.51	12.56	1.09		
重复策略	初一	39	15.08	3.01	0.48	2.70n.s.	3>1，3>2*，1>2，
	初二	48	14.04	2.93	0.42		
	初三	46	15.39	2.89	0.43		
	总数	133	14.81	2.98	0.26		
精加工策略	初一	39	24.15	3.96	0.63	0.67	1>3，1>2，3>2
	初二	48	23.27	3.81	0.55		
	初三	46	24.02	4.03	0.59		
	总数	133	23.79	3.92	0.34		
组织策略	初一	39	14.51	3.14	0.50	2.30	3>1，3>2*，1>2
	初二	48	13.92	3.43	0.50		
	初三	46	15.30	2.84	0.42		
	总数	133	14.57	3.18	0.28		

（续表）

项目	年级	N	均值	标准差	标准误	*F* 值	事后比较
批判思维	初一	39	19.46	3.577	0.57	0.05	3>1>2
	初二	48	19.31	3.47	0.50		
	初三	46	19.54	3.40	0.50		
	总数	133	19.44	3.45	0.30		
元认知自我调节	初一	39	43.74	8.01	1.28	1.91	3>1>2
	初二	48	43.02	6.32	0.91		
	初三	46	45.74	6.58	0.97		
	总数	133	44.17	6.990	0.61		
D 元认知策略总分	初一	39	116.95	20.05	3.21	1.59	3>1>2
	初二	48	113.56	15.47	2.23		
	初三	46	120.00	17.25	2.54		
	总数	133	116.78	17.60	1.53		
时间和学习环境	初一	39	26.15	2.83	0.45	5.42^{**}	3>1，$3>2^{*}$，1>2
	初二	48	25.33	3.68	0.53		
	初三	46	27.80	4.29	0.63		
	总数	133	26.43	3.81	0.33		
努力调节	初一	39	14.59	2.33	0.37	0.52	3>2>1
	初二	48	14.60	2.78	0.40		
	初三	46	15.11	3.04	0.45		
	总数	133	14.77	2.74	0.24		
同伴学习	初一	39	7.08	2.49	0.40	0.10	2>1>3
	初二	48	7.19	1.83	0.26		
	初三	46	7.00	1.90	0.28		
	总数	133	7.09	2.05	0.18		
寻求帮助	初一	39	14.95	1.73	0.28	0.35	3>1>2
	初二	48	14.58	2.55	0.37		
	初三	46	14.63	2.10	0.31		
	总数	133	14.71	2.17	0.19		
E 资源管理总分	初一	39	62.77	6.49	1.04	1.91	3>1>2
	初二	48	61.71	6.58	0.95		
	初三	46	64.54	7.99	1.18		
	总数	133	63.00	7.13	0.62		

（续表）

项目	年级	N	均值	标准差	标准误	*F* 值	事后比较
一阶学习策略	初一	39	179.72	25.62	4.10	1.88	3 > 1 > 2
	初二	48	175.27	20.08	2.90		
	初三	46	184.54	23.93	3.53		
	总数	133	179.78	23.31	2.02		
自我调节学习总分	初一	39	296.64	35.48	5.68	3.15*	3 > 1，3 > 2*，1 > 2
	初二	48	292.54	30.17	4.35		
	初三	46	308.59	30.60	4.51		
	总数	133	299.29	32.47	2.82		

注：* $p<0.05$，** $p<0.01$；1，初一；2，初二；3，初三。

3. 初中生的自我调节学习能力正向预测学业成绩

以自我调节学习能力及其各维度为预测变量，以学业成绩、数学、语文成绩为结果变量，进行回归分析。结果如表 5 所示，自我调节学习能力可以正向显著预测学业总成绩（$\beta=0.28$，$t=3.35$，$p<0.01$）、数学成绩（$\beta=0.21$，$t=2.41$，$p<0.05$）和语文成绩（$\beta=0.31$，$t=3.69$，$p<0.001$），进一步的分析可以发现，任务价值维度显著正向预测学业总成绩（$\beta=0.32$，$t=2.72$，$p<0.01$）、数学成绩（$\beta=0.25$，$t=2.01$，$p<0.05$）和语文成绩（$\beta=0.34$，$t=2.85$，$p<0.01$）。

表 5　自我调节学习能力与初中生学业成绩的回归分析

		学业总成绩	数学成绩	语文成绩
自我调节学习能力	ΔR^2	0.08	0.04	0.094
	β	0.28	0.21	0.31
	t	3.35**	2.41*	3.69***
学习动机	ΔR^2	0.21	0.14	0.22
	β	-0.05	-0.002	-0.10
	t	-0.21	-0.01	-0.4
内部目标定向	ΔR^2	0.21	0.14	0.22
	β	0.15	0.11	0.15
	t	0.96	0.72	0.99

（续表）

		学业总成绩	数学成绩	语文成绩
外部目标定向	ΔR^2	0.21	0.14	0.22
	β	-0.01	0.02	-0.04
	t	-0.04	0.16	-0.26
任务价值	ΔR^2	0.21	0.14	0.22
	β	0.32	0.25	0.34
	t	2.72**	2.01*	2.85**
学习信念控制	ΔR^2	0.21	0.14	0.22
	β	0.15	0.08	0.21
	t	1.09	0.52	1.50
考试焦虑调节	ΔR^2	0.21	0.14	0.22
	β	0.15	0.08	0.20
	t	1.08	0.57	1.43
学习策略	ΔR^2	0.07	0.03	0.10
	β	0.56	0.31	0.73
	t	1.09	0.59	1.45
重复策略	ΔR^2	0.07	0.03	0.10
	β	-0.19	-0.14	-0.21
	t	-1.22	-0.85	-1.38
精加工策略	ΔR^2	0.07	0.03	0.10
	β	-0.11	-0.06	-0.14
	t	-0.57	-0.32	-0.76
组织策略	ΔR^2	0.07	0.03	0.10
	β	-0.07	-0.02	-0.12
	t	-0.41	-0.10	-0.70
批判思维	ΔR^2	0.07	0.03	0.10
	β	-0.01	0.02	-0.04
	t	-0.04	0.11	-0.22
时间和学习环境	ΔR^2	0.07	0.03	0.10
	β	-0.09	-0.07	-0.08
	t	-0.52	-0.43	-0.50

（续表）

		学业总成绩	数学成绩	语文成绩
努力调节	ΔR^2	0.07	0.03	0.10
	β	0.76	0.07	0.07
	t	0.56	0.51	0.50
同伴学习	ΔR^2	0.07	0.03	0.10
	β	-0.08	-0.06	-0.09
	t	-0.55	-0.39	-0.62
寻求帮助	ΔR^2	0.07	0.03	0.10
	β	-0.05	0.01	-0.10
	t	-0.46	0.10	-1.05

注：* $p<0.05$，** $p<0.01$

（二）数学学困生与非学困生自我调节学习能力的差异

1. 数学学困生与非学困生自我调节学习能力的差异比较

对于学困生的界定，目前比较一致的看法是：由于学习兴趣、学习动机、学习策略、学习基础等非智力因素，使学生无法适应普通学校教育条件下的学习生活，导致“学业不振”或“学力不良”，但这种“不振”或“不良”是可以转化的。明显智力缺陷致使学业成绩未达标准者不属于学困生的范畴（钟启泉，2003；白学军，2009）。根据国内目前采用学困生的标准，本研究筛查数学学困生的标准是：①智力正常，没有感官障碍；②数学成绩明显低于同年龄学习者平均水平的一个标准差，且所处水平比较稳定；③学习基础、学习兴趣、学习动机和策略等非智力因素表现相对较弱者，在班级中的比例为10%~15%。本研究中，学困生的人口统计学情况见表6。

通过学困生与非学困生自我调节学习能力差异比较发现，学困生与非学困生学习动机层面的价值成分差异显著（$t=-2.49$，$p<0.05$），任务价值维度差异极其显著（$t=-3.07$，$p<0.01$），学习策略层面及其各维度差异均不显著。

表6　学困生人口统计学变量描述统计表（$n=47$）

人口学变量	类别	人数	百分比（%）	均值	标准差	标准误
性别	男	11	55	1.45	0.51	0.11
	女	9	45			

（续表）

人口学变量	类别	人数	百分比（%）	均值	标准差	标准误
年龄	12	3	15	13.85	1.14	0.25
	13	5	25			
	14	4	20			
	15	8	40			
年级	初一	8	40	1.95	0.89	0.20
	初二	5	25			
	初三	7	35			
数学成绩				46.20	12.05	2.70

2. 不同年级数学学困生与非学困生自我调节学习能力的差异分析

初一年级的数学学困生和非数学学困生自我调节学习能力及其各维度差异均不显著；初二年级数学学困生的任务价值显著低于非学困生（$t=-2.20$，$p<0.05$），努力调节极其显著低于非学困生（$t=-6.42$，$p<0.01$），寻求帮助边缘显著低于非学困生。初三年级学困生的学习信念控制边缘显著低于非学困生（$t=-1.97$n.s.）。

综上所述，初一学困生与非学困生的自我调节学习能力还未出现任何差异，到了初二，学困生的学习动机和学习策略与非学困生均产生了差异，尤其在任务价值、努力调节和寻求帮助三个维度差异显著；初三学困生和非学困生自我调节学习能力的差异主要体现在学习信念控制方面。

3. 不同性别数学学困生与非学困生自我调节学习能力的差异分析

学困男生与非学困生的内部差异：学困男生的外部目标定向边缘显著低于非学困男生（$t=-1.93$n.s.），任务价值显著低于非学困男生（$t=-2.41$，$p<0.05$）；学困女生与非学困女生的内部差异：学困女生的任务价值显著低于非学困女生（$t=-2.17$，$p<0.05$）。

通过研究，我们可以看到在物质极大丰富的时代，金钱主义，学习无用论等时刻考验着当代学生的学习信念，干扰着他们衡量学习价值的标准，混沌着学习目标的定向，弱化着学习动机。

努力调节不够是造成学困生的重要因素，教会学生尤其是学困生正确归因，将学业不良归因于努力而不是能力、任务难度和运气等因素，有利于学生学业水平的提升。

学困生的自我调节学习既有年级差异和性别差异，更有个体差异，针对不同年级、男生女生和个体，采取不同的教学方案，分清转化工作的重点、难点和具体措施，找准病根，对症下药，达到“药到病除”的效果。

基于思维导图下的英语阅读教学的实践研究

初中　张涛

阅读是人们获取信息和交流思想的一种重要手段，是现代社会人们生存和发展中必不可少的一项社会技能。英语阅读作为语言学习中听、说、读、写四项技能中的重要一环，在英语学习中起着不可代替的作用，是英语语言基础知识的一部分。它不仅是学生获得知识、积累词汇、熟悉句子的重要途径，同时也是英语语言学习和语言使用的基本手段。将思维导图引进初中英语阅读教学中，通过教学实践尝试，改变目前英语教学的现状，转变教师传统教学观念。同时，充分利用思维导图的可视化表达的特点，帮助学生构建个人知识网络，引导、鼓励学生从表层和深层两个方面整合新材料、新信息，并通过合作协商等方式，用可视化的方法将对阅读的理解表达出来，从而激发学生对英语阅读的学习兴趣，提高初中英语阅读教学效率。

一、研究背景

（一）利用思维导图进行英语阅读教学的研究是新时代的要求，是课程改革的需要

2017 年 9 月 24 日，中共中央办公厅《关于深化教育体制机制改革的意见》中明确指出："在培养学生基础知识和基本技能的过程中，强化学生关键能力的培养，培养认知能力，引导学生具备独立思考、逻辑推理、信息加工、学会学习、语言表达和文学写作的素养，养成终身学习和竞争的能力。"这既是新时代的要求，也是教学改革的必然要求。

（二）利用思维导图进行英语阅读教学的研究是课程标准的需要

义务教育阶段，英语课程的总目标：通过英语学习使学生形成初步的语言运用能力，促进心智发展，提高人文修养。综合语言运用能力的形成是建

立在语言技能、语言知识、情感态度、学习策略和文化意识等方面整体发展基础之上的。

《英语课程标准》指出了初中生在完成基础教育阶段的学业时应该达到的以下阅读技能的要求：①能根据上下文和构词法推断、理解生词的含义；②能理解段落中各句子之间的逻辑关系；③能找出文章中主题，理解故事的情节，预测故事情节的发展和可能的结果；④能读懂常见体裁的阅读材料；⑤能根据不同的阅读目的运用简单的阅读策略获取信息；⑥能利用字典等工具进行学习；⑦除教材外，课外阅读量累计达到15万词以上（义务教育课程标准，2011）。

（三）利用思维导图进行英语阅读教学的研究是教学实际的需要。

笔者根据对初中英语阅读教学的调查以及听课情况的研究，教师注重词汇和语法知识的讲解，很少对学生阅读技能方面进行指导，课堂上教师和学生的交流也很少，学生在阅读过程中会因为生单词、复杂结构句型等降低阅读效率，而且学生对阅读技巧运用比较少。针对这种情况，这就要求教师在英语阅读教学中要改变传统的教学方式，要指导学生如何进行有效阅读、理解阅读材料，加强阅读方法的指导和阅读技能的训练，培养学生自主学习能力。

二、思维导图的定义

笔者认为，思维导图是人们思考过程的一种图式，通过发散思维，运用不同颜色、多种线条和图像来帮助大脑更好地完成认知、组织、记忆、学习和复习知识，使知识的结构和思维过程成为形象化、可视化的图形工具。

三、教学策略研究

思维导图的教学策略将教学分成三个阶段，课前思维导图的构建，课中思维导图的交流，课外思维导图的运用。在课前对教学内容、学习者、教学目标进行分析的基础上，把思维导图贯穿于阅读文章的课前、课中、课后三个环节中，改变传统的教学模式，利用图式的方法使隐性的知识显性化，使学习者达到成绩提高的效果。

（一）课前思维导图的构建

对于教师而言，课前思维导图的构建是指教师在课前利用它来进行教学设计，课前的首要任务就是为上课做准备。一个好的课前导入能够让一堂课变得异常精彩。它不仅能够抓住学生的注意力，而且能够为教师接下来的课堂奠定良好的基础。

1. 利用思维导图激发学生兴趣

当我们做一个阅读活动时，我们应该设想更多的有趣的环节来使阅读活动变得精彩。而这些环节与思维导图是相联系的，每一个环节都紧扣学生的兴趣去展开，了解学生的兴趣在阅读活动中也是一个大任务，这些都有利于思维导图和阅读活动的开展。

【教学案例一】

以《Go for it 》教材八年级上册 Unit 5 Do you want to watch a game show? Section B 阅读课文为例，文本的整体性强，语篇围绕卡通片这一电影类型展开，主要谈论学生熟知的美国卡通形象——米老鼠，教师可以灵活多样地导入这个话题，激活学生已经有的背景知识，唤起学生的背景图式，然后利用思维导图呈现学生的答案。

要求：Show the video Steamboat Willie. Ask students to remember the characters appeared in the video.

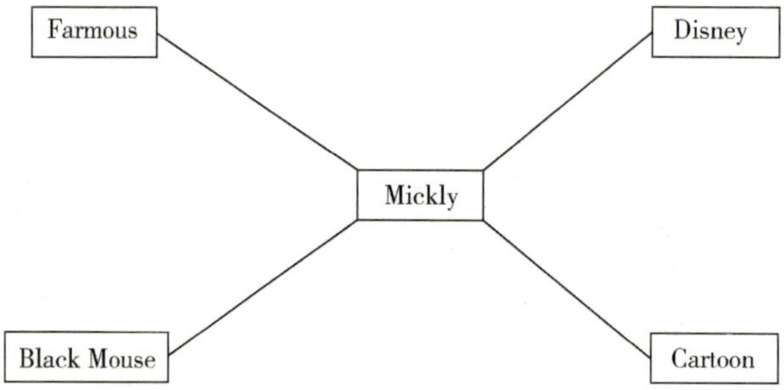

Question：

What do you know about Mickly?

Why do you like them?

从思维导图中，我们可以得知学生具备了相关的词汇量。学生对于阅读中的词汇都有一定的熟悉度，那么阅读活动就容易展开，从而顺利完成教学任务。

2. 利用思维导图创设自主合作、分享的氛围

课前教师结合即将学习的知识布置作业，让学生提前准备好思维导图，在课前给学生3分钟时间，以小组的形式进行组内展示和交流。让学生分享自己制作的思维导图，借助思维导图表达出自己的想法和观念等。借助这个环节营造良好的自主学习、组内合作、交流分享的氛围，拉动学生思维的发展。

【教学案例二】

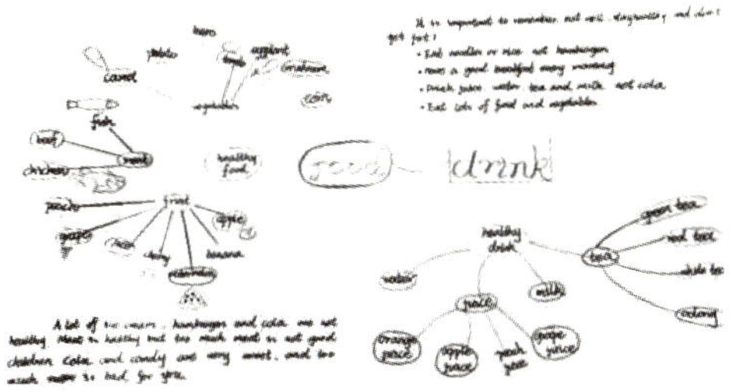

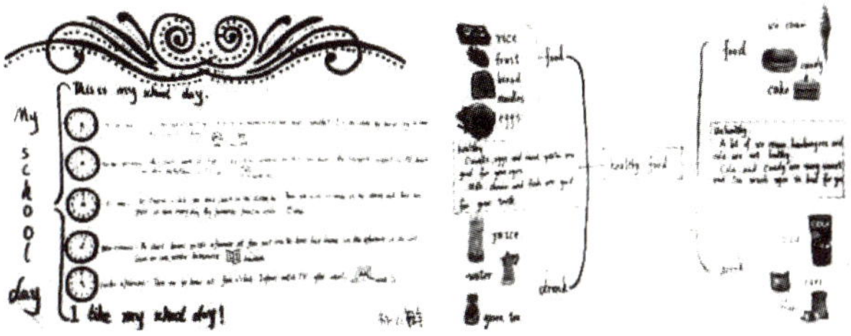

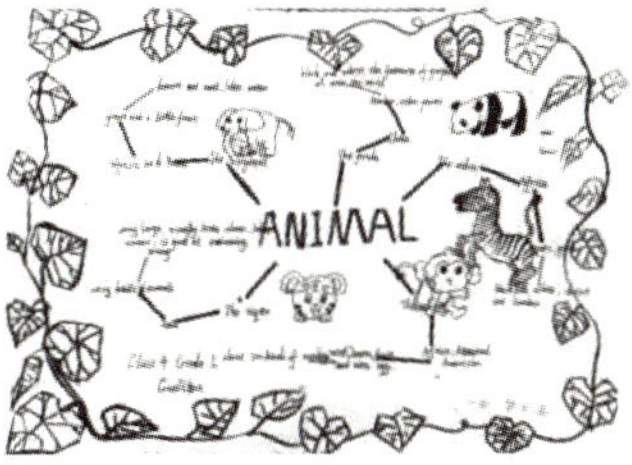

3. 利用思维导图扫除词汇障碍

在阅读前，教师可以准备一下与语言知识相关的工作。初中英语教材词汇的呈现方式不是孤立的词表示词义，而是按照一定语境、一定内容融合在一起。教师要引导学生挖掘每个单元词汇的内在联系，对单词进行组块记忆，绘制出直观的思维导图进行深度加工记忆。

【教学案例三】

以《Go for it》教材八年级上册 Unit where did you go on vacation? Section B 阅读课文为例，正文部分是“以简的暑假游记”为主题的活动进行探讨。通

过复习与活动有关的词汇，扫除阅读障碍，教师提问：What does activity make you think of?

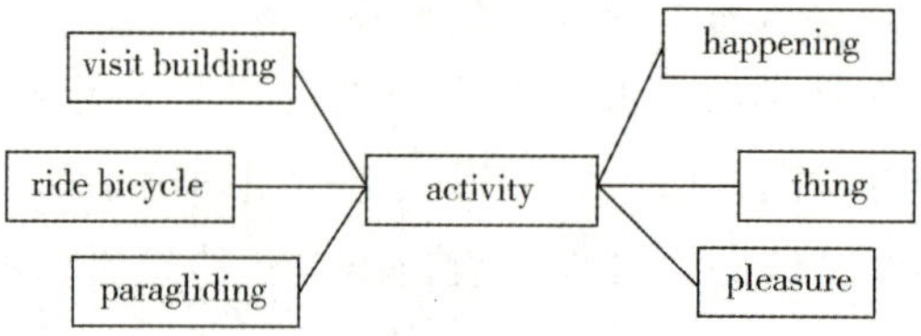

通过思维导图，引入对课文影像较大的生词，对上述的生词进行音、形、意方面的理解，把这些生词放在一个一个具体的情景中，让学生去理解其意思。从而帮助学生解决阅读中的一些障碍，使学生获得更多的新词汇，提高阅读能力。

（二）课中思维导图的应用

课中思维导图的交流是指教师运用它来组织课堂教学。在阅读课中，教师已经给予读者相关的阅读导图，那么剩下的详细阅读就需要读者自身去努力完成，不能完全依靠教师。在阅读中，主要培养学生阅读的主观能动性。因此，在教学过程中，教师是一个好的开端和领导者，带领读者摸索和前进。

1. 思维导图在“扫读”中的应用

给学生几分钟时间，快速浏览文章，找出每段落的主旨大意，然后找到关键句子，进而找出重要短语和关键词。教师要引导学生猜测本文章作者给大家介绍的知识内容，学生完成思维导图的构建。

【教学案例四】

以《人教版新目标英语下册》Unit 9 Have you ever to an amusement park? 为例进行说明，引导学生整理出介绍新加坡的几个主要方面：①location and population and language；②food；③Night Safari；④weather 后完成“思维导图”的第一级结构，如图所示，首先，阅读时教师让学生找出文章的核心词 Singapore，学生通过快速阅读，为文章的每个段落找一个中心词。这几个词就是本文思维导图的中心词汇，也是教师为学生提供的第一支架，给学生的后续阅读降低了难度。通过“扫读”找出主旨大意和关键词句可以预测文章内容，学生在这一过程中理清了文章线索，抓住了文章的脉络。

2. 思维导图在略读中的应用

学生再次阅读文章，这次阅读是需要带着教师给出的问题进行，教师

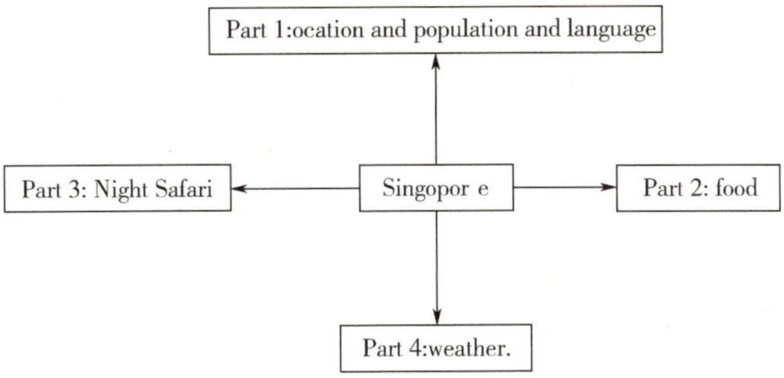

在课前为学生设计了与文章紧密相关的问题。同时，教师让学生对文章内容进行层次划分，讲整篇课文分成四部分，然后找出每部分的中心思想，让学生带着任务快速阅读文章，可以使学生加深对文章内容的了解，教师带着学生运用思维导图记录文章的相关信息，这对于培养学生的阅读能力很重要。

以《人教版新目标英语下册》Unit 9 Have you ever to an amusement park? 为例进行说明。

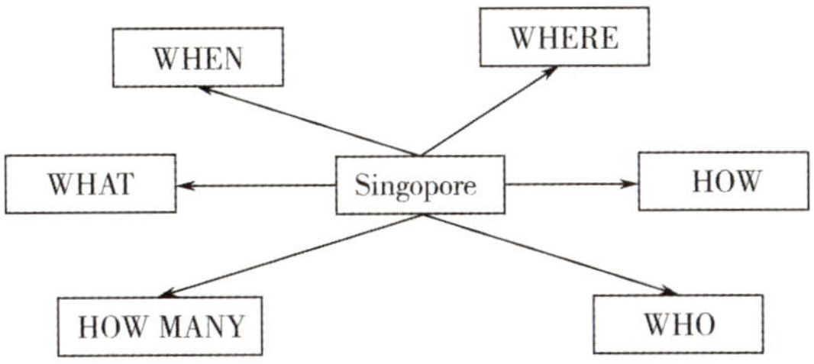

3. 思维导图在精读中的应用

教师引导学生分段阅读课文，让学生对各个段落的细节进行归纳、整理，使文章的整体结构和相关信息有机结合在一起，帮助学生获得更多的阅读信息。在学生获取各段落的细节后，引导学生进一步细化并完成“思维导图”的第二级结构，看上去通俗易懂，学生更容易理解。导图中的每个关键词代表一个大的方向，学生可以根据这些关键词将整体文本构思在一起，形成一个清晰的脉络，以此培养学生独立、主动获取信息的能力。

【教学案例五】

以《人教版新目标英语下册》Unit 9 Have you ever to an amusement park? 为例进行说明。

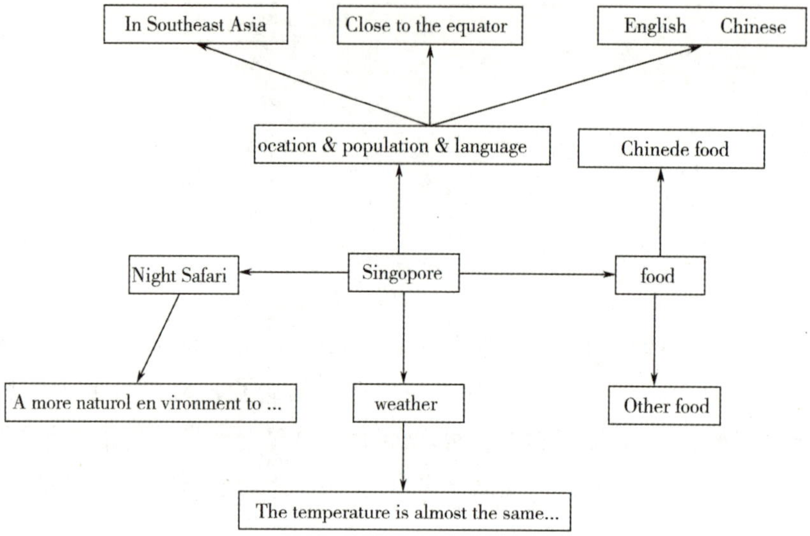

（三）课后思维导图的应用

1. 课后思维导图的整理

课后思维导图的整理是教师进行总结反思的过程。通过走入课堂、观察教学情况，从而进一步修改教学设计，使导图得到进一步的完善。通过观察导图了解学生的学习情况，也能为精准辅导提供依据。通过对导图的分析，还可以发现教学中的不足，及时对教学进行调整。

2. 利用思维导图进行复述

借助思维导图，利用复述文章来检查学生对文章的理解和知识的输出情况。思维导图一方面给学生提供了复述的思维线索，减少了复述的难度，提高了参与度和积极性。另一方面使学生对阅读材料的结构、组织形式有更深入地理解，有利于培养学生的阅读技巧。学生根据思维导图提供的信息，按照不同层次的信息，有条理的练习复述课文，促使学生内化知识，构建知识网络。

3. 课后作业

让学生根据思维导图，通过小组讨论合作的方式制作海报，体现“学中用，用中学”的教学原则。写海报的作业是以所阅读的文章为范文，利用思维导图培养学生写出更有条理的文章，使阅读教学更好地服务于写作，达到“以读促写”的目标。

通过思维导图应用策略的研究，笔者看到了它的强大的功能，它能帮助学生达到交互阅读的效果。在阅读前进行的头脑风暴活动能让学生和文章之间产生一个很好的互动。在师生共同构建图画的时候，不仅能扩充学生的知识面，还能培养学生的合作精神和交际能力。

“小组共同体”实现班级管理模式再升级

初中　牛月梅

小组共同体的含义就是将学生按照学业成绩、兴趣爱好、脾气秉性、能力学识分成四人或三人一组，共同参与班级生活，陟罚臧否时按照一体的管理模式。

一、“小组共同体”管理制的实施原因

那年的9月，我成为初一（1）班的班主任，这个班的孩子一开始总体给人的感觉是淳朴，不善言谈。但我也很快就发现，问题还真不少，班里有一些有不良行为的学生，不文明的行为比比皆是。果不出所料，没出一个月，班里的大小情况就都出来了：夜不归家的、寻衅滋事的、勾结校外人员的、喝酒闹事的……总之，烦心事不断，许多孩子都像野马，情势大大的不好。

该怎么办？这个问题始终萦绕在我的脑海。想想自己当班主任已不是一年，成功的经验也不少，但初一一开始就这么多桀骜不驯的“小魔头”还真是头一回见到，如果教育不好这些“小魔头”，肯定要出教育的“危险品”，这个班级会成为学校头号乱班。经过一番思索，我决定改革班级的管理制度，实行“小组共同体”管理，实现学生的自主管理。

二、小组管理的理论基础

（一）教育理论基础——学校教育的目的是自我教育

教育的目的是什么？苏霍姆林斯基说：“真正的教育是自我教育，是实现自我管理的前提和基础，自我管理则是高水平的自我教育的成就和标志。”是的，每一个孩子来学校的目的就是达到最终的自我教育、自我约束、自我管理。小组共同体管理目标就是实现从管理学生到学生自己约束自己，自己管

理自己。这两个目标的交汇点是我决定实施小组管理的理论基础。

（二）心理基础——人的群体效应

每个孩子来到学校都是希望获得成功、获得认可、获得朋友，特别是在学习上的认可，孩子的家长、亲戚最认可的就是孩子的学业，但是，就有那么一部分孩子在学习上得不到认可。学校的“三好生”与他无缘，成绩的优秀也与他无缘，甚至学习进步也与他无缘，尽管有的也很努力，有的在其他方面表现优秀。总之，学习的奖励他从未领过，学业上很少获得认同，长此以来，孩子在学习方面是痛苦的，甚至是绝望的。升入初中后，在每个孩子的心中又都燃起对学习的渴望，渴望在学习上获得重新认可，渴望归属于新的集体。每个孩子都有一种归属的需要，总是希望自己能被别人喜欢和接纳，而害怕被群体冷落。正是每个人都有不同程度的好胜心，个体之间才会有意无意地展开竞赛，在班级小组共同体的管理中不但小组成员之间存在这种群体效应，而且小组与小组之间也存在这种群体心理效应。群体对个体心理和行为的影响表现在使个体之间产生归属感、认同感和得到支持的力量。

（三）社会基础——社会竞争与合作

孩子们总将走出父母的保护伞，走出学校的荫蔽，走向社会。现今的社会是一个竞争与合作的大熔炉，整个社会都充满竞争与合作，任何人都处在竞争与合作之中，孩子只有学会竞争与合作才能在社会上如鱼得水，幸福快乐。我们就是要培养孩子学会竞争与合作。实施小组合作班级管理模式的正是适应了这一要求，也就是说，竞争与合作的社会是小组合作班级管理的社会基础。

（四）人本管理理念

社会的不断发展，要求人日益成为真正的人，这就要求我们在班级管理中必须树立人本管理理念。班级人本管理是指班主任把学生是班级管理主体作为基本出发点及核心，由此围绕调动学生积极性、创造性及个性发展而展开一系列活动，班主任只有用这个理念来指引自己的工作，才能把绝大部分学生培养成为能力突出，人格健全，适应时代发展要求的人才。

（五）素质教育理论

素质教育是面向全体学生的教育，是以培养学生能力，提高学生的素养，发展学生个性为目的的教育，小组共同体的班级管理正是为了体现教师主导性，学生主体性，师生合作性，管理民主性。

三、小组共同体的建立时机和原则

（一）组建最佳时机——初一第一学期期中考试后临近期末考试前

建立小组的最佳时期是在初一第一学期的下半学期临近期末考试是最为合适的。这个时候，同学之间比较熟悉，老师对学生的情况也基本了解。学生中的小团体尚未形成，但也初具模型，老师恰好利用这个分组的时机，瓦解一些有不良倾向的小团体，建立起有利于班级良性发展的正式团体。

（二）分组实施者——教师分组，“以人为本”，保障每个孩子的自尊

分组应该由老师进行，而不应该是学生自愿结合，若是自愿结合，往往会有一些学生被排除在组织外，老师再把这些学生分到各组就很困难，即使分配下去，被硬安排进去的孩子会很自卑，有一种被抛弃的感觉，缺少归属感。而由老师来操作，这个问题会避免。还有最要不得的是组长选组员、组员选组长，这种做法对一些孩子是一种伤害，班级里的孩子个性差异、学习差异、习惯差异都是客观存在的，如果用这种双向选择的方法，很可能会伤害到一些孩子——那些没有组长选的孩子，那些组员少的组长，那些没有选到心仪组员和心仪组长的孩子，每个孩子都有可能受到无形的伤害，也会给以后的班级管理带来麻烦，还有可能让班里的非正式小团体滋生，让班级的管理更困难。

（三）小组的成员构成——四人互补，“以情为桥”

分组时要考虑学生的学业水平、能力倾向、个性特征、性别乃至社会家庭背景等，让每个小组的人员之间在性格特质上是互补型的四人为一个小组，四人一组且性格互补的小组最稳定、最有利于小组的发展。小组成员共同学习、共同管理为活动基本形式，为每个成员创造了平等参与的机会，由成绩优秀、性格温和且责任心强的同学担任大组长，每个组员组员担任不同的任

务组长，让每个同学都在组内担任一定的职位，为组里做贡献，营造了一种平等、轻松、愉悦的学习氛围。

（四）班级管理——集体行动，“以组为组”，让小组成为共同体

班级的日常管理，学生的日常学习都以小组为单位，让小组成为聚合每个组员的纽带，且不可动摇。比如：

（1）座位的编排与调换。班级小组形成后，一定要让组相对固定，座位调换时也以小组为单位进行调换，让小组内的四个人由始至终都在一起，这样更有利于他们相互帮助、相互监督，从形式上成为共同体。

（2）值日的安排，每个小组值日一周，小组内部分工，有小组成员自己来决定任务的分配，四个人合作完成。这样的值日安排，既有利于班级管理，更有利于组员间的长期合作意识的培养，合作能力的提高。

（3）班级的各项评比、活动都以组为单位，自己行不算行，小组行才算行；自己赢不算赢，小组赢才算赢，让每个同学的努力与小组息息相关，从目标上让他们成为共同体。

（4）小组为单位竞争——共同体真正展现个人风采。每个人都有好胜心，每个人都有归属感，当班级小组建立起来，就一定要推动他向前发展，向着正确的轨道发展，竞争是最好的推进剂。孩子们在竞争中体验合作的快乐，成功的快乐。为此，我设计了各种竞赛评比，如学习竞赛、值日竞赛、大扫除竞赛、板报竞赛、纪律竞赛等，这些竞赛的获奖既设立个人奖项，更设立小组集体奖，且集体奖的比例和力度大于个人的奖励，这些竞赛提高了学生的学习积极性，促进了他们之间的合作。许多孩子凭借自己是不可能拿到班级第一名的，但是加入小组，在小组这个共同体中他就能够拿到第一名，得到荣誉，得到更高的认可。

四、小组管理班级建设的五个阶段

（一）小组建立的酝酿期——初一开学到期中考试后

刚刚入学的孩子，彼此还很陌生，老师对每个孩子也不了解，如果此时

建立小组，不便于孩子们个性的展现，此时应该有意的为小组合作管理进行筹备。主要做以下工作：

（1）精选班干部，培养班干部的责任意识，为小组长的人选做准备。

（2）认真观察每个孩子，特别是在值日、大扫除中的表现，发现每一个孩子的性格特点。

（3）利用期中考试为契机，激发学生学习的动力。发动同学之间展开学习竞赛，调动学生学习的积极性。具体做法是：男同学向女同学下战书，在班里形成两大集团，形成班级的竞争氛围。挑战者设立首席挑战者和挑战者队伍两个项目，每个同学要认认真真地签下自己的名字。

（二）小组的初建期——初一第一学期期中考试后到期末

1. 与学生商量，提出小组比赛的设想

期中考试后，在班级里召开班级表彰会，表彰成绩优秀的同学、学习努力和成绩进步的同学——为他们颁发奖状、奖品，激起学生的兴奋点，并启发学生你想得学习第一嘛，你有什么办法。接着引导学生，体育比赛有团体赛，咱们期末也来个小组团体赛——把自己的分组计划告诉学生。

2. 分组、排座位

按照分组的原则把班里分成若干个小组，四人为一组，座位相邻，换座位是整体，选定一名性格好、负责任的同学担任大组长（在前期的小干部培养中已经得到培训，也得到孩子们的认可），语、数、外三科有本组的组员自愿认领当学科组长。在备考期末考试的一个月里面，组员之间互相帮助，共同提高。

3. 告诉学生们期末竞赛的项目，让学生向着目标努力

具体列表如下：

竞赛借鉴小组积分制

初一（　　）班期末考试小组竞赛项目

项目	三科汇总	语文	数学	英语	积分汇总
平均分名次/积分					
及格率名次/积分					
优秀率名次/积分					

3. 期末考试后，以小组为单位进行表彰

班级的若干学习小组，取前三名。奖励共设有总平均分前三，语、数、

外平均分前三，总分优秀率前三，单科优秀率前三，最后积分前三等五大项目，通过这样的竞赛，让每一个孩子都拿到了奖状，记得班级有几个孩子拿到学习的奖状时，非常的激动，因为他从小到大，这是第一次拿学习的奖状，让每个孩子都有的第一的可能，更有了得第一的愿望，凭自己拿不到第一，但参加小组的学习竞争，可以拿小组第一，自己也有了奖状。

这一时期的孩子主要是从期末考试中体验到学习的快乐，学业成功的快乐。

（三）小组的磨合形成期——初一第二学期

初一第一学期的期末表彰，既让许多孩子体验到学习的成功，也让孩子们体验到合作的快乐，分享的快乐。在初一的第二学期，对小组的管理开始制度化、规则化，让学生在制度规则之下磨合。在这个阶段，应该以小组为单位制定各种的班级规章制度，形成班级的文化特色。

第一，在这一阶段为班级制定了班徽、班训、班规、小组评比细则等。这些设计、规则的制定以小组为单位，先在组内提议讨论，然后在班级展示，请全班同学投票决定。

第二，严格按照评比细则进行评比，并以组为单位进行奖励，并颁发奖状。

第三，利用运动会、春游活动调动同学的积极性，设计本组的口号、组名。

第四，与家长沟通，利用家长会，向家长解说自己的小组班级管理制度，每周向家长反馈竞赛的情况，获得家长的支持和帮助。

第五，与任课教师沟通，将小组的管理与学科学习结合起来。

（四）小组的巩固维护期——初二

经过初一近两个学期的小组管理，小组日常管理已步入正轨，这时请学生制订本组的新的计划，规划本组在初二的各项目标。通过对计划的执行，任务的完成，巩固维护小组的管理效果。

这一时期，奖励的力度和普遍度还是要加大，初一的具体措施继续使用，让学生的努力得到认可，体验合作的快乐。

（五）小组的收获享受期——初三

经过初一、初二的小组管理，班级形成了班集体，这个时候，我们就可以收获享受了，不仅是班主任，更多的是学生。班级的学风好，风气正，同学关系融洽，师生关系和谐，一切都在为中考做着准备。这时候，指导学生制作宣传画，为本组的中考备考打气，展开目标达标竞赛，将班级的座位调成“T”字形，让孩子们充分享受中考备考的快乐，每月召开一次表彰会，表彰在学业上努力进步的同学，我们的宗旨是：不比聪明，比勤奋；不比基础，比进步。

五、班级小组管理的效果与成绩

首先，每个孩子得到成功的喜悦，人格得到尊重，潜能得到激发。孩子喜欢自己的班集体，喜欢自己的组，乐于享受小组竞争合作带来的快乐。小组合作学习不仅将学生个体间的学习竞争关系改变为“组内合作”、“组间竞争”的关系，还将传统教学中的师生之间单向或双向交流改变为师生、生生之间的多向交流，学生有更多的机会发表自己的看法，为他们提供一个较为轻松、自主的学习环境，提高了学生创造性思维的能力，拓宽了学生学习的空间，他的人格得到尊重，潜能得到激发，更爱学习了。

其次，班级的“小魔头”一个个地被转化，有的还成了小组的学习骨干，没有出现教育的“危险品”，我们的班级没有成为乱班，连续两年获得优秀班集体的称号。

再次，有效地遏制反班级型非正式小团体的形成，避免班级的两极分化。在班级授课制下，常常会出现反班级型（又称破坏型或对抗型）的非正式的小团体，这些小团体对于班集体的影响不容小觑，班级小组管理制有效地预防了这种团体的产生。

六、问题与改进设想

（1）小组共同体的管理缺乏前期的理论指导，基本上是在学习中摸索，在摸索中前进，下一步打算学习更多的关于小组学习管理的理论，研究先进的小组管理学习案例。

（2）“小组共同体”管理中的推进方式活动单一，主要是以竞争、奖励为主，以学习为主的竞赛。下一步计划开展“竞赛”、“展示”等多种方式，多开展活动。

（3）学生在某些学科学习上，“共同体”的作用没能很好地凸显。“共同体”的管理应该和学科的学习结合起来，计划在与语文的“经典诵读”和“课程资源开发与利用”两个课题结合起来。协调任课教师共同发挥好小组的作用，让这一班级管理模式更好地发挥作用，让孩子们爱上他们的课。

小组共同体的管理模式切实实施后，学生的表现将会十分优秀，教师基本上可以做个放手型的班主任。学生将在这种模式下享受学习的乐趣，更能品味兄弟姐妹般的情谊，还能体验未来竞争社会的味道……

附录：各阶段小组资料摘录

附录一：男女生战书

战　　书

女同胞们：

为了促进我们班学习成绩的稳步提高，实现我班无“学困生”的目标，创设“学、帮、超”的学习氛围，我们全体男生向全体女生发出挑战：我们将在期中考试中于总分状元、单科状元、总平均分、班级前十名、单科及格率以总及格率、综合及格率等13个测评点上与女生一决高下。

统计列表如下：

测评点	男生	女生	赢者
1. 总分状元			
2. 语文状元			
3. 数学状元			
4. 英语状元			
5. 总平均分			
6. 班级前十名人数			
7. 语文及格率			
8. 数学及格率			
9. 英语及格率			
10. 总优秀率			
11. 总及格率			
12. 综合及格率			
13. 数学优秀率			
最后的赢家			

如果我们男生赢了，全体女生要集体为我们演唱《阳光总在风雨后》，如果

女生赢了，全体男生将为女生演唱《真心英雄》并集体跳舞蹈《四只小天鹅》。

女同胞们，迎战吧！战鼓已经擂响，千万别做懦夫！

首席挑战者：

挑战者队伍：

附录二：班级战书

战　　书

初一（2）班的同学们：

3月月考我们班在数学的优秀率、及格率、平均分均败给贵班，我们深感羞愧。在期中考试来临之际，我们班全体学生向贵班发出挑战，与贵班同学切磋学计，共同提高。我们将在期中考试中于总分状元、单科状元、数学的三率等7项21个测评点上与贵班一决高下。

统计列表如下：

测评点	男生	女生	班级
1. 总分状元			
2. 语文状元			
3. 数学状元			
4. 英语状元			
5. 数学及格率			
6. 数学优秀率			
7. 数学平均分			
最后的赢家			

如果我们班男生赢了，贵班全体男生要集体为我们演唱《中国男儿》，如果我们班女生赢了，贵班全体女生要集体为我们演唱《阳光总在风雨后》。如果我班赢了，贵班将为我们班演唱《真心英雄》。反之，我们将履行同样的承诺或派我班的优秀朗诵者为贵班表演朗诵，选哪种方式由贵班决定。

今天，我代表初一（1）班全体同学向贵班下此战书，请接受我们的挑战。

首席挑战小组：

挑战者队伍：

年　月　日

应战者签名：

首席应战小组：

应战者队伍：

附录三：战报

战　　报

（1）班、（2）班的同学们：

期中考试的战报出来了！

统计列表如下：

测评点	男生	女生	班级
1. 总分状元			
2. 语文状元			
3. 数学状元			
4. 英语状元			
5. 数学及格率			
6. 数学优秀率			
7. 数学平均分			
最后的赢家			

请赢家准备享受成功的快乐！输家准备履行承诺！

附录四：小组竞赛积分细则

全班分为7个组，每组基础分100分，实行加减分制度。

1. 学习（本组组长负责）

（1）不按时完成作业每人扣1分；不及时交作业每人扣1分；作业没有正当理由不签字每人每次扣1分。

（2）抄袭作业发现一次扣5分。没有在规定时间内补完作业或改完错，本组成员每人扣1分。

（3）凡被老师在全班表扬（批评）的，每人次加（扣）3分，如表扬小组的每组成员加4分。

（4）若当堂课被评为最佳小组，每人加3分。

（5）语文、数学、英语每次考试后由组长计算出平均分，按照排名记录相应的分数。

2. 仪表

（1）红领巾分三次检查：每日早读前、上课前2分钟定时检查，缺一项扣1分，任意时间再抽查一次，缺一项扣2分。若有2人举报本组每人扣2分。举报其他组的每人加1分。

（2）不穿校服，不按规定将帽衫放进校服里的小组，只要有一人未做到本组每人扣2分。

（3）发型不合格、涂指甲、带饰物每周不定期检查，不合格者扣本组每人1分。

（4）上课的课本及用具2分钟预备铃后检查，不合格者每人扣1分。

3. 卫生

（1）值日生值日迟到、早退分别扣1分，不认真扣2分，缺勤扣3分。

（2）值日生值日时喧哗、打闹扣1分。

（3）随便扔纸屑、垃圾扣1分；不把自己的桌椅、文具、水杯、衣服等摆放整齐的扣1分。

（4）小组内桌椅摆放不齐、地面不干净，小组每人扣1分，桌洞内有垃圾，每次扣1分。

（5）被学校领导表扬每次每人加3分。

4. 纪律

（1）进入教室不能保持安静扣1分，大声吵嚷，本组每人扣2分；无事可做每人扣1分。

（2）课上不认真听讲，破坏纪律，老师点名一次扣1分。

（3）早读、课前两分钟破坏纪律被老师、检查员点名扣2分。

（4）早读、放学站队迟到一次扣1分。

（5）升旗、课间操、眼保健操不认真被点名一次扣1分。

（6）课间在教室、楼道内大声喧哗、追逐打闹，每次扣2分。

（7）破坏公物扣5分。

（8）骂人、打架、叫绰号、接下茬等扣3分，情节特别严重的根据情况扣分。

（9）违反学校规定每次给班级扣1分的，扣2分，行为不好且不听别人劝阻的，扣2分。

（10）全校范围内表扬全班每组加5分。点名表扬的每人加5分。

（11）积极参加班内各种活动一次每人加2分；参加上级组织活动为班级

争光的：班级每次加 3 分、校级每次加 5 分，区级每次加 8 分。

附录五：小组竞赛反馈单（示例）

________家长您好：

我们班的小组竞赛已经一周了，现在将这周的情况反馈给您，请您了解一下孩子们的学校生活，也请您多提宝贵意见。

第一周 2 月 21 日 ~25 日

组别	成员	奖励加分	违纪扣分	表现优秀之处	急需改进之处
1					
2					
3					
4					
5					
6					

班主任签字：

您的建议：

附录六：小组期末冲刺目标一览表

________小组期末冲刺目标一览表

请牢记：成功 = 目标 + 行动 + 心态

本组口号						
		组长	成员			
姓名						
预计提高分数/目标	总分					
	语文					
	数学					
	英语					
	物理					
	化学					
目前学习上的问题						
改进措施						
签字						

“岗位责任制”班级管理模式的探索与实践

小学　何莹莹

一、模式的理论基础

《基础教育课程改革纲要（试行）》在谈到学生培养目标时重点指出：要使学生“逐步形成正确的世界观、人生观、价值观；具有社会责任感，努力为人民服务……”。

新课标强调了学生是学习的主人，在班级管理中学生是主体，班主任就应充分体现以学生的存在为前提，以学生的主体性发展为条件和最终目的来实现这一教育目标，所需要的一切措施、条件都是为了学生的全面发展和个性张扬而选择设计。

布鲁纳在他的发现学习理论中强调，学习的最好动机是对所学材料的兴趣，是奖励、竞争之类的外在刺激。生物界存在“物竞天择，适者生存”的规律。同样，正是日趋激烈的竞争和人类的不断创造才推动着社会向前发展。因此，作为21世纪的青少年的学生——未来社会建设的主人，更应培养竞争意识，具备开拓进取精神，以便挖掘潜能，发展特长。

（一）概念的诠释

（1）在班级中实行岗位责任制就是让每个学生自主选择适合自己的岗位，自行提出该岗位的责任目标，并朝着这个目标展开工作。“岗位责任制”为每个学生提供锻炼能力的平台，使他们在实践中体验成功的快乐。

（2）全面落实“人人有事做，事事有人做。事事有时做，时时有事做”。建立岗位竞聘制是一个不错的方法。这套管理办法的实施不单是使班级出现了“事事有人管，人人有事做”的局面，更重要的是在相互管理的过程中，所有学生都得到了锻炼，增强了自信心；学会了平等互助、相互尊重；学会了自律、自主管理和公平、公正地处理问题。

（3）在许多西方国家，历来有执政党和在野党之分，民主竞争的氛围相当浓厚，这有利于国家的长治久安和稳定发展。班级管理也是如此，如果一套班委会长期从事班级管理工作，必然会出现这样那样的问题，甚至有损于班级的良好形象。因此，要打破“班干部终身制”的常规做法，必须通过适当的竞争才能“上岗执政”，严格依据标准从全体学生中选拔任用。

（二）背景

由于我国的国情和现代家庭的特殊性，现在学生基本是独生子女，父母们对自己的子女疼爱有加，而勇于担当精神及责任心的培养严重缺失。让每一名学生具备责任意识，有较强的责任感，长大成人后具备一定的责任执行力，这是当代教育的重要任务，也是时代发展对教育事业的基本诉求和重要旨归。

班级管理制度是班级责任文化建设的基础，建立一个充满活力、凝聚力的班集体是一个长期的过程，这个过程也必须依靠长期坚持和健全的制度来维护。因此，班级各项制度的建立、完善与创新是建构和谐班级、凝聚班级人心的根本保证。基于此我们班建立突出班级特色、能在班级中主动承担责任的岗位竞聘管理制度。

传统的班级管理模式通常有三种，即班主任一手包办的“保姆式”管理，危害学生身心健康的“警察式”管理，以及两眼死盯着学生是否犯规的“裁判式”管理。长期在这几种被动、封闭的管理模式下，学生失去了表现其个性优势的机会，挫伤了自信心，阻碍了其素质的全面发展。而且这几种模式中实行班队干部终身制，从小学一年级到六年级，只有少数学生得到了锻炼，而大部分的学生只能对那小部分同学投以羡慕的目光。受岗位责任制的启发，我们在班级管理中引进了岗位责任制。

二、概念界定

著名教育家苏霍姆林斯基说：“只有能够激发学生去进行自我教育的教育，才是真正的教育。”在班级工作中，班主任应坚持“说服为主，灌输为辅”的原则，变“一言堂”的说教为“群言堂”的辨析，让学生自悟。根据学生心理特点，建立一种新型的班级管理模式，采用竞聘上岗方法来管理班级，能更好地发挥班主任的引导作用。我深深感到教育工作不能简单粗暴，要因势利导，同时还要给学生自我管理和自我教育的自由空间，这样才能引导学生改正缺点，良好的班风在这之中得到巩固。

通过创设岗位，激发参与班级管理的积极性；竞聘上岗，立足本班实际；激励提升学生自我管理的能力这项研究，摸索、总结出科学的班级管理方法，把班主任工作落实到实处、细处。在班级岗位竞聘管理模式中，利用岗位竞聘，开展兵管兵、兵教兵的活动，班主任只起到旁观点评的作用。这样班主任把管理权利真正下放到学生手中，让他们充分履行自身的职责，从而营造了“自我管理”模式的良好局面。

三、实施的渠道

（一）创设岗位，明确职责

结合《小学生日常行为规范》以及班级制定的《班规》《班训》等规章制度，我把班级管理中的主要事务直接落实到个人，明确了班干部的职责和每一位同学应该担负的责任，并进行细化。从“课上看责任”、“课下看责任”、“写字看责任”、“两操看责任”、“卫生看责任”、“集会看责任”这几方面入手，将“责任教育”贯穿于学校教育教学的全过程和学生日常生活的各个方面，并创设以下责任岗位。

（1）“岗位责任制”，就是人人是班级的管理者，每个学生都在集体中负一定的责任，既是干部又是群众，既是管理者又是被管理者，使不同的学生感受不同岗位的不同职责及做好本职工作的重要性，班级的荣辱与集体成员息息相关，学生的主人翁责任感、集体荣誉感得到了普遍的增强。

（2）“班长责任制”，就是人人按学号轮流要当一天班长。值日班长的主要职责是：维持当天考勤、课堂纪律、卫生及两操情况，统计作业完成情况，督促各岗位上的有关人员做好本职工作，处理偶发事件，填好“班级日志”，负责当天教室门窗、电源的开关。

（3）“组长责任制”。首先建立综合性四人小组，把全班同学按兴趣相近，自愿组合，二男二女，二好二差，综合实力相近，可在同一起点上展开竞争的原则，组成10个小组。这些小组既是学习小组，又是娱乐小组，劳动卫生小组，同时还担负起“每周综述”的责任——每周四班、团会时，值周小组依据班级日志分析班级上一周情况，了解国内外一周大事，主持好“每周综述”：①班内一周情况总结；②一周国内外要闻；③本周班级工作安排。

这样，就丰富了班内评价，把评价的权利还给每个学生，学生开始觉得自己在班内有事做，自己的事只能自己决定，必须尽力做好，进而渐渐将“班级共同行为准则”内化为自觉的要求，并形成习惯，凝练成一种素质，不仅唤起了他们的“参与意识”、“独立自主意识”，而且逐步形成了自我约束、自我教育、自我管理的机制。正因如此，我所带的班班风较正，学风较浓，班干部敢于管善于管，学生个人工作能力较强，班级的集体凝聚力强。

（二）竞聘上岗，两周一次

（1）班长竞聘制。凡愿意竞选班长的学生，都要拟定目标，发表竞选演说，经全班投票，取最高票数的学生当选，竞选出的班长任期连任不超过两周。这样竞聘的班长不但要具备拟订计划的能力，而且要有演说、交际等方面的才能。对学生们来说，每轮班长的选举，并不亚于一场“美国总统”竞选。

（2）班委多样化。除了班长的选举，我还在开学一两周后，在班上宣布了“人人有事干，事事有人管”的管理原则，有好多“官”等着大家来做。学生们听了都欢呼雀跃，还没等我宣布实施细则，便自荐产生了“出操长”、“检察长”、“换位长”、“图书长”等十多个“长”。“长”一旦产生，都佩带我在微机中打出的上岗证上岗，并将官职张榜公布，让他们能各尽其责，相互监督。一时间，班里气氛活跃，人人干劲十足，在约束别人的过程中约束了自己，在管理别人的过程中学习别人的管理方法。

（3）所有班委会成员接受全班学生的监督与考核。在每周的班队会上，由执政的班委会主持队会内容，历数上周的班级各项工作的开展情况，班主任只起到旁观点评的作用。这样班主任把管理权利真正下放到学生手中，让他们充分履行自身的职责，从而营造了“自我管理”模式的良好局面。经过大约两周的实践锻炼，执政的班委会组织“二次竞聘”，新竞聘上岗的班委会成员必须先要实习执政。

从岗位竞聘制度实施以来，班干部的责任心普遍有了提高，他们为了在老师和学生心目中留下良好的印象，为了获得大家的好评，能够从自身做起，从点滴小事做起，切实起到了模范带头作用。

（三）激励学生，提升能力

作为班主任，我们在承认每个学生存在价值的前提下，应当通过尊重、关心、激励，唤醒学生“心中的巨人”，恰如其分地运用好“激励”艺术，不断鞭策学生前进。激励学生，多些鼓励性评语。必要地“宽容”，适度地“激励”，有如春日的一缕阳光，能温暖人心。

第一轮班长、组长在班主任老师指导下开展工作，等一切步入正轨而且摸索出较为成熟的工作思路，这个时候，竞选新一任班干部，并让他们与“老干部”一起参与班级管理，在工作中观察学习，现场取经。这样“老干部”在实践中充当了下一轮“干部”的培训老师，为新干部正常开展工作做好充分的准备。这样做，主要是考虑到有些学生以前从未担任过班干部，一旦上岗，会出现手足无措的情况，易挫败其自信心，同时也会影响整个班级的工作成效。

（四）小小惩罚，运用恰当

在众多的惩罚手段中，首推魏书生老师的写说明书。若学生犯了错误，刚开始的时候总有一定的道理，开始写说明书的时候，也想为自己辩护。但是，在写说明书的过程中，自己冲动的心情冷静了下来，写着写着就发现了自己的错误或者不足。在自己内心的心灵砥砺中逐渐成长，这种教育效果是任何批评说教都无法达到的。

书面说明书而不是检讨书，尽管内容差不多，但是我们要避免使用惩罚性的字眼，以便于学生接受。班干部的处罚决定，甚至是班主任的处罚决定并不都是正确的，学生写说明书时完全可以为自己辩护，这是对学生的尊重，这也是说明书与检讨书的不同。

罚学生写说明书，要注意对说明书的字数的控制。既要让学生认识到自己犯了错误，这是对自己的惩罚，又要使学生能够轻松完成。我现在任教的是小学五年级，书面说明的字数要求在200字左右。我对学生写的书面说明，要求比较严格，几乎学生的每一份说明书我都要与作业本对照，能够达到与自己的作业本中最认真的一次作业相差无几才算合格，否则重写。学生的很多错误就是由于不认真才造成的，要是写书面说明书再不认真，我们的教育效果也就荡然无存了。

四、取得的效果

经过近一年的实践，我们欣喜地看到了所取得的显著效果。

（一）全面参与，共同发展

每个学生都参与到班级管理中来。不管学习成绩的好坏，让每个学生轮流当卫生督导员，这样把管理班级的“大权”放给更多的同学后，不但使整个班级更具凝聚力，而且大大增强了每个同学的责任意识，做集体的主人。学生们都很愿意为班级出力。学生们在履行义务的同时也加强了责任心的培养。教师成长点班会设计能力提升的研究，极大地促进了我校成长传记类校本课程的开发，促进了学校特色的建立，丰富了我校“平凡不平庸”的团队文化，构建尊重创造性劳动，尊重智慧型人才、尊重儿童、尊重生命和谐发展的校园文化。

（二）管理有序，人人有责

在班级中我坚持“普通学生能做的事情，绝不要组长来做；组长能做到的事情，绝不要班委做；班委能做的事情，绝不要班长做；班长能做的事，班主任绝不越俎代庖”的分层管理形式。形成了在班内有人管卫生，有人管做操，有人管字词的听写，有人负责植物、花草的照顾等，使班级管理责任分解到每个学生身上，班级管理意识内化到所有学生心中，变“我被管理”为“我来管理”，让“这是他的事”成为“这是我的事”，使“这是他的责任”成为“这是我的责任”，形成“事事均有人管理，处处皆有人负责”的班级管理氛围。

（三）树立榜样，敢于担当

榜样教育法培养学生的责任感。认真上好每周的班会课，班主任要精心选材，向学生介绍古今中外科学家成才的故事、身边的英模，必要时邀请当地的英模到班上作报告。榜样的作用是巨大的，在本班中还树立可供学生具体学习的好典型，使学生能够真真切切体会到学谁，学哪些方面，达到“近朱者赤”的效应。

（四）以点带面，初具成效

学生的潜力真是不可小觑。由于发挥了集体的智慧，我的班主任工作做得比以往任何时候都轻松，都舒心。因为许多工作都由学生代劳了，所以我轻松；因为在自主管理的模式下，全班同学人人自觉，个个争星，都想被评为“阳光少年”，班里不出乱子，所以我舒心。我充分体验到了管理改革初见成效的甘甜。如今，我班学生在“知责、负责、尽责”的氛围中濡染了责任情感，不仅如此，在社会实践活动中还培养了学生实践能力和服务社区的意识，培养了学生对社会高度负责的精神，还达到了“一个学生带动一个家庭，一所学校推动一个社区”的家庭、学校、社会三位一体的协同教育目的，增强学生的公民责任意识。

育人要育心，教育的灵魂在于唤醒与激励。在责任教育的推动下，将责任教育细化到班级文化建设的过程中，融入到班级日常的教育教学和学习活动中，使班级成员的人生就因为“责任”两个字有了质的变化。

五、反思

（1）班级管理是理性的，日常生活却是感性的，怎样达到理性与感性的和谐统一，还需不断的探寻。管理工作是一门科学，科学的本质是实事求是，它又是一门艺术，艺术的追求是永无止境的。

（2）魏书生老师说：“事物在发展，方法在更新，我们目前运用的方法绝不是最好的方法。”班级管理的模式多种多样，班级管理的方式和惩罚学生的手段也是多种多样的，今后的责任教育之路还很漫长，但我会以执着、坚定的信念继续披荆斩棘，用心去思考，用心去创新，用心去总结，打造向上、活跃、个性的班级文化，找到真正属于自己的桃花源。

六、结束语

陶行知先生说：“真教育是心心相印的活动，唯独从心里发出来，才能打动心灵的深处。”

责任教育是一项长期的、艰巨的工作，应该说只有开始，没有结束，需要我们每一位教育工作者为之付出不懈地努力，需要我们坚持、需要我们守住、需要我们创新。

“小胖墩”在“减”中蜕变自我精彩

小学　马淑新

我们习惯把小学生比作出升的太阳、朝露、祖国的花朵……他们代表着民族的希望和未来。他们能否健康地成长关系到每个家庭的切身利益，关系到社会的稳定，关系到民族的兴旺和国家的前途。近几年全国学生体质与健康调研结果显示，我国学生的视力不良检出率继续上升并出现低龄化倾向，肥胖检出率继续增加，大学生身体素质继续呈现缓慢下降等。可以说，近视、肥胖和体质下降，已经成为扼杀我国青少年身体健康的三大“杀手”。

对于这个由来已久的棘手问题，国家并非不重视，学校并非不作为，家长并非不关心。从国务院针对学生体质问题下发的文件到教育部力推素质教育改革，从阳光体育冬季长跑到“每天锻炼一小时”写入政府工作报告，近些年全社会一直在不断呼吁和督促，以期遏制青少年体质下滑趋势。遗憾的是，这些努力并未给孩子体质带来根本性好转。曾经，“胖”是生活富裕的象征，夸人家孩子“长得胖”，家长听了美滋滋。可现在，“胖”却成了许多家长、学校乃至整个社会的一块心病。如今，随意走进一间中小学教室，“小胖墩”比比皆是。

据2010年全国学生体质与健康调研结果显示，我国学生肥胖和超重检出率继续增加。7～22岁城市男生、城市女生、乡村男生、乡村女生肥胖检出率分别为13.33%、5.64%、7.83%、3.78%，比2005年分别增加1.94、0.63、2.76、1.15个百分点；超重检出率分别为14.81%、9.92%、10.79%、8.03%，比2005年分别增加1.56、1.20、2.59、3.42个百分点。而在一些经济发达地区数据更惊人，就拿我们小学今年对全校327名学生中的287名进行体质测查统计，结果显示肥胖学生有73人，占被测学生总数的19.1%。日渐蔓延的肥胖问题，不仅伤害了孩子生理和心理的健康成长，也成为威胁青少年体质的一大“杀手”。针对这种情况，我校体育教师、卫生教师联合家长三结合以根为本，对症下药，制订了一套有针对性的包括科学晨练、塑身训练、体能练习、心理拓展、良好习惯等内容的培训方案，组织开展了“小胖墩训练营”。

小胖墩训练营利用家校互助从学生心理健康和身体健康两方面双管齐下：

首先，要想办法让每一个学生发自内心地喜欢上至少一项运动。这项趣味运动可以是羽毛球，可以是拔河、跳绳，也可以是足球、篮球（赶猪赛跑），或者是其他某种运动。举个例子，譬如你很喜欢某项运动，相信你一定会有这样的体验，那就是当你去做那项运动的时候，你流汗，你尖叫，你大笑，你会感受到一种物我两忘的快乐。而且一旦你有了这样的体验，只要你一有空闲的时间，你就会迫不及待地想去做这项运动，如果不去做你的心里就会感觉痒痒的。试想一下，如果学生也体验过这样的感觉，那家长和老师还有必要不停地在他耳边提醒他一定要多运动吗？兴趣是最好的老师，所以培养学生的兴趣、鼓励学生去做自己喜欢的运动是让学生爱上运动最有效的捷径。学校尽最大能力准备了运动器材，每周安排三次室外运动课，有学生做主体，选择自己喜欢的运动项目及器械，教师辅助练习。经过一个月的训练，数据显示在体重方面有 41 个学生有减无增，17 个学生保持原状，只有 15 个学生少有增重。可以看出学生主观能动性发挥的作用远远超过被动锻炼的效果。

其次，要全力培养学生的独立人格。独立人格这东西乍一看可能和小学生的健康不沾边儿，但只要你细想一下，你就会发现心理健康和身体健康永远是互为因果的。小学生只有心理健康了，他的身体才会一生健康。事实上，很多成年人之所以变得过于肥胖，就是因为心理素质太差，总是想借助吃大量垃圾食物来减压。怎样才能让小学生拥有独立人格？答案很简单，那就是当小学生还很小的时候就要有意识地培养他的生活自理能力，千万不要事事代劳。正所谓“父母能干，儿女娇痴”，如果你总是习惯于为你的孩子打理一切，那你就等于害了他一生。

在“小胖墩训练营”中也出现了对每项运动都不喜欢的同学，他们认为运动是一件很累人的事，能躺着就不坐着，能坐着就不站着，能站着就不运动，找尽各种缘由逃避运动。譬如说我们班的小胖毛毛这是一个典型不喜欢运动的学生，只要一听到跑步就喊肚子疼或者腿疼，这种现象就是对运动的一种逃避。害怕累只是一方面，从心理角度来讲，他有很严重的不自信，觉得自己胖跑步太慢，担心其他同学会嘲笑自己。每个人内心深处都有一种莫名的争先欲望，它是人与生俱来的本能，所以一提到跑步毛毛就担心自己是最后一名，就开始找各种理由逃避。针对这种情况我们更多的是给予这些特殊学生及时的鼓励和肯定，针对他们自身的情况安排适当的运动量，譬如其他学生跑四圈，他可以跑三圈，鼓励他和别人一起参与运动。为了让学生打开心灵，真正抛开自卑心理，融入到运动的乐趣中。学校针对“课课练”开展了“小胖墩亲子课课练”班，让小胖墩在大课间活动中因为动作慢或者其他原因不能参与尽兴的趣味游戏加强体验，同时还开展了“亲子拉力操社团”，鼓励一部分喜欢跳槽却又害羞的小胖墩参与到活动中，从而逐渐培养自信心融入大的活动中。学校针对兴趣班又组织开展了“小胖墩训练营”亲子趣味运动会，家长和学生配合来完成比赛，不仅给了学生更多的心理上勇气，还达到了师生、家长之间的沟通交流。学生在比赛中欢呼着，在快乐中运动着。

再次，从饮食方面做起。不健康的饮食习惯是导致孩子发胖的主要原因之一，胖孩子喜欢吃洋快餐或油炸食品、肥肉、冰淇淋、巧克力、奶油蛋糕等油多、糖多的食品，不喜欢吃青菜，喜欢喝可乐等含糖饮料，喜欢吃零食，等等。针对这方面，我校卫生老师和家长也达成一致，制定出“一要三不”行为，即每天在家要运动 20 分钟，不吃油炸食品、不喝碳酸饮料、不暴饮暴食。从实行一个月反馈来看，12 个班级有 73 个小胖墩，其中 33 人 10 月份有 20 天以上能够做到“一要三不”，优秀率为 45%。学校准备根据该统计表对下个月的家庭减肥干预工作做进一步跟进指导，并在运动过程中打开小胖墩的心灵，为健康快乐地成长作进一步的推进。

现在每一天的早晨走进校园映入眼帘的是一道惊人的风景线：你会看到一个个小胖墩在专注的跳绳，有各式各样的花样，让你忘记他是一个小胖墩；有运球的，有投篮的，还时不时地能听到他们嘴里在数着数；有踢毽子的，有转呼啦圈的，有在玩石头剪刀布摸人的；有在斗空竹的；有在玩课课练器材的……应有尽有，乐在其中。

《扁鹊见蔡桓公》中写道：“君有疾在腠理，不治将恐深。”就如“小胖墩”的体质道理一样，从小培养学生良好的饮食习惯和运动习惯至关重要。我校的小胖墩在寻找兴趣中快乐的运动着，现在的他们不是再为减肥运动，而是为兴趣运动着。我们的“小胖墩”正在“减”中蜕变着自我的精彩！

学生自主阅读的语文课堂教学模式探究

初中　蒋海云

本次课程改革的重点之一是如何促进学生学习方式的变革，学生学习方式的转变迫在眉睫！因此，倡导新的学习方式是实施新课程最为核心和最为关键的环节。自主学习是众多新型学习方式中最能展现学生个性的一种学习方式。在课程改革中，我开展了自主阅读教学的课堂教学模式的实践：指导学生自主选择适合自己的学习方式、自主选择学习的伙伴、自主交流阅读感受、自主探究语文的外延；教学中努力营造自主学习氛围、创设自学情境、培养学生自主探究精神、坚定学生自主阅读的自信心。总之，基于初中学生学习能力培养的自主阅读的课堂教学模式，让学生真正成为了阅读的主人，学生逐步具有了独立阅读的能力；让学生感受到了阅读是一种享受，发展了学生个性，并最终会拥有丰富的精神世界。

一、阅读教学的要求及现状

21 世纪的教育尤其强调知识学习的探索性和创新性，作为语文教学的主体内容——阅读教学，就不能再袭用传统的以情节分析为中心的讲问题课堂模式而不思革新进取。叶圣陶先生说："学语文主要靠学生自己读书，自己领悟。"自主学习强调的是自由、自主创新。《语文课程标准》指出："阅读教学是学生、教师、文本之间对话的过程。阅读是学生的个性化行为，不应以教师的分析来代替学生的阅读实践，应让学生在主动积极的思维和情感活动中加深理解和体验，有所感悟和思考，受到情感熏陶，获得思想启迪，享受审美乐趣。"这无疑是对传统阅读教学模式的挑战。

然而，传统的阅读教学是从 20 世纪 50 年代起就在前苏联教育家凯洛夫和叶希波夫理论影响下形成的。我们教师自己大部分就接受了"组织教学——复习旧知——传授新知——巩固练习"这一阅读教学模式。北京师范大学现代教育技术研究所何克抗教授指出："传统教学设计有许多优点，但也存在一个较大的弊病，以教师为中心，只强调教师的教而忽视学生的学，全部教学理论都是围绕如何教而展开，很少涉及学生如何学的问题。按这样的理论设计的课堂教学，学生参与教学活动的机会少，大部分时间处于被动接受状态，学生的主动性、积极性很难发挥，更不利于创造型人才的成长。”的确如此，我在教学中也颇有体会。

其实每个语文老师都清楚，如果学生主动地阅读，那将会对语文教学非常有帮助，甚至达到事半功倍的效果。所以当前的重中之重就是转变教学观念，改变传统的教学模式，让学生主动地进行阅读，并达到主动探究性阅读，在阅读中不断锻炼学生的思维能力。

二、开展自主阅读教学的理论依据

当今的基础教育改革指出：新的阅读教学理念主张尊重学生的阅读自主权。全日制义务教育《语文课程标准》指出：“学生是语文学习的主人，语文教学应激发学生的学习兴趣，注重培养学生自主学习的意识和习惯，为学生创设良好的自主学习情趣，尊重学生的个体差异，鼓励学生选择适合自己的学习方式，引导学生在阅读实践中学会学习。”

自主性阅读是针对“他主性阅读”的流弊提出来的。其理论依据，新课标已昭示：“阅读是学生的个性化行为，不应以教师的分析来代替学生的阅读实践。”这就要求教师必须打破“讲读”模式，把阅读的主动权还给学生，保证学生在45分钟的课堂上有足够的时间进行读书和思考。学生阅读课文必须要有“自己的心得”，“提出自己的看法和疑问”。阅读课堂不能滥竽充数，应强化“自主阅读”的意识。因此，开展自主阅读教学势在必行。

三、开展自主阅读教学的实践

课堂是学生展现自我、发展自我的舞台。教师应该充分利用课堂这一实施素质教育的主战场来培养学生的自学能力和创造精神，从鼓励学生自主学习，激发学生学习的内驱力入手，把课堂还给学生。提倡在学生读书思考的基础上，通过教师的指点，围绕重点展开讨论和交流，鼓励学生发表独立见解。加强学生自主的语文实践活动，引导他们在实践中主动获取知识，形成能力。我的具体做法如下：

（一）自主选择学习方式

初一学生刚一入学，我就询问他们打算怎么学习课文，他们真是“八仙过海，各显神通”。有的说：“边看插图，边读课文，一边想象一边读。”有的说：“大声朗读，尽可能读出感情，了解作者的意思。”有的说：“和同学比赛，选择要求背诵的课文，看谁背得快。”有的说：“我喜欢画画，我爱把写景的文章画出来。”有的说：“我还是愿意按照老师的要求读。”……学生们各抒己见，所提出的方法都是个人所擅长的。这样学生们选择适合自己的学习方式去主动的阅读体验，真正成为学习的主人。

（二）自主选择学习伙伴

在努力建设开放而有活力的语文课程的今天，让学生在课堂上自由组合，共同探究，合作解决问题已经显得非常重要。在平时的教学中，我都鼓励学生们说：“老师，这句话我读不懂，我想请某某同学帮我。”“老师，这个问题我不明白，能和某某同学一起研究吗?”还给他们创造自由寻找合作伙伴的机会。因此学生们在“自读自悟，小组合作”这一环节中，能自主寻找伙伴共同学习。有的选择同组同学，有的选择好朋友，有的选择老师，之后互教互学，互读互评，真正形成了平等、和谐、融洽的课堂氛围，师生互动、生生互动的自主阅读，学生在积极投入的阅读实践中，获得了情感的体验和能力的培养。

（三）自主交流阅读感受

语文课程本身丰富的人文内涵对学生精神领域的影响是非常深广的，学生对语文材料的反应也往往是多元的，在教学过程中我充分尊重学生在学习过程中的阅读体验，并给予必要的指导。让学生自己珍视对教材、对问题的体验、理解和独特感受，课堂上喷薄着生命力的火花。

1. 引导学生从不同的角度进行阅读

德国美学家姚斯认为：文学作品本身没有生命，是读者的阅读赋予了作品无穷的意义。而阅读的角度不同，作品所表现出来的意蕴也不同。学生在自主阅读体验中一定会涉及许多角度而他自己又没有明确地意识到，这时就需要老师的导引。如在学习《窗》时，大多数学生都认为不靠窗的病人自私、冷酷、无情。突然一个男生提出疑问：他一开始并不自私呀？这时我开始引导学生反复认真读文思考：他们所处的具体环境、人物思想变化的过程、同景不同人看的结果不同的深刻内涵、作者的写作意图。经过一番再读既可以使学生的阅读角度充分展开，同时也可以使学生的思维训练和语言表达能力达到一个质的飞跃。

2. 允许学生对同一问题发表不同看法

阅读教学应提倡标新立异，允许学生见仁见智地解读作品，对作品进行创造性的思考。有时学生的阅读感受可能会有悖于教者的初衷，这时就更应该尊重学生独特的阅读感受，允许学生发表不同的看法。如在学习《我的信念》总结全文时，我问学生："喜欢居里夫人吗?"他们纷纷畅谈喜欢的原因和理由；突然有位男生说他不喜欢，因为他觉得"居里夫人很傻，为什么不申请专利获得资金，这样可以加快科学实验的进程……"一石激起千层浪，我巧妙地抓住这一课堂亮点，组织学生展开激烈的争论。这无疑是鼓励学生敢想、敢说、敢发表自己见解的一剂良药。这样尊重学生的见解、珍视学生的独特体验，学生的创造力、探究能力就会逐步地培养起来。

（四）自主探究语文外延

语文学习和生活实践紧密联系，课堂知识的学习应与课外实践的运用相结合，才能达到"学以致用"的境界，这也是学语文的最终目的。为此，我经常设计课外延伸作业。如学完杏林子的《生命 生命》，我布置了以下作业：①阅读关于人生的文章，体验生命的多彩；②将你感受最深的文章介绍给同学，并写一篇阅读感言；③和学习伙伴们合作完成一份以"人生的启迪"为主题的手抄报。这样的作业设计能充分发挥学生们的特长，使他们主动地去探究阅读，真正地达到自主阅读教学的目的。

四、开展自主阅读教学应注意的问题

自主阅读教学是新的教学理念下的一种新型教学方式。但是如果过分强调学生的自主，必然导致课堂上的无序与失控，从而降低课堂教学效率。因此，在尊重学生的主体地位的同时，必须以落实教师的主导地位为前提，充分发挥教师首先是课堂阅读活动的组织者的地位，对课堂进行有效组织管理与调控，以保证自主阅读的有效性。

（一）注意课前预习，独立寻疑，营造自主学习氛围

良好的预习习惯对形成阅读能力，提高阅读效率，顺利地达到目的有至关重要的作用。在预习中，首先要教会学生预习的方法，初读课文时，按“导读”提示自学；深入理解课文时围绕思考练习自学。在预习中画出重点词句，寻找出不理解之处，进行质疑，甚至可以提出对知识本身进行的怀疑、研究，这就能使学生产生查阅的动力，争论的欲望，获胜的信心。在预习中学生的质疑就能营造新的学习氛围，为课堂上深入学习做好铺垫。

（二）注意明确目标，创设自学情境，激发学生主动参与意识

在学习每一篇课文之前，老师要把学习目标都清晰地展示在学生面前，让学生心中有数，明确自己努力的方向，这样学生就能很主动地进入自主探索学习中。自学目标的自主确立是学生主体重新构建与发展的重要组成部分，不可“一刀切”地用集体自学目标取代学生自己的自学目标，老师要精心组织学生自学的教学情境，使其自主学习的气氛活跃。

（三）注意学生质疑，进行“问题教学”，培养自主探索精神

古人说：“学贵知疑，小疑则小进，大疑则大进”，有疑问，才有学习的内驱力。人类的思维活动往往是由于要解决当前面临的问题而引发的。课堂上要让学生思，必先教有疑。在自主阅读教学中，老师要积极引导、启发想象，鼓励他们敢想、敢疑、敢问，重视学生质疑能力的培养，进而进行发现的问题教学，激励学生自主探索的学习。

（四）注意激励评价，激发阅读兴趣，坚定学生自主阅读的自信心

在阅读教学过程中，教师的赞赏、激励的评价语言不仅能激发学生积极主动地学习，对课文产生浓厚兴趣，而且能交流师生情感，营造宽松和谐的学习氛围，坚定学习的自信心。对学生回答问题的评价要采用鼓励、引导、点拨、开窍方法。教师的评价还要特别注意鼓励后进生的主动发言，而且在发言的质量上不要提太高的要求。这样来进行评价会让学生感到态度诚恳，评价中肯，进而产生主动求知的心理冲动，以良好心态进入学习。

五、开展自主阅读实践的效果

经过一个学年的自主阅读教学的实践与探索，学生在语文学习方面有了很大的变化，教学实验取得了一定的效果。主要表现在以下几个方面：

（一）激发了学生的阅读积极性

许多学生由原来的不喜欢阅读到能积极主动地去阅读，不喜欢阅读的人数由开学初的67%下降到现在的23%。这样逐步走下去将会对他今后的阅读产生深远影响。

（二）锻炼了学生的勇气和表达能力

像一些性格内向、不爱发言的学生，在自主交流阅读感受中受到感染，也积极举手发表个人看法，在不知不觉中性格变得开朗了，语言表达能力增强了。

（三）培养了学生间的合作精神

在自主阅读中学生的小组学习、小组以外的自主寻求伙伴的学习方式，为同学间的合作提供了广阔的空间，在学习的过程中加强了同学们的合作意识。

（四）探索出适合个人的阅读方法

以前学生学习文章大都是听老师分析，个人很少主动进行阅读活动，更不明确该怎样去读。而现在很多学生都能运用有效的阅读方法去读文章。

（五）阅读能力和写作能力明显提高

在日记、作文以及学校布置的各类主题的征文中，学生能够运用阅读而得的写作技能去写自己的文章，韩艾昕同学的文章还在校刊上发表。这样学生阅读和写作的积极性空前高涨。

总之，开展自主阅读教学的语文课堂教学模式的探索，让学生真正成为了阅读的主人，使学生逐步具有了独立阅读的能力；让学生感受到了阅读是一种享受，使学生发展了个性，并最终会拥有丰富的精神世界。

数学课堂中学生提问能力如何培养

初中　刘永玲

“提问”是中学数学课堂教学中常用的手段和重要方式之一，尤其在新课改背景下，越来越多的教师更加重视“提问”的教学功能，并在教学中经常运用“提问”。数学课堂提问的目的不是为了征集问题的答案，而是为了让学生经历思考问题的过程，更重要的在于为学生提供思维的示范，通过教师的提问引发学生的问题意识，激励学生主动发现问题、提出问题，培养学生善问的能力。

一、提出问题

（一）学校对课堂教学和学生发展提出的要求

根据《关于实施普通中学学生学习能力培养工程的意见》文件精神，以提高学生的学习能力、实践能力和创新能力为目标，实现“减负提质”，促进学生和教师的全面发展。

（二）时代发展对教师、学生提出要求

学生能力是满足新时期经济社会发展对创新人才的需求，作为一个个体如何适应现在的时代和社会发展，也对学生提高提问能力提出了要求。教师对学生进行“提问”能力的培养就显得迫在眉睫了。

（三）需要解决课堂效益问题

教师在课堂上采取的学科教学模式要有明确的转向，即围绕学生的能力提升设计和开展活动，确保把学生能力发展作为目标，提高课堂效率。

以学生提问能力培养为切入点，扎根于课堂教学，形成学生的学科课堂教学模式，促进教师教学方式、学习方式的转变，培养学生学习能力，提高素质教育水平。

二、国内外相关研究现状

（1）“提出问题，往往比解决问题更重要。”这是爱因斯坦从事科学研究的宝贵经验，可见，人的思维往往是从问题开始的。发现问题提出问题的能力，是学生学习科学，获取知识的基本能力，所以教师应精心设计问题的情景，培养学生自己发现问题，提出问题的兴趣。

《数学课程标准（2011 版）》指出：基于“四基”的教学，在注重分析问题能力和解决问题能力的培养的基础上，还要注重发现问题和提出问题的能力的培养，在培养学生演绎推理能力的基础上，还要注重归纳推理（含类比）能力的培养。比如，基于“四基”的教学可以让学生感悟：从具体事例出发得到一般的思维过程，从低维空间的结果推断高维空间结果的思维过程。在这样的教学过程中，帮助学生积累思维的经验，逐步形成自己的、合理的思维方法。就全国范围来说，这样的教育可能是全新的，这样的教育既是一种挑战，也给基础教育战线的教师提供了施展智慧和才能的舞台。

（2）关于数学教学模式的选择和研究，《数学课程标准（2011 版）》指出：“学生学习应当是一个生动活泼的、主动的和富有个性的过程。认真听讲、积极思考、动手实践、自主探究、合作交流等，都是学习数学的重要方式。学生应当有足够的时间和空间经历观察、实验、猜测、计算、推理、验证等活动过程。”学习数学必须有问题，没有问题学不好数学，不仅要能解决别人的问题，更重要的是自己要有问题。学习数学的定义、概念，总要问为什么需要它，它与前面所学的有什么联系，它与实际生活有什么联系。在学习数学的技能、方法、思想时，更需要深入发问，在回答中不断思考，不断理解，不断深入。在数学和实际的情境中，也需要提出问题的意识。培养学生的问题意识是培养学生创新意识的好办法。

（3）国内外专家从学生学习能力和课堂操作模式，在理论层面分析和探讨。对于学校教师来说，更多需要从实践层面研究，在新课程改革背景要求下，建立课堂教学模式，即如何通过课堂教学来提高学生的知识能力和思维水平的理性思考与探究，关注于学生能力在实际中应用，为其终身可持续发展服务。所以，我们期望通过建立各学科的课堂教学模式，培养初中学生学习能力，在课堂中进行实践，提高课堂教学的实效性，有利于实现新课程的基本理念。

乔治·波利亚在《怎样解题》一书中指出："当你有目的地向自己提出问题时，它就变成了你的问题。"在课堂教学中，培养学生发散性思维，善于从多方面的角度，不依常规地去考虑问题。教会学生各种联想，使学生在学习中不断拓展思维，充分发挥自己的联想和想象能力，提出的问题要具有一定的灵活性和敏捷性。

三、研究的背景及意义

长期以来，在我们的数学教育中存在的一个问题是，过多的、盲目的、仅仅为了应对考试的习题训练，不仅束缚了学生的思维，而且压抑了他们的好奇心和想象力，以至于很多同学只有不会做的习题，却提不出有价值的问题。

数学教育应该启发人们的思维，培养学生的创新意识。当然，培养学生创新意识不仅仅是数学教育的任务，而是整个义务教育的任务。问题是数学中最重要的，通过问题意识培养、激发学生潜在的创新精神是数学教育应该做的中心任务。

（一）学生提问的意义

（1）反映学生学习水平。

（2）反馈教学情况。

（3）实现师生互动，促进教学相长。

（二）影响学生提问的主要因素

（1）非智力因素。主要有：①自卑心理。②气质性格。③情绪状态。

（2）智力因素。主要有：①知识储备少。②能力水平。

（3）师生关系。主要有：①教学作风。②教学方式。③交往时距。④教师信度。

（4）环境因素。主要有：①学习风气。②集体氛围。

四、解决策略

（一）鲁宾斯坦“问题性思维”理论

思维通常是由问题情境产生的，并以解决问题情境为目的的。以提出并解决问题的方式来获取新知识的这种问题性思维过程分为以下几个阶段：产生问题情境，分析情境并提出问题，试着用已有的知识解决问题（此称为“封闭式”解决问题的阶段），寻找新的解决方法（此称为“开放性”解决问题的阶段），实施寻得的新方法，检验解法。

下面是我结合2008年浙江杭州的一道中考题的教学实例，谈一谈课堂上运用“问题性思维”理论指导学生解题的。

题目：如图1，直角梯形$ABCD$中，$AD /\!/ BC$，$AB \perp BC$，E是AB上的点，且$DE = CE$，$DE \perp CE$，

求证：$AB = AD + BC$

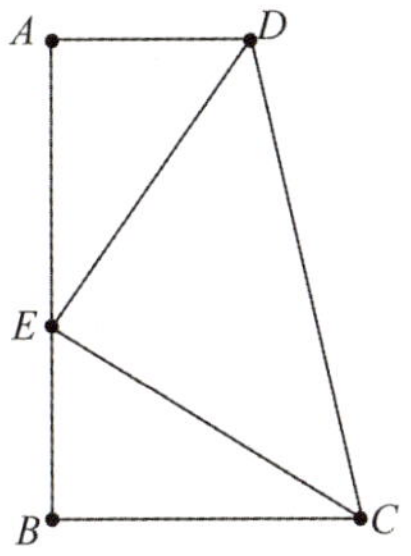

图1

1. 弄清题意，明确问题

教师先让学生读题、审题。弄清题目的已知，用适当的符号在图上标出已知条件，明确要证明的结论，弄清已知和未知的关系。部分学生通过观察、猜想和简单推理，会联想到用“截长补短”法证明一条线段等于另外两条线段的和要转化成证明两线段相等。

2. 经验联想，拟订方案

学生联想用“截长补短”法证明一条线段等于另外两条线段的和，但如何证明呢？这是本题的核心。

由于本题条件和结论关系不易发现，师生共同回想课本上曾经做过的一道练习题（人教版八年级下册第104页第15题）：

如图2所示，四边形$ABCD$是正方形，点G是BC上的任意一点，$DE\perp AG$于点E，$BF/\!/DE$，且交AG于点F，求证：$AF-BF=EF$

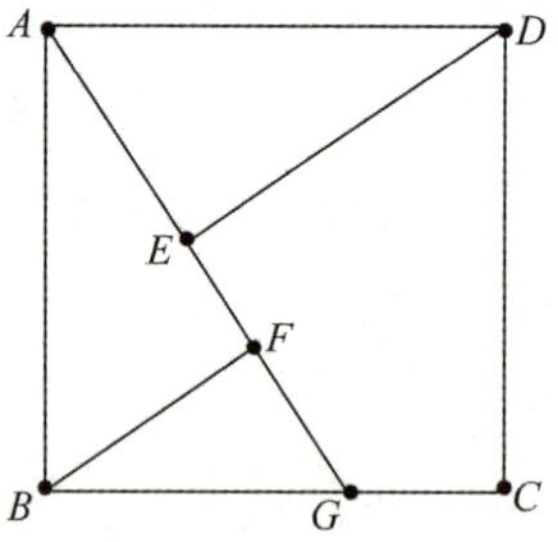

图2

师生共同回想一下课本上的这个题是怎么证明的：

证明一条线段等于另外两条线段的差转化为证明线段相等，引导学生寻找题中的全等三角形：$\triangle ADE\cong\triangle BAF$。可得$AE=BF$，从而证出$AF-BF=EF$。

教师问：受课本练习题的做题方法的启发，你能证明这道中考题吗？

学生：先证$\triangle ADE\cong\triangle BEC$，得$AE=BC$，$AD=BE$，

从而得$AB=AE+BE=BC+AD$。

3. 执行方案，规范书写

课上教师让每位同学利用上面提供的方案，独立进行证明，提醒学生证明过程注意叙述要完整，理由要充分，书写要规范。教师适时指导，并给出规范板书。

学生在证明过程中，还会遇到一些问题，如何证$\angle BAF=\angle ADE$，由全等得出哪些线段相等来帮助我们证明所要的结论。教师在学生充分思考的基础上，适时准确的辅导，是解题教学中的重要环节。

4. 回顾反思，提炼方法

师生共同回顾一下解题方案，要求证的是一条线段等于另外两条线段的和，直接证明有一定的难度，常用的方法是“截长补短”，转化为证明两条线段相等。

接着我用运动变化观点，指导问题深入：

在如何引导学生进行数学发现，提出新的数学问题的教学过程中，应当遵循数学问题发生、发展的规律，在数学方法论的指导下，探索有效的教学方式。对典型数学问题运动变化中的不变性以及改变问题背景进行探索，都是引导学生提出创新问题的好办法之一。这样做符合素质教育要求，让学生的能力得以提升。

上面2中考题由 E 是 AB 上的点，启发我们借助图形的运动变化，改变问题情境探索共同的结论。

已知：$\triangle CED$，$\angle CED=90°$，$CE=DE$，AB 是过 E 点的一条直线，$DA\perp AB$ 于 A，$CB\perp AB$ 于 B。

（1）如图3所示，求证：$AB=BC+AD$

（2）若直线 AB 绕 E 点旋转到图4的位置时（$BC>AD$），问 AB 与 BC，AD 的关系如何？请予证明。

（3）若直线 AE 绕 A 点旋转到图5的位置时（$BC<AD$），问 AB 与 BC，AD 的关系如何？请予证明。

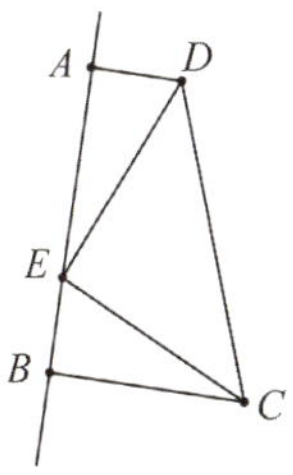

图3

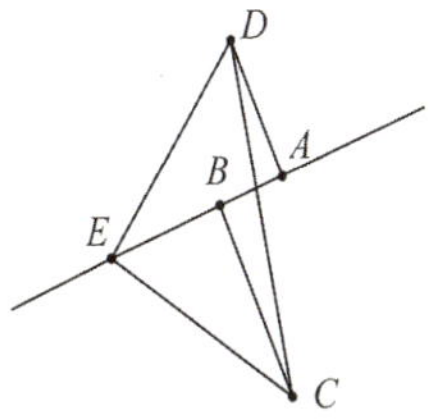

图4

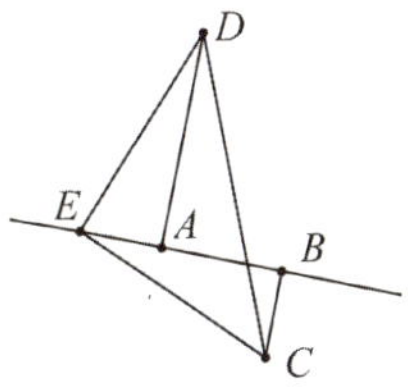

图5

学生把图3的问题很容易地联想例题的证明方法证出。

教师通过几何画板，让直线AE绕A点转，形成不同位置的图形。如图4、图5所示，原来的直角梯形已经不存在了，教师提出问题：类似的结论还有吗？学生画图思考，猜想结论，试着证明。（如图4的结论：$AB=BC-AD$，如图5的结论：$AB=AD-BC$）。

题后反思：虽然直线 AE 绕 A 点旋转的过程中，图形的位置发生了变化，结论也略有不同，但$\triangle ADE$ 与$\triangle BEC$ 却始终保持全等。要研究一条线段等于另外两条线段的和或差，直接证明有一定的难度，通常转化为证明两条线段相等，进而得出所要的结论。引导学生对题目进行变式，对其结论进行深入地挖掘，为学生提供了广阔的思考空间和参与场所，有利于培养他们思维的灵活性和创造性。

（二）建构主义教学观

教学过程是教师和学生对世界的意义进行合作性建构的过程，而不是“客观知识”的传递过程。即“以学生为中心，在整个教学过程中由教师起组织者、指导者、帮助者和促进者的作用，利用情境、协作、会话等学习环境要素充分发挥学生的主动性、积极性和首创精神，最终达到使学生有效地实现对当前所学知识的意义建构的目的”。

例　已知二次函数 $y=ax^2+bx+c$（$a\neq0$）的图像如图6所示。

启发学生能从图中得到哪些结论？

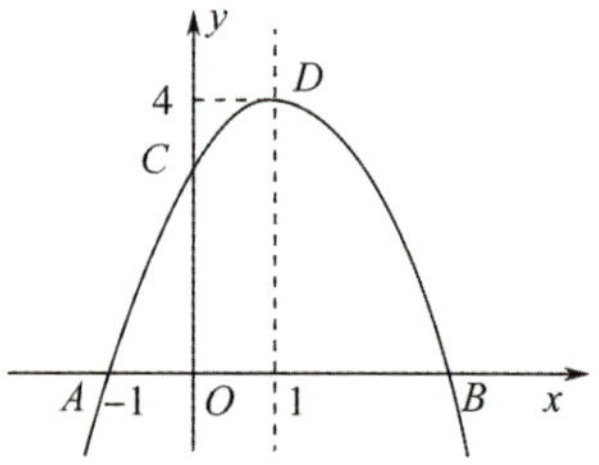

图6

如 $a<0$，$b>0$，$c>0$，$\Delta>0$。顶点D（1，4），$-\frac{b}{2a}=1$　$\frac{4ac-b^2}{4a}=4$

抛物线开口向上，当 $x=1$ 时 y 有最大值 $=4$

求 x 轴的两个交点坐标。

求程 $ax^2+bx+c=0$（$a\neq0$）的解，当 $-1<x<3$ 时，$y>0\rightarrow$不等式 $ax^2+bx+c>0$ 的解集。

当 $x<-1$ 或 $x>3$ 时，$y<0\rightarrow$不等式 $ax^2+bx+c<0$ 的解集。

当 $x<1$ 时，y 随 x 的增大而增大；当 $x>1$ 时，y 随 x 的增大而减小。

可求得解析式为 $y=-x^2+2x+3$。

可求哪些线段的长度？可求哪些图形的面积？并请学生求出。

给出 x 的取值范围可求 y 的取值范围（两种情况：x 的取值范围含顶点；x 的取值范围不含顶点）。

课堂上让学生跟着教师的思路想问题，并作出相应的回答，如果学生想不到，教师可适当提示，让学生举一反三。接着教师让学生改变二次函数图像进行自问自答，这一课堂教学环节可采用小组合作的形式进行。

（三）马赫穆托夫问题教学法

“从内部结构的观点来看，可以认为问题性的课是这样的：在这种课上，教师有意地创设问题情境，组织学生的探究活动，让学生提出学习问题和解决这些问题（这种做法的问题性水平较高），或由教师自己提出这些问题并解决它们，在此同时向学生说明在该探索情境下的思维逻辑。”

例如，图7，在 $\triangle ABC$ 中，E 是 BC 的中点，F 在 AE 上，$AE=3AF$，BF 延长线交 AC 于点 D。若 $\triangle ABC$ 的面积是 48，则 $\triangle AFD$ 的面积等于________。

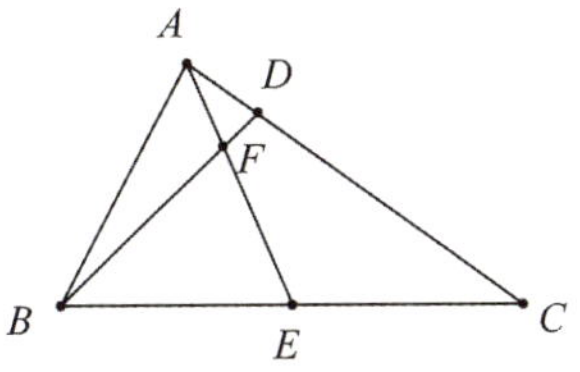

图7

解法 1：过点 E 作 $EG \parallel BD$，交 AC 于 G，设 $S_{\triangle ADF}=x$，$S_{\triangle CEG}=y$，ΔCBD 中，因为 E 是 BC 中点，$EG \parallel BD$

如图 8 所示，所以 $\triangle CEG \backsim \triangle CBD$，$S_{\triangle ABE}=S_{\triangle ACE}=24$，

所以 $S_{\triangle CBD}:S_{\triangle CEG}=4:1$，所以 $S_{\triangle CBD}=4y$，

在 $\triangle AEG$ 中，因为 $AE=3AF$，$EG \parallel BD$，

所以 $\triangle ADF \backsim \triangle AGE$，$S_{\triangle ABF}=8$，$S_{\triangle BEF}=16$，

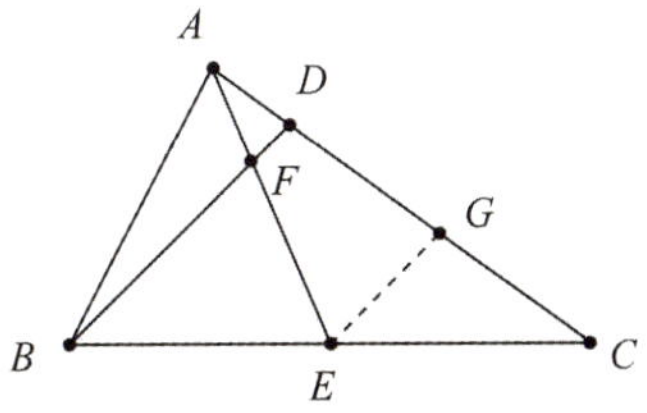

图8

所以 $S_{\triangle AEG}:S_{\triangle AFD}=9:1$，

所以 $S_{\triangle AEG}=9x$，那么有 $\begin{cases}9x+y=24\\8+x+4y=48\end{cases}$ 得 $\begin{cases}x=1.6\\y=9\end{cases}$

$\therefore$ $\triangle AFD$ 的面积等于 1.6。

说明：此种解法用了建立方程组的数学思想计算三角形的面积，涉及相似三角形的判定、相似三角形的面积比等于相似比的平方等知识，关键是作辅助线，所做的平行线能用到两个三角形中。

解法2：如图9连接 DE，

因为 E 是 BC 中点，$AE=3AF$，

所以 $S_{\triangle ABE}=\frac{1}{2}S_{\triangle ABC}$，

$S_{\triangle ABF}=\frac{1}{3}S_{\triangle ABE}=\frac{1}{6}S_{\triangle ABC}$，

即 $S_{\triangle ABF}=8$。

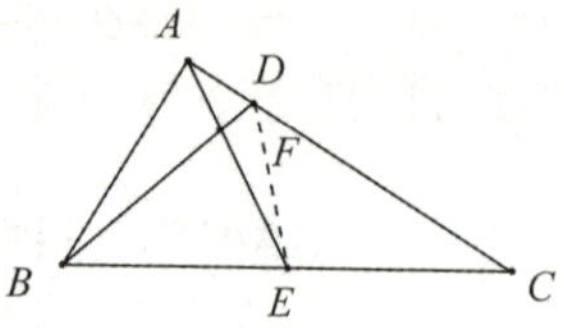

图9

又 $S_{\triangle BDE}=S_{\triangle CDE}=2S_{\triangle ABD}$，所以 $S_{\triangle ABD}=\frac{1}{5}S_{\triangle ABC}=9.6$，

所以 $S_{\triangle AFD}=9.6-8=1.6$

说明：解法2巧妙地利用了同高不同底的两个三角形的面积比等于底的比这一性质，突出了解法的简单性。

解法3：如图10所示，过点 A 作 $AG\parallel BC$ 交 BD 的延长线于点 G，

所以 $\triangle AGF\backsim\triangle EBF$，

因为 $AE=3AF$，所以 $\frac{AF}{FE}=\frac{AG}{BE}=\frac{1}{2}$

又因为 $\triangle ADG\backsim\triangle CDB$，$E$ 是 BC 中点，

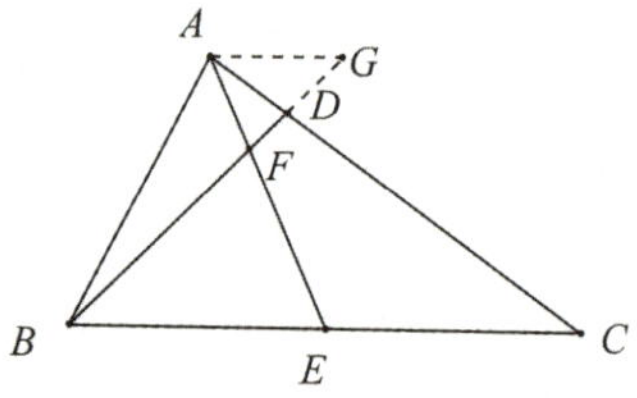

图10

所以 $\frac{AD}{DC}=\frac{AG}{BC}=\frac{1}{4}$

而 $\frac{S_{\triangle BCD}}{S_{\triangle ADC}}=\frac{CD}{AD}=4$，

所以 $S_{\triangle ABD}=\frac{1}{5}S_{\triangle ABC}=9.6$，$S_{\triangle ABF}=\frac{1}{3}S_{\triangle ABE}=\frac{1}{6}S_{\triangle ABC}=8$，

所以 $S_{\triangle AFD}=9.6-8=1.6$

说明：解法3采用添加“平行线”构造两个相似三角形的方法，利用相似三角形的有关知识来求解。这种方法是解此类题目常用的方法。

五、几点说明

（一）构建心理安全区域，创设直观有趣问题情景，让学生敢问

（1）创设宽松教学环境，增强学生敢问的自信心。

（2）开放提问时空，增强学生敢问的自由度。

（3）精心设计问题情境，激发学生敢问的欲望。

（二）创造机会，教给方法，让学生会问

（1）让学生学会从“比较”中发现问题。因为“问题”产生于“疑问”，“疑问”产生于“差异”，“差异”产生于“比较”。具体来讲，我们可引导学生将眼前的“问题”与生活实际、与已有的知识、与老师或同学的观点、与教材上的说法进行比较，从“此”与“彼”的差别处发现和提出问题。

（2）引导学生提出高质量的问题，鼓励学生“问得深”、“问得妙”。在课堂教学中，当有学生提出高质量的问题后，教师应有意识地请这位学生比较详细地叙述自己的思维过程。这样做，一是可以帮助提问者梳理自己的思路，使他能够上升到理性的层次，自觉地把握自己的思维，从而巩固与强化其良好的思维品质；二是有助于其他同学了解“这个好问题是怎么提出来的”，并且明白“这样想”的道理。

（3）培养学生质疑能力。“学起于思，思源于疑。”质疑是思维的导火索，在课堂教学中，要花大力气引导学生寻疑、质疑、释疑，培养学生的质疑能力。改变学习方式，让学生在尝试、探究中发现问题。

（4）鼓励学生在学习的过程中能用批判的眼光去观察问题，要敢于向课本、权威质疑，要会提出不同见解。平时教师对学生的提问应采取积极的态度，并认真思考学生的提问，让其体验到成功的喜悦，这样，学生提问的积极性大大提高了，提出的问题也更有力量了。

如何运用任务型教学方法上好初中英语阅读课

初中　李永梅

初中英语阅读教学是英语教学中的一个重要的部分，培养和提高学生的阅读理解能力是阅读课的主要目的。新的教学《标准》积极提倡任务型教学，在英语阅读教学中积极运用任务型教学，将有利于提高初中英语教学的水平，提高学生运用语言的交际能力。

在本学年度，我注重在英语阅读课中运用任务型教学方法，上好每一节阅读课，随着教改的不断推进，阅读在考试中占到了50%的比重，要想在考试中取得较好的成绩，加强阅读训练成为我们教学中重要的一个环节。

一、任务型教学的要求

（一）课前学生带着任务预习

在学习新课之前，学生的预习不但是对内容的了解，同时也是在培养学生一种良好的学习方法。学生课前有目的有方法的预习，能变被动学习为主动学习，在发现问题，分析问题，解决问题的过程中锻炼了思维能力，并能在课堂上有针对性轻松的与同学、老师合作去解决难点，从而增强个人自信心，获得成功的体验。预习的内容包括词汇、语音语调、课文理解。在阅读课之前的预习不但要求学生要检查生词，同时要对相关的知识和文章背景作相应的了解。

教师要事先把预习的内容及要求告诉学生，让学生根据要求查阅生词、预习课文及语法要点，将个人无法解决的疑难问题做成笔记。然后就可以有的放矢地听老师在课堂上讲评，逐一解决疑点。根据不同学生的特点，教师有时还可以提出难度稍高的预习要求。例如，在教学 A tip to the zoo 这一模块时，我要求学生预习时做到：①准备有关动物图片，查阅动物的英文名称，并用英语描述其中两种动物的外形及习性等；②预习课文、查阅生词、理解文章意思，并将疑难点做一份笔记；③讨论回答 do you think it is good for animals to stay in the zoo? why or why not? 几乎有三分之二的同学都准备了图片，并写出了较为完整的动物介绍，对动物住在动物园里是好是坏提出了自己的见解。这样，不仅课上得轻松，学生参与的热情也高。而且能学到许多书本以外的知识，拓展了学生的知识面。

但是，针对不同的文章我们有不同的预习要求。例如，National heroes 中，文章篇幅较长，且内容复杂，我们要求学生必须提前翻译文章，查阅相关杨利伟的个人背景以及神舟五号的太空之行的情况。对于较易的文章，例如，Plans，本模块的阅读文章只是对三个人的计划做介绍，没有太多的生词和句型，课前只要求学生将生词标出并试读。

（二）课上学生带着任务阅读

根据新《标准》要求，初中英语阅读教学的目的应包括以下几点：

（1）获取信息，开阔视野，享受乐趣。

（2）了解文章的结构，学习语言知识，培养初步写作能力。

（3）提高阅读技巧，培养阅读能力。

阅读的过程是读者与文章之间互动的一种信息加工方式，是读者积极主动地在其语言知识及背景知识的参与下对文章的信息进行重新加工和建构的过程，在初中英语教学中，在阅读中培养学生的阅读能力是非常重要的。

如果在阅读教学中，老师按照老办法，只是播放课文录音，让学生跟读阅读。然后就课文中出现的新的语言点和语言知识进行讲解，而忽略与学生之间的交际性参与，师生互动的阅读活动，久而久之，学生就会失去学习的主动性，失去独立思考问题，主动参与的机会，过分地依赖老师讲解，这样提高学生的阅读能力就变得非常困难。

所以在阅读课的课堂教学中，老师应该积极思考，努力为学生提供具有刺激和诱导的任务，在限定的时间内阅读，提供多媒体材料的视听，让学生在完成任务过程中的交际和任务成果的交流中来促进语言的习得。学生在课堂中不是被动的接受者，他们在任务的驱动下，有选择的获取信息。

在课上学生在学习生词之后，教师便呈现任务，以回答问题或者是判断正误的形式出现。因此，学生在阅读的时候是有目的的学习，提高了学习的效率。同时要求在阅读的过程中标出信息点。

因为每个孩子的理解能力不同，在个体阅读之后，再是小组讨论。在小组活动中，既形成了互助小组，同时也锻炼了学生的交际和表达能力。

（三）课下学生带着任务复习

每学完一部分，就要求学生进行小结，让学生对本节课的知识体系进行梳理，巩固本节课所学的知识，再一次查漏补缺。在作业的布置上，应分为常规作业和预习作业。注意作业的量要适中，并能适当分层。

二、任务型教学在阅读课中的具体运用

（一）在阅读教学过程中，实施任务型教学应注意的几个因素

（1）教师设置的任务应当是符合学生原有知识水平。只有当学生感到教师的任务是他们能够完成，并能利用语言表达出来的时候，才能积极参加教师设计的活动，教学内容才最容易被学生接受。

（2）明确的目标或目的。在阅读教学过程中教师要在阅读之前将任务给学生，让他们带着问题阅读，这样有利于提高阅读的水平和效率。

（3）必须使用语言来获取信息或传递信息。英语任务教学中的“任务”是指学生在学习、理解、体会语言之后开展的语言交际与运用的活动，而不是一般意义上无语言意义的工作。给学生提供完成任务所必要的语言支持。教师根据学生现有的语言情况，提供学生要完成任务所必要的知识、词汇或交际句型，并在进行任务前向学生呈现这些语言，以保证学生比较顺利地完成任务，并能使用所学的交际性语言。

（4）在教学活动中，教师始终是一个引导者，学生始终扮演主角。教师的思考方式不能主观地传递给学生，教师应该尊重和认同学生的观点和想法，师生在活动中是平等的。

（二）任务型阅读课的教学步骤

- Pre-reading
- While-reading
- Post-reading

（三）英语阅读课任务设计示例

下面我以七年级教材下册 Module 2 Spring Festival（Reading）一文为例谈谈我在阅读教学中是怎样以“任务型”教学模式来进行教学的。因为这篇文章对于刚学较容易阅读的学生来讲有一定的难度，有大量的动词词组，充斥了较多的新内容。

（1）教学任务

1）使学生通过阅读，理解课文，掌握主要内容。

2）通过课文教学，全面培养学生听、说、读、写的能力。

3）通过课文教学，对学生进行思想政治教育。

（2）教学辅助手段

运用多媒体，增大教学的容量和直观性，使课堂教学形象生动、活泼，激发学生的学习兴趣，提高教学效率和教学质量。

（3）教学程序

1）导入启动

导入——感知教材。这是知识的输入阶段。学生的学习主要是掌握书本知识，这种知识对学生来说是他人实践经验的总结，为了理解和掌握这种知识，学生必须有感性认识作基础。为了使学生获得感性认识，教师应指导学生做好阅读前的导入工作。通过课前讨论两幅画的内容展开了教师和学生之间的自由交谈：

- What can you see in these picture?
- Do you like festivals?
- What festivals do you know in China and in other countries?
- What do you do at festivals?

借助图画，使学生的注意力很快集中起来，马上投入到课堂中。

2）学习生词、词组

展示组图，让学生学习生词。通过直观的图片，学习生词，使枯燥的语言学习生动有趣。同时通过观看图片还能锻炼学生的观察和想象能力。

3）观看动画

学生学完生词之后，立刻观看关于过春节的短片，在视觉上给学生以冲击，对课文在整体内容上有一个初步的了解，为下一步阅读材料打下基础，同时也可放松读前的紧张心理。看完动画片，教师提出几个简单理解性的问题：

- What traditions do you have at Spring Festival?
- What do you do on Spring Festival's Eve?
- What do you do at Spring Festival?
- When does Spring Festival finish?

4）限时阅读

读——理解教材。这同样是输入阶段。理解教材是一个感性认识和理性认识相结合的辩证过程，学生对阅读对象有了感性认识，给理解教材奠定了基础。这一阶段要求学生仔细阅读全文，需要 4 ~5 分钟。良好的阅读习惯是提高阅读速度和阅读理解能力的先决条件，要求学生阅读时不出声、用心读，培养他们直接理解书面意义的阅读能力。在学生阅读的过程中，屏幕上显示下列问题：

- What traditions do you have at Spring Festival?
- What do you do on Spring Festival's Eve?
- What do you do at Spring Festival?
- When does Spring Festival finish?

因为我校的学生大部分英语水平相对较低，这篇文章对他们来讲还有一定的难度，所以在阅读文章时，需要进一步巩固问题，首先确定每段的段落大意，为后面的详细阅读打下基础。

5）精读课文

本阶段是为进一步理解课文而设的细节性的问题。这些问题是段落内在的信息层次，用以帮助学生在阅读理解中获取较详细的有关主题的信息。针对本篇文章，其中的词组多，信息量大，学生很难在短时间内复述课文。所以给每段落都提出问题，学生小组讨论得出结果并做笔记，无形之中也是记住每段的关键信息，从而复述文章。

第一段：

What are the traditions in Paragraph 1?

Why do people paint doors and windows red?

第二段：

Who give us New Year presents?

What presents do we usually get?

On New Year's Day, what do you do?

What kind of dancing do we usually see?

第三段:

What is dumpling?

When do you watch TV?

Are there usually fireworks?

Why don't people clean the house for a few days after the Spring Festival dinner?

第四段:

When does the Spring Festival finish?

What do we often eat on Lantern Festival?

Why do people eat them?

学生回答问题的时候最好不看课本,如有困难可参照课本。有的问题答案可能不止一个,教师应鼓励学生从不同的角度回答,培养他们的思维能力。

6) 复述课文

这是课文教学较常用的以内容为中心的练习之一,可由引导式复述逐步进入自由复述。引导方式有提纲、关键词、图表及图画。这一阶段为语言运用阶段,学生要把所学知识通过语言实践转化为学习的技能,从而提高语言的运用能力。学生通过阅读课文,找出了有关信息。

例如,本文第一段就可以让学生用词组链条的形式将信息连接,进而复述课文。这样既让基础较弱的学生掌握了一种学习方法,同时对于基础较好的学生而言,也可以培养他们认真地学习态度,打牢基础。

Tradition　clean the house　sweep away　paint. . red　decorate　paper cuts　buy clothes　have a haircut

学生通过类似的动词词组很快能复述课文,不但我们教师找到了教学的快乐,同时学生也体会到了学习的成功,增强了他们的自信心。

7) 节日介绍

在此环节,主要是介绍西方国家的主要节日,从而对学生进行爱国主义教育。利用各种图片进行讲解,同时有部分基础较好的学生也准备了英语短文介绍,在课上可以给他们锻炼的机会,提高对个人的要求。

8）布置作业

描写你所熟悉的一个节日。通过学习课文学生学习了主要的动词词组和句型，可以就文章进行仿写。要求是50个词左右。这实际上也是活用课文，是知识转化能力的升华，遵循了先口头后笔头的原则。本环节目的在于指导学生更好地进行语言实践，培养运用语言的能力。学生们学完课文之后看到自己也能写出类似的文章，大大增强自信心，获得从未体验过的成就感和满足感。它将阅读与写作有机地融为一体，提高和培养了学生这两方面的技能。

经过教学实践，我真正体会到，在任务型阅读教学中，教师起着语言习得的促进者、答疑者和向导的作用。任务型教学要求我们教师从教学大纲和一定的教学方法被动接受者转变成一个课堂教学材料和课堂活动的主动创造者；任务型阅读课的学与教是从“学”的角度进行准备，同时在学习的过程中激发了学生学的兴趣，在课上教师和学生产生共鸣，共同进步、提高。

三、实践过程中的困惑

（1）从理论上，我对任务型教学方法了解的不透彻，所以我希望其他老师可以推荐几本关于这方面的书籍，最好是理论联系实际的书目。

（2）在教学过程中，图片和动画的确能增强学生的想象空间，但有时学生容易分神，在讨论或者听讲时，不易调整思绪，精神不集中。这就增加了教师授课时的难度，既要讲授知识，同时也要关注每位学生的听讲状况。

（3）虽然我的授课采用任务型，但是最后的落脚点依然是记笔记，学生对知识的掌握还是死记硬背，他们头脑中印象深刻的依然是图片和动画。我总觉得只是授课形式上发生了变化，但是实质依然是枯燥的语言记忆。

激发学生兴趣，点热英语课堂

小学　吕培

瑞士著名教育家皮亚杰说过：“所有智力活动方面都要依赖于兴趣。”因此，在小学英语教学活动中，教师应努力挖掘课程教材的兴趣点，寻找出学生爱学、想学的兴趣点，从而激发学生的学习欲望，培养学生学习英语的浓厚兴趣，不断提高英语教育教学效果，使学生真正做到“我要学，我想学”，而不是“要我学，逼我学”。结合自己的课堂教学案例，本文从不同方面入手，阐述如何让兴趣教学贯穿小学英语课堂。

一、利用优质英语资源，挖掘出学生爱学的点

心理学告诉我们，只有感兴趣的东西，学生才会积极地开动脑筋认真思考，在英语课堂教学活动中，我们完全可以充分利用教材中得天独厚的资源，进而结合本地区本班级学生的实际情况，有选择地、灵活地安排课堂教学内容，有针对性地设计课堂教学活动，从而充分调动学生学习英语的兴趣，以最简捷、最有效的方法获得最必要的知识。

例如，在四年级的一节课中，为了帮助学生理解“quiet”、“noisy”两个单词，我借助两段视频，一段视频有关于小猫睡觉的，从而让学生理解“quiet”这个词的含义：安静的。然后立刻让学生在老师创设的情境中进行练习；你们可以说出什么动物是安静的吗？立刻调动起学生的积极性，学生争先恐后的发言：“Rabbit is quiet. Fish is quiet. ……”收到了较好的效果。在 noisy 教学中，我利用小狗狂吠的片段，让学生理解 They are too noisy. 从而让学生有感情的朗读出句子，加重“too”的发音。

创设情境的目的之一在于激发学生的兴趣，促使学生全身心地投入到英语活动中。因此，我们所创设的情境就应该符合儿童的心理特征，突出童趣，极大程度地调动学生学习的积极性，例如，可以利用视频、动画等形式创设有趣情境，使学生爱上英语课堂。

又如，教师在教授单词 square、circle、star、heart、rectangle、triangle 等词时就为学生创编了 Gu-dong is coming. 这样一个生动的小故事，学生跟随着老师的故事，一起身入其境，感受故事带给他们的快乐，他们在听故事的同时不知不觉学会所有单词，并积极用所学单词进行表达，这样的情境创设，生动有趣，难怪孩子们下课还不舍得离开英语课堂呢！

所以，教师要悉心钻研教材，在对学生已学的和要学的内容做到了然于胸的基础上，大胆地超越教材，创造性地使用教材，尽可能地把这些语言材料放入各种能听、能看、能触摸的情景中去，生动灵活地呈现出来，使学生觉得一节英语课上学到的不仅有少量单词或一小段对话，还有一些能在许多场合用得上的富有生气的语言材料。

二、利用丰富的肢体语言，催化英语学习的兴趣

美国著名教育家布卢姆指出：“学生的学习兴趣、动机、态度、好奇心以及情感在促进学生智力发展中起着重要作用。这些方面要靠教师对学生的热爱和教师本身的感染熏陶，是其他任何教学手段都代替不了的。”在英语课上，幽默的源泉既可以来自学生，也可以来自教师；可以来自学习内容本身，也可以来自教学方法。它既可以保持学生的兴趣，消除厌学情绪，在笑声中获得知识，又可以融洽师生关系，保持良好的课堂教学效果。教师在课堂上运用诙谐的身体语言，不仅能够营造一种民主和谐的课堂氛围，还能开发学生的想象力。

例如，在教授二年级方位介词的时候，为了帮助学生记忆，我就充分利用自己的肢体语言，并为学生创编了小歌谣。利用手指和手，让学生将手指放在手的上面，然后说 on，on，on my hand. 手指放在手下，under，under，under my hand. 手指放在手心里 in，in，in my hand. 手指放在手前面，behind，behind，behind my hand. 韵律与动作结合起来，符合学生的记忆特点，学生在教师的带领下，爱上了英语课堂。

在教授新入学的一年级小同学，肢体语言更是激发他们学习英语的兴趣的重要手段。例如，说 good morning 就是先伸个懒腰，双手合并做睡觉状，然后说 good night，小韵文里强调 I have……就用双手指向自己表示我拥有……，强调 I like……就用双手做一个心形的手势，学习 twinkle little star 时，用手势

表达闪亮的星星。教每个句子时，让学生拍着手，做着动作。学生们都很活跃，模仿的非常好，每节课中都能看到学生们脸上洋溢的笑容，这样的教学模式才是最有效的课堂教学。

我想在英语课堂上，学生有时候就是一个个“克隆教师”，你的一个小小的身体语言，每一个学生做出来就是一个你，但是又各有不同，常常让人放声大笑，而就是在这样的笑声中，学生从英语课堂上得到了快乐，学到了知识，同时也对英语产生了浓厚的兴趣，爱上了学英语，也更加喜欢教英语的老师。所以在小学英语课堂教学中，教师若能准确、适时、恰当自然地运用上一些肢体语言，不仅能有效地帮助组织教学，也能增进师生感情，拉近师生距离，更能有效提高学生学习英语的兴趣，突出教学重点，改善教学效果。

三、利用多样游戏活动，激发英语学习的兴趣

教育学家苏霍姆林斯基说：“教师如果不想方设法使学生产生情绪高昂和智力振奋的内心状态，而只是不动感情的脑力劳动，就会带来疲倦。”因此，教师在教学中尽可能地将枯燥的语言现象转变为学生乐于接受的、生动有趣的游戏形式，为学生创造丰富的语言交际情景，使学生在玩中学，玩中用。在英语教学中加入适当的游戏，有利于培养学生的兴趣，符合“乐学”原则。

例如，一年级学生的注意力难以长时间的集中，就要通过多种活动去吸引他们的注意力，所以丰富的课堂活动是必不可少的。小学英语课堂中所运用的游戏活动可谓是不计其数、多彩多姿、活灵活现。这些游戏活动都遵循着激发和培养学生的兴趣为主，快节奏、有趣味、活泼、生动，小学生都喜欢做。这里是两组易混淆的词，通过游戏帮助学生很好地区别这两组词，比直接和学生讲区别更易于他们理解。我在学习之后利用这个“蹦单词”的游戏，我事先把已分好类的单词做成投影片，设计成这样的格式：

eyes

ears　　　　bike

kite

学生跟老师大声地读出单词，同时做出前后左右的相应蹦跳动作。例如，读 eyes 就向前蹦。通过游戏帮助学生再次认识了这四个词，而且辨别的四个易混淆的词。在做的同时极大地调动了学生学习英语的兴趣。

四、利用生动有趣表演，提高英语学习的兴趣

常言道，兴趣是最好的老师。儿童的注意力很容易分散，唯有对感兴趣的东西才能集中注意力并持久。只有用兴趣激活他们的思维，唤起他们的注意力，让他们乐于参与到教学活动中来，才能发挥他们自主学习的能力，真正成为一堂课的主人。

利用表演这种形式来激起学生学习英语的兴趣，这种方式对于课堂教学起到了较好的效果。例如，我在授课过程中，曾经教过这样一个句子：Little mouse, little mouse, please come out of your house. 这一句话对于一年级的学生理解起来很难，于是在此环节，我通过表演让学生明白我所说的，我找两个同学搭起了小房子，而另一个同学我准备了头饰，让她戴着头饰作为小老鼠，学生的兴趣被瞬间调动起来，我扮演猫，于是我拿着吃的东西，对里面的小老鼠说出了上面的句子，于是全班同学大部分在我说一遍的时候都能理解整句话的意思了，“小老鼠，小老鼠，你快出来”。在学生理解意思之后，都乐于跟我学，就连平时不认真听课的“小调皮”都直盯盯地看着我，跟我说。这句话对于学生来说一节课能掌握下来真的太难了，但是后来通过表演，几乎所有的同学都能轻松自如地说出这句话。

可见，英语表演所带来的良好效应是多么令人意外。在会话教学中，巧用头饰，融会话于情景表演之中，师生一起在表演中教，在表演中学，在活动中用。通过色彩鲜明、滑稽有趣的头饰激发学生的表演欲望，从而激发他们开口说英语的欲望，进而提高他们的英语口语表达能力。

总之，兴趣的培养是有效教学的关键，而学生一旦对学习英语感兴趣，那么学习英语对学生来说则是一件乐事而不是一件苦事，学生可在良好的兴趣指引下，较快地入门，为今后开展更深层的教学作铺垫，有利于提高教育教学质量，使得英语学习能取得事半功倍的效果。如果我们能充分挖掘课程教材的闪光点，紧密联系生活情景，采用生动有趣的教学方法，创设丰富多彩的课堂活动，就可以点燃学生对英语学科热爱的火花，从而让小学英语课堂真正“活”起来。

教学案例

原来哲学的学习没有想象中恐怖

高中　高焱

案例标题	"原来哲学的学习没有想象中恐怖"					
学校	北京化工大学附属中学		姓名	高焱		
年级	高二年级		学科	政治《哲学生活》		
案例产生于	时间	2011 年 9 月	地点	本校	自己上课还是听课	自己上课

案例导言

良好的开端是成功的一半，高二《哲学生活》的学习对于学生有较大难度，怎样上好第一节课，帮助学生克服畏难心理，树立学习哲学的信心，顺利接受马克思主义哲学的基本观点，是教学实践中的难题。本案结合学生认知实际，从学生已有知识和经验出发，深入浅出，以问题的讨论和探究为线索，进行课堂教学实践，在起始课上，引导学生感受哲学，体验哲学，克服畏难情绪，树立学习信心。

案例描述

高中政治的模块学习中，提起名称就让一大部分学生畏惧的莫过于《哲学生活》了，如果带着畏难的情绪和心态学习哲学，必然使学习一开始就陷入了被动之中，不利于教学的顺利展开。

怎样让学生克服对哲学的恐惧心理，有信心和兴趣展开学习，是我不断思考的问题。于是，在学习之初，《哲学生活》的开篇课上，我进行了这样的教学实践。

"同学们，今天我们将要学习的新内容是关于哪方面的知识?"

"哲——学"学生拉长了声音齐声答道。

"对哲学的学习，你们有信心吗?"

"没——有!"

"啊?!"虽然有心理准备，但学生如此之齐的回答还是让我不免惊讶。我微笑着说道："那么，我们今天就先不讲哲学了，咱们随便聊聊吧!"

（续表）

案例描述
“好啊！”学生也高兴地附和着，但表情充满了疑惑。 “咱们就先从你们的选择说起吧，说说你们当初为什么选择学习文（理）科吧！” 我把问题写在黑板的最左边。同学们七嘴八舌地说着自己选择的理由，我把这些理由归纳成最简单的词，写在问题旁边。接着问第二个问题：“你目前距离自己的学习目标有多远？”同学们又接着议论起来，我仍旧把学生的答案简要记录在问题旁边。接着问第三个问题：“阻碍你前进的最大障碍是什么？”第四个问题：“你打算怎样跨越障碍迈向成功？” 在一个又一个同学踊跃地从自身的实际回答了这四个问题之后，我对同学们说：“这几个问题全班没有一位同学回答不出来，因为这是同学们在现实的学习生活中遇到的现实问题，而且，这些问题都是你们曾经思考过的。有的同学可能疑惑了，老师难道是先要进行学习态度和学习方法的教育吗？既是，又不是，老师不仅希望你能树立目标，端正学习态度，同时更想告诉你们，在你们每一个人思考这些问题并给出自己的答案时，你就在不自觉中运用了哲学的思维方法。” “啊?！是吗?”一些同学惊讶地反问道。 “是呀！你们在选择文科、理科的学习方向时的种种理由，都是从自身的实际和对客观社会环境的判断出发，这就运用了‘一切从实际出发’的思维方法；明确方向，树立学习目标，这运用了联系和发展的观点；了解前进中的障碍，这运用了矛盾的观点看问题；用实际行动克服障碍，迈向成功，这坚持了实践第一的观点。而这些观点正是我们即将要学习的马克思主义哲学的重要内容。虽然还没有开始学习，但你们实际已经在运用这些哲学的思想方法思考问题了，只是并非自觉罢了。” 接着，我把这些概括提炼出的哲学观点一一对应地写在黑板记录的每一个问题的答案后面，并告诉学生，这就是我们所要学习的《哲学生活》的主要内容。哲学并不像你们想象的那么高深玄虚，哲学的思想就存在于我们的生活之中，关键就看你是否能发现它，并自觉地运用它而已。 “哦，原来哲学就在我们的身边，学习哲学并没有想象中恐怖！”上课之初，班里沉重压抑的气氛一扫而光，学生们的脸上露出了得意和轻松的笑容，仿佛自己已经是一个赢得战争胜利的将军一样。 “现在对哲学的学习，你们还有信心吗?”我再次大声问道。 “有——！”同学们整齐而洪亮的声音让我满足了许久。
案例分析
在新课程的基本理念中，要求立足于学生现实的生活经验，着眼于学生的发展需求，把理论观点的阐述寓于社会生活的主题之中，构建学科知识与生活现象、理论逻辑与生活逻辑的有机结合。 在教学中，遵循学生学习心理的规律，从学生直接面对的现实问题出发，经过对问题的探究和讨论，及教师深入浅出地分析，最后引导升华到哲学的思想方法，让学生体验哲学，感受哲学。做到现实生活与书本中抽象的哲学理论生动、形象地结合起来，让学生对哲学的学习产生浓厚的兴趣，真实地感受到哲学理论离自己的生活并不遥远，从而接受所学的理论观点，加深对理论知识的理解，并且克服畏难情绪，树立学习的自信心，这对于初学哲学的学生尤为重要。

（续表）

案例分析
教学中要特别重视学生的主体地位和作用的体现，想方设法让学生动起来。结合学生在自己生活中遇到的问题，畅所欲言，以积极的状态投入到课堂学习中，活跃了课堂气氛，提高了学生的参与度，为教学的顺利开展奠定了良好的情境基础。 注重思想教育在课堂教学中的渗透，教学中的问题紧紧围绕学生的学习态度、学习目标及学习行动等问题，在创设情境深入教学的同时，也对学生的学习态度进行了调查，及时掌握学生的思想动态，于无形中引导学生认真地审视自己，树立正确的学习态度，积极采取行动投入到知识的学习中来。

高一化学《金属的腐蚀与防护》

高中　林海燕

一、教学设计

教学基本信息							
课题（1分）	金属的腐蚀与防护		课型（1分）	新授课	授课时间（1分）	2016.11	
教师姓名	林海燕	学科	化学	年、班级	高二1、2		

学情分析（5分）

在高中课程标准必修教科书化学2中，已经介绍了化学能与电能的转换，即原电池的相关知识。本节课在此基础上，引导学生了解金属的腐蚀原理和防护方法，由于学生对原电池原理遗忘较多，所以对于电化学腐蚀理解起来有一定的难度。

教材分析（5分）

本节包括两部分内容，金属的腐蚀和金属的防护。金属的腐蚀包括化学腐蚀和电化学腐蚀两部分内容。为了降低难度，教科书中没有出现“吸氧腐蚀”和“析氢腐蚀”这两个名词，只是介绍了钢铁发生电化学腐蚀时在正极上发生的这两类原电池反应。由于对金属的防护常用的方法，学生已经有许多生活经验，由学生自己总结，并解析这些方法为什么可以达到防止金属腐蚀的目的。最后介绍了牺牲更活泼金属的防护方法。同样，为了降低难度，未出现“牺牲阳极的阴极保护法”这个名词，而是简单介绍这种保护方法的原理及其应用。

教学目标（5分）：

【知识与技能】①描述金属腐蚀的化学原理。②知道金属防护的常用方法。

【过程与方法】

在电化学腐蚀中，通过“科学探究”，让学生设计试验探究铁钉锈蚀需要哪些条件，培养学生透过现象看本质的思维方法，通过合作探究吸氧、析氢腐蚀，培养学生的合作意识、合作解决问题的能力。

【情感态度与价值观】

在学习过程中注意密切联系生活实际，认识防止金属腐蚀的重要意义，既能学以致用，提高综合素质和能力，又能不断激发学习兴趣，使学习变为知识的获取，文化的欣赏。

教学重点（2分）：金属的电化学腐蚀原理，金属防护的常用方法和意义。

教学难点（2分）：金属的电化学腐蚀原理。

（续表）

教学基本信息
课时安排（1 分）：一课时
教学方式（1 分）：对比法
教学手段（1 分）：实验探究
教学流程（65 分）：（可选表格或段落方式书写，主要包括：复习导入 2 分，新授课 35 分，练习反馈 15 分，小结 5 分，作业 5 分，板书 3 分）

教学过程（表格描述）

教学阶段	教师活动	学生活动	设计意图	技术应用	时间安排
导入	金属的腐蚀在生活中随处可见。前几天，我去实验室转了一圈，就发现了很多生锈的东西。依次展示生锈了的小刀、石棉网、镊子、锉、燃烧匙等。大家知道铁锈的成分是什么？铁单质发生了什么变化，金属腐蚀的本质是什么？说明金属的腐蚀是金属失电子的过程。	观看、回答。	创设情景，激发学生探求新知欲望。	实物展示	2 分钟
一、金属的腐蚀	1. 给出化学腐蚀的定义－说明温度越高腐蚀越快。 2. 说明还有一种腐蚀是电化学腐蚀。上周我和几位同学做了一组实验，请她来给我们说说怎么做的？现象如何？ 1. 以上实验说明影响金属腐蚀的条件有哪些？ 2. 4 号试管中铁并不与氯化钠溶液反应，为什么还是被腐蚀了？引出电化学腐蚀定义：金属和氧化剂之间通过原电池反应引起的腐蚀。 3. 让学生交流讨论分析 4 号试管中的电极反应及铁生锈的过程。	完成笔记和思考。 一名同学叙述实验过程及相关现象。 空气、水、电解质。 分组讨论。	对比实验探究金属腐蚀的条件，并引出化学腐蚀和电化学腐蚀。	实验探究	8 分钟

（续表）

教学过程（表格描述）

教学阶段	教师活动	学生活动	设计意图	技术应用	时间安排
二、吸氧腐蚀和析氢腐蚀	1. 引导学生说出自己的困难之处，比如铁变成了几价；正极谁得电子，O_2 还是 H+或者钠离子；正极反应如何写？氧化铁是如何生成的？等等。 2. 5 号试管中只有化学腐蚀吗？它的电极反应应如何书写呢？ 3. 教师说明吸氧腐蚀和析氢腐蚀的条件和区别，指出吸氧腐蚀更普遍。比如炒菜的铁锅未洗会很快生锈等。 4. 3 号试管的腐蚀为什么没有 4 号试管快？ 5. 小结金属腐蚀的分类，让学生填写化学腐蚀和电化学腐蚀的对比表格。	交流讨论并在教师引导下得出结论。 完成书写。 因为氯化钠溶液的导电性比水要好。 完成表格。	能说出困难，吸氧腐蚀的过程变得清晰，以试验佐证水参加了反应，帮学生写出反应。	实验现象说明	15 分钟
三、金属的防护总结	1. 给出金属腐蚀的图片及危害资料，说明金属防护的重要意义。那么同学们能想到什么办法能保护金属不被腐蚀呢？ 2. 这些办法都在金属的表面覆盖了保护层，原理是什么？ 3. 还可以怎么防护呢？举例说明：在轮船上镶上锌块，铁水管连接镁块。利用原电池原理，可以连接一个更活泼的金属。 4. 镀层破损之后，金属的腐蚀会有怎样的情况呢？ 关于金属的腐蚀和防护你知道了些什么？	学生回答：喷漆、包塑、涂油脂、镀金等等。 隔绝空气、水或电解质溶液。 若镀层金属活泼，依然能起保护作用，反之腐蚀更快。所以尽量镀更活泼的金属。 学生小结。	充分联系实际生活，让学生体会化学知识来源于生活，并能为我们的生活服务。	课件图片展示	12 分钟
作业	反馈练习				

板书设计（3分）
第二节　金属的腐蚀和防护 一、金属的腐蚀（金属原子失去电子变成阳离子） 金属的腐蚀是指的过程。 1. 化学腐蚀：金属与氧化剂直接接触发生氧化反应引起的腐蚀。 2. 电化学腐蚀：金属与氧化剂通过原电池反应引起的腐蚀（更普遍） 吸氧腐蚀：　　析氢腐蚀：（强酸性） 负极：$Fe-2e^{-}=Fe^{2+}$　　负极：$Fe-2e^{-}=Fe^{2+}$ 正极：$2H_2O+O_2+4e^{-}=4OH^{-}$　　$2H^{+}+2e^{-}=H_2\uparrow$ 二、金属的防护 1. 喷漆、喷塑、镀 Cr、镀 Zn、“烤蓝” 2. 牺牲更活泼金属的保护法
学习效果评价（可选择性分析）
教学效果好

二、教学案例反思

（一）收获

我觉得在本节课中我做到了以下几点，使得本节课教学效果较好：

（1）通过大量实物、图片、录制视频、动画显示，发挥多媒体优势列举日常生活的常见现象，再现原电池微观原理，引导学生透过现象看本质，充分利用信息技术整合教学资源，调动学生的多个感官及大脑，激发求知欲。

（2）以对比实验为载体，通过反复对 5 支试管现象的对比并设置递进的问题帮助学生探究两种常见的腐蚀机理。

（3）另外还可以提供更多的素材和有趣的故事让学生利用所学知识去解释一些现象。本节课中格林太太的补牙经历就用到了原电池原理，让学生提供解决方案就能促进运用所学知识，并能体会知识的实用之美。

（4）本节课充分利用了信息技术整合到化学教学中，效果很明显。

（二）反思

（1）电化学现象十分普遍，电化学原理较难弄清，因此电化学知识十分重要和有用。运用 PPT、实物投影技术可以增大资料图片的展示量和效果，便于透过现象看本质。

（2）“创设学生主动学习的教学情景，引导学生积极参与探究活动，激发学生学习化学的兴趣”，通过电脑课前准备实验学生自己录制的小视频，让学生感觉亲切，能吸引学生兴趣，并激发学生提出问题分析问题的能力。

（3）利用电脑动画展示金属腐蚀的原理，形象直观的再现金属失电子溶解而溶液中的离子的移动过程，学生能在脑中建构和再现这个模型。另外，反复展示 5 支试管的区别，也能引导学生分析现象得出结论。

（4）PPT、视频、动画等可以调动每个学生感官，自己的头脑，自己的性格，自己的知识和思想基础，自己的行动规律。教师不能代替学生感知、观察、分析、思考，只能让学生自己感受事物，明白事理，掌握事物发展变化的规律，教师要尊重其个性发展，让其自主探究学习。

我觉得，合理的熟练的将信息技术应用于教学，能大幅度提升学生的学习兴趣，能更好地创设情境，能形象直观地再现物质变化的微观世界，最终能提高课堂效率。

由于本部分内容的资料广泛和易获取，我觉得在教学设计上如果提前布置好任务，让学生分组进行资料的收集并加工成各展示方式（PPT、视频、动画等），不同组别的交流会引起学生对化学知识筛选能力和信息技术应用能力的交流碰撞，会实现多维收获的效果，今后会做尝试。

“有感情地朗读”，情从何来
——《只有一个地球》教学案例

小学　张国萍

“学习用普通话正确、流利、有感情地朗读课文”，是《语文课程标准》小学各学段阅读教学的共同目标，这足见它的重要性。那么感情从何而来？结合我执教的《只有一个地球》一课，谈谈我对这个问题的思考。

一、案例背景

《只有一个地球》一文是人教版小学语文第十一册第四单元的一篇文章，从文本和教参的教学建议看，它都是一篇科学小品文。文章从人类的生存的角度介绍了地球的有关知识，但整篇文章情感丰富，不仅说明了人类的生存“只有一个地球”的事实，更充满激情地呼吁人类应该珍惜资源，保护地球。很多老师在上课时，都把它当作一篇说明文来处理，提取文中关于地球大小等信息，讲解说明方法。但我觉得这篇课文情感丰富，期望通过自己的教学方法不仅能够帮助学生了解地球的有关知识，更能激发孩子们的情感体验，或是对地球的喜爱与赞美，或是对地球所面临困境产生的忧患，或是对人类自私行为的反思，从而内心产生对地球的真爱与保护之情。

二、案例描述

师：你从哪里感受到地球像母亲一样伟大和无私？

生：我从“地球是无私的，它向人类慷慨地提供矿产资源”这一句感受到的，慷慨就是大方的意思。

师：你还从哪儿体会到地球母亲的无私？能不能联系前文谈一谈自己的体会？

生：我从这句话体会到的“拿矿物资源来说，它不是上帝的恩赐，而是经过几百万年，甚至几亿年的地质变化才形成的”。地球将几亿年形成的珍贵矿产资源提供给人类，我感受到了它的无私。

生：我从“地球所拥有的自然资源也是有限的。”这一句感受到的，资源有限，但是地球母亲还能慷慨给予我们，我感到地球很无私。

师：就像刚才同学们说的那样，地球母亲是无私的，矿产资源要经过一个非常漫长的过程才能形成，它却毫不吝啬地给予我们人类。这让我们感受到地球母亲的无私。谁来给大家读一读。

生1：朗读（语气比较平淡）。

师：（强调）几百万年，甚至几亿年才形成的，再来试一试，将这种漫长的过程读出来。

生1：再读（有点进步，变化不大）。

师：很好，谁再来读一读。

生2：朗读（感情上不是很充沛）。

师：我听出来了，你刚才强调了慷慨这个词表现地球的无私。我们一起读一读。

生：齐读（感情平淡）。

师：矿产资源是经过几百万年，甚至几亿年的地质变化才形成的，你怎么把这种漫长的过程读出来呢。

生：齐读（读得较好，听出了老师的意思，读的时候强调几百万年，几亿年）。

三、发现问题

《只有一个地球》虽然只是科学小品文，可却洋溢着作者滚烫的情感，为地球的美丽而赞叹，为地球的现状而沉痛，为地球的命运而担忧，为地球的遭遇而愤慨，为地球的前途而呐喊。有感情地朗读课文是学生学习这篇课文的一个目标，课堂中我也注意到了这一点，并期望引导学生抓重点词语读出感受。可学生在朗读时为什么总是差一点，总是达不到我所期望的感情。

四、案例反思

“抓重点词语读出感受”是常用的指导朗读的办法，但在这堂课上为什么就没有效果呢？现在想来，我的出发点好坏参半。注重培养学生朗读的目标是没错的，错在过多地强调读出感情的方法，即在读的过程中突出重点词语，这样可能会达到一定的效果，但是这种效果是表层的，读出的感受是作者的感受，而不是学生有感而发时自我感受的真正抒发，读也就只留于形式了。教学完这一课，给我留下了“如何使学生更好地读，真正地读出感受”这一问题。

（一）精心设计教学思路，引导学生潜心读文，在品读中触发情感

感情一词由感与情所组成，朗读先感（感知课文）而生情。语言是存在的家，作者的思想感情是寄寓在文字中的，情动而辞发，阅读则是“披文而入情”。根据阅读的这一特点，读出感情就需要学生首先读懂内容，了解讲了什么；其次是读懂意义，明白要表达什么。地球的可爱主要是体现在两个方面，一是外在的美丽，二是内在的无私。在体会地球母亲的无私这一部分，我期望学生能够抓住“资源有限”，“几百万年”，“甚至几亿年”，“慷慨”等词语体会，根据学生已有的经验，学生确实能够抓词谈感受，但是也只是就词解词。课上下来之后，最大的感受就是牵学而教，牵的痕迹太重了。如果引导学生谈读后的体会，学生可能会谈到地球的美丽、无私、易碎等内容。当学生体会到地球的无私时，再进一步引导学生感受地球像母亲一样伟大、无私，默默付出，不求回报，由上文提到的词语感到地球像母亲，体会“母亲”这个词所承载的情感意义，这时，引导学生把自己体会的情感读出来。这样，在理解、感悟的过程中，学生的情感得以激发，与作者的情感产生共鸣。在进行感悟时，品读出的内容可能更丰富一些，由此生情。

（二）精心设计过渡语进行感情渲染，评价语言引领读出情感

在引导学生品读文字后，希望学生能够把自己的体会通过朗读的形式表达出来，但是结果并不像我想象的那样，学生的朗读总是那么平淡无味，我只好一再的强调突出文中的重点词句读出感受，前后的变化是有的，但是微

小的，这仅有的一点感受还只是形式上的。回想一下自己的课堂，自己在朗读指导部分，除了“好”、“很好”这样单调而缺乏指导意义的评语之外就不剩什么了。过渡语是乏味的，评价语是枯燥的，学生的情从何而来？情感的激发是需要一定的情境渲染，语言刺激的，有时需要调动学生的多种感官，营造一种情感氛围的。教师的过渡语是对文本的一种补充，是对意义的一种挖掘，是情境的一种创设。教师的评价语承载着点评与引导的作用，通过过渡语和评价语言，教师用语言营造充沛的情感氛围，引导学生的情感发展。在今后的教学中要加强自己评价语言的针对性和准确性，让自己的评价语成为学生学习的一个动力，一个方向。

（三）充分利用学生资源，课前布置资料查阅，丰富文本内容，在参与与理解中有感而发

文中提到“拿矿物资源来说，它不是上帝的恩赐，而是经过几百万年，甚至几亿年的地质变化才形成的”。对于文中所列举的数字“几百万年，几亿年”对于学生来说可能就是一个干巴巴的数字，时间到底有多长，矿物资源的形成到底有多么的不易，我想学生是没有感受的。如果课前能够布置学生查阅一些相关资料，课上简单地介绍一两种矿产资源的形成过程，并结合文章谈一谈自己的感受。通过资料的补充，学生有了一定的体验，矿产资源的形成确实需要一个漫长而且复杂的过程，自然资源是非常珍贵的。丰富了数字背后的内涵，将文本读厚，在真正的理解中，确实能够披文入情，这时会不会真正做到有感而发呢？如此珍贵的自然资源，人类却在不加节制地挥霍，这也为理解人类的贪婪与自私埋下了伏笔。

通过备课时的思考，教学后的反思，我对如何指导学生“有感情地朗读”有了更深刻的认识。以往的教学中，我总是抓住重点词语，引导学生理解并朗读，觉得学生把重点词读出来了，就读出了情感。现在我认识到，朗读时的情感来自于学生对于文本的理解和理解文本的基础上与作者情感的共鸣；来自于学生掌握了丰富的课外阅读资源后的主动参与；更来自于老师精心备课时对文本情感的把握，来自于教师在教学过程中的顺学而导，语言渲染，评价引导。只有这样施教，才能帮助学生理解文本潜藏的意，读懂文字背后的情。

英语情感朗读与口头评价案例

小学　王波

一、背景分析

小学英语课程的目的是培养学生学习英语的积极情感，引导学生形成初步的英语语感，最终具备初步使用所学英语进行交流的能力。其实，小学英语课程不仅是知识的载体，也是师生共同探求新知、形成能力、体验情感、感受文化的过程。针对部分学校外地借读生所占比例较大，或农村学校学生英语基础较为薄弱，很难在课上开展较为丰富的拓展活动这一现象，有些教师正在努力尝试着如何有效地引导学生进行情感朗读。教师针对学生朗读的情况进行具体评价，使学生学会分析自己的不足，帮助他们反思和调控自己的学习过程，明确努力的方向，从而促进学生深层次的理解课文，体验情感，促进语言能力的不断发展。

在教学中，有些课文非常适合情感朗读，那么教师如何引导学生进行情感朗读？随之，在此基础之上的口头评价又是如何激励学生更深层次的进行体验情感，加深对课文的理解？本文将结合一位教师指导学生进行情感朗读的教学片段，进行分析与反思。

二、案例描述

（一）教学内容

《北京版小学英语》六年级上第九册 Unit 2 lesson 5 listen and say I didn't sleep well last night. 文本内容如下：

Doctor：You look so tired，young man.

Baobao：Yes，doctor. I didn't sleep well last night. My head aches.

Doctor：When did you go to bed?

Baobao：I went to bed at 11：30. I played the computer games.

Doctor：If you don't get enough sleep，you'll sick. Go to bed early tonight.

（二）教学片段

朗读课文环节，教师第一遍逐句播放录音，学生跟读。在播放第二遍录音时，教师要求学生在边听边读的基础上注意录音的语音语调，在书上做出升降调、重读的标记，试着去体会 Baobao 和医生的情感。随后教师留给学生两分钟的时间，两人一组自由地有感情地朗读课文。学生自由朗读完之后，教师并没有急着让学生进行朗读展示，而是要求学生再仔细听录音，模仿录音进行第三遍跟读。随后，教师请学生两人一组用半分钟练习朗读课文的前半部分后，在全班面前朗读。

Doctor：You look tired，young man.

Baobao：Yes，Doctor. I didn't sleep well last night. My head aches.

在学生朗读完后，教师评价，I think this doctor is very kind but very serious. This Baobao doesn't have a terrible headache. He is very hungry and his voice is very low. We know the doctor is very kind and mild. Baobao has a terrible headache. He is pained and uncomfortable. How to read it?

教师此次只播放该部分，学生练习后，再请该组两名学生朗读。

教师评价说，The doctor is so kind and patient. This Baobao just has a bit headache. But this time is better than last time. Now please look at me.

教师大胆的示范朗读，并加之肢体语言和痛苦的面部表情，声音和语言的完美配合让每一位学生都切实地体会到 Baobao 非常头疼后，教师又让学生两人一组进行朗读，提示学生声音、动作、表情都要到位。展示时，教师还让刚才那组学生朗读。出乎教师的预料，两个学生不仅仅在朗读，确切地说是在情景再现。一个学生面容和蔼可亲地坐在原位，另外一个学生轻抚着额头，一脸痛苦模样倾诉着自己的病因。两个学生不仅声音、动作到位，更可贵的是，两个学生可以通过眼神进行交流，完全是在体验生活中两个活生生的角色。教师评价到，Your performance is much better than the listening. Baobao，you really have a terrible headache. 随后教师请不同小组的学生进行朗读，给予具体的评价，让学生知道自己朗读的优点和不足，促使他们进行自我反思。

三、分析与反思

教师播放第一遍录音的目的是确保每一名学生都能识读对话中的每个单词，在识读的基础上，让学生在进行第二遍跟读时注意语音语调，目的在于让学生初步的整体感知对话的情感。紧接着教师放手让学生在两分钟内两人一组进行练习，目的是让学生在前两遍朗读和理解的基础上尝试着用自己的情感朗读。两分钟过后，教师知晓学生急于表现，却偏偏不让他们朗读，而是又让学生逐句跟读，深层次的体会情感，将学生之前的朗读与刚刚播放的录音形成对比，让学生意识到自己的朗读还存在哪些问题，再给时间练习。在第一组展示完对话的前半部分后，教师给出了具体有针对性的评价，学生通过评价能够很清楚地知道自己的朗读还存在哪些不足，但也得到了充分的肯定。教师之所以会把对话分成三个部分，原因有三个。第一，完整播放录音，整体感知对话的情感。第二，学生不能同时关注所有的朗读要点，第三，这三部分的朗读语气也有很大的不同，降低了学生学习和朗读的难度。分层如下：

1{Doctor：You look so tired，young man.
Baobao：Yes，doctor. I didn't sleep well last night. My head aches.

2{Doctor：When did you go to bed?
Baobao：I went to bed at 11：30. I played the computer games.

3{Doctor：If you don't get enough sleep，you'll sick. Go to bed early tonight.

第一部分，医生关切的询问 Baobao 的病症，Baobao 头痛难忍的说明病症。

第二部分，医生详细耐心的询问病因，Baobao 阐述病因，自己也知道病因何在，有些自责。

第三部分，医生的警告和恳切的建议。

教师采取了跟踪式的指导，只播放对话前半部分后，又留给学生练习的时间，还请刚才的那一组学生再次朗读。这时，其他学生有些不满和纳闷，为什么老师只叫他们俩呀？老师明白学生的心思。待这两名学生较好的朗读完后，教师又给予了细致的点评。紧接着，教师起到很好的示范作用，运用肢体语言和面部表情来更好的诠释对话的感情，一下子让对话中的人物鲜活起来，富有感染力。学生练习后，教师执着的还请那两名学生朗读，学生在老师的一步步引导下，朗读的效果远远超出了老师的想象。跟踪式的指导和评价，让每一名学生都能够感受到自己与别人的差距，明确了自己存在的不足，更提供了同伴间学习的机会。

当前，英语教学中普遍强调的全英教学和交际法，对多数英语基础教为薄弱的小学生来说存在较大的实施难度，因此，根据小学生的身心健康特点，将英语教学基本规律作为出发点，加强对朗读技巧的学习和指导，及时进行具体的口头评价，从而唤起学生对朗读的“愉悦”情绪，以教学带朗读，以朗读促效果，通过朗读来促进学生英语综合素质、语感等方面的培养，增强其对英语的内在感知能力，提高学生英语综合运用的能力，无疑具有十分重要的现实意义。

小变化让学生动起来

——《圆的周长》课堂教学案例

小学　赵惠玲

一、案例背景

数学学习是学生自己的活动过程，在实践操作中需要展开自主探索、合作交流。苏霍姆林斯基曾说："如果教师不想方设法使学生产生情绪高昂和智力振奋的内心状态，就急于传授知识，那么这种知识只能使人产生冷漠的心情，学习就会成为学生的负担。"

二、案例描述

今天我要在六年级两个班上一节《圆的周长》课，课前我让学生准备了大小不同的圆，在探讨圆的周长与直径的关系时，我给每个学习小组一份这样的表格：

单位：厘米

测量对象	圆的周长	圆的直径	周长是直径的几倍
圆 1			
圆 2			
圆 3			

我在 1 班提出了这样的要求：以小组为单位，合作测量计算出圆的周长与直径的关系，一名同学负责记录，其他同学测量计算后告诉这个同学，各组再派代表汇报你们组的测量结果。学生们很快就做起来，测量、计算、填表，课堂气氛非常活跃，学生们的兴致也比较高涨。在汇报时，由一个同学汇报结果，我在黑板上选择其中一组数据进行填表（当然是我所需要的数据）。这时的课堂一下子安静下来，学生都坐在那里听着汇报的结果，课堂秩

序显得很有规矩。接着，学生们又根据我所填的表格进行讨论，发现圆的周长与直径都是3倍多一点的关系，再由此引出圆周率。

我在2班上课时，也提出了同样的要求，忽然我脑中闪现出1班汇报时规矩的样子和后来安静的气氛，总觉得有些不太舒服。于是我临时把环节进行了一下改变：哪个组测量计算完成后，可以派一名同学到前面来，选择其中一组数据填写到黑板上的表格中。学生们听完这个要求后，都积极参与到学习活动中，也没有了平时合作过程中个别同学的拖拉。大家都在认真地测量、计算，想第一个到黑板上把自己组的结果填好。终于，有一个组完成了，他们却没有直接去填写，而是用疑问的眼光看着我，对我刚才提出的要求还心存疑虑。我冲着他们默默地点了下头，他们组的一名同学以近乎跑的速度冲到黑板前填好数据，又回头看了看其他组的同学，大有得了冠军的感觉。其他组的同学看到后，也不甘示弱，都争先恐后地把自己组的数据填到了黑板上的表格中。这时，我看着黑板上学生们填写的数据，有3倍多一点的，也有2倍多、4倍多的。这时我稍加犹豫了一下，怎样才能让学生体会到周长与直径之间3倍多一些的关系呢？我看了一眼全班同学，挑了几组我在巡视中发现的测量比较准的，让他们再来汇报一下其他数据。在汇报中，有部分同学就已经发现了问题：老师，我测量的时候不是从零刻度线开始的，看错了；老师，我刚才又偷偷计算了一遍，是我只顾图快，算错了。听着同学们自己揭短，我笑了笑说："不管什么时候，做什么事，认真仔细是最重要的。好了，下面就让我们来观察一下，圆的周长和直径之间存在着怎样的关系。"课堂气氛再一次活跃起来，在后边的学习活动中，原本不爱回答问题的2班，课堂参与率有了很大的提高，课堂所学知识在练习过程中也掌握的较好。

三、案例分析

《数学课程标准》明确指出："动手实践、自主探索与合作交流是学生学习数学的重要方式，数学学习活动应当是一个生动活泼、主动探索和富有个性的过程。"也就是说，学生学习数学并非单纯的依赖模仿和记忆，数学学习的过程实质上是学生主体富有思考性的探索过程。所以，数学知识的探索轨迹，作为学生是否主动参与的标志，展现于课堂教学的全过程。因此在教学过程中，既存在学生是否乐于接受问题，又存在学生对知识信息是否有效接收、加工的问题。若只考虑前者，势必造成“学而无乐”的结果；若只考虑后者，又会导致“学而无思”的结果；只有两者并重，以知激情，以情促知，情知互动，才能达到“思乐俱得”的最佳效应。

在这两节课中，所讲内容是完全相同的，而两节课的效果却是截然不同的。静下心来细想两节课存在的不同之处，主要就是一个小小环节的改变。而恰恰是这一个微小的变化，使平时上课不爱发言的孩子也能积极主动地参与到课堂学习活动中来。第一节课，学生看似专心听讲了，而在这专心听讲的背后，老师应该思考的是：学生是否真的听进去了，是否真的理解了圆周率的含义，是否能够把所学知识灵活运用到解题中，是否对下一节课的学习产生了新的欲望。在第二节课中，教师的放手，使学生对数学的学习产生了浓厚的兴趣，他们应该期待着下一节数学课。而事实也证明了这一点，平时对老师敬而远之的学生在下课后，也凑到了老师的身旁，听老师在和其他同学说些什么，间或插上一两句话。当天 2 班作业正确率比 1 班高许多；第二天上课时，2 班表现出来的是更加专注于课堂学习活动的参与。

这两节课给我带来了更深的思考：教师应以旁观者的姿态出现在学生面前，充分发挥学生的主体作用，学生的探究过程应完全交给学生。教师不再是知识的仲裁者，课堂的控制者，而是学生探究学习活动的支持者、引导者和合作者，是和学生平等相处的伙伴。当探究进程中出现一系列问题时，教师不急于求成，而是充分信任、肯定学生，放手让学生尽情地发挥自己的聪明才智，规律让学生自主发现，方法让学生自主寻找，思路让学生自主探究，问题让学生自主解决。当学生投入到自己乐于探究的活动中，非常乐于用自己的自主探索来取得成功时，就能爆发思维的火花——创造性思维，为整个课堂增添了亮丽精彩的一笔！长此以往，在教师的引导下，学生就能逐步积累探究的经验，学会探究的方法，提高探究的能力。

一个小环节的变化，使我更深刻地认识到，作为教师对于教学环节的把握应放在课前去思考，而不能仅仅靠课堂教学中临时迸射出的火花，这样对于另一个班的学生而言多少是有些不公平的。这也使我更深刻地体会到：教师应想方设法使学生产生激昂的情绪，在这种情绪中，学生的智力与能力才能得到最大的发挥，才能取得更好的课堂效果。

八年级数学下册期末测试试题质量分析

初中　尤爱华

一、考生群体

参加测试者为朝阳区 2016 ~ 2017 学年度第二学期九年义务教育阶段教学质量监控与评价数学学科（八年级）学生学业水平测试，为全面调查，应考人数 39 人，实考人数 34 人，共 3 个教学班。

二、试卷分析

（一）试卷一般质量指标分析

试卷一般质量指标分析如表 1 所示。

表 1　试卷一般质量指标

试卷分值	平均分	标准差	难度	及格率	良好率	优秀率
100	64.62	16.55	0.64	64.71%	5.13%	8.82%

由以上结果可以看出：难度值为 0.64，基本符合命题要求；及格率为 64.71%，基本符合预计情况；良好率、优秀率分别为 5.13%、8.82%，比预计偏低。

（二）总分频数分布分析

总分频数与频率分析如表 2 和图 1、图 2 所示。

表 2　总分频数与频率分析表（已转换为百分制，10 分一个段）

总分	频数	累积频数	频率	累积频率
0 ~ 10	0	0	0%	0%
10 ~ 20	2	2	5.9%	5.9%
20 ~ 30	0	2	0%	5.9%
30 ~ 40	0	2	0%	5.9%

（续表）

总分	频数	累积频数	频率	累积频率
40～50	2	4	5.9%	11.8%
50～60	8	12	23.5%	35.3%
60～70	7	19	20.6%	55.9%
70～80	10	29	29.4%	85.3%
80～90	5	34	14.7%	100%
90～100	0	34	0%	100%
总计	34	34	100%	100%

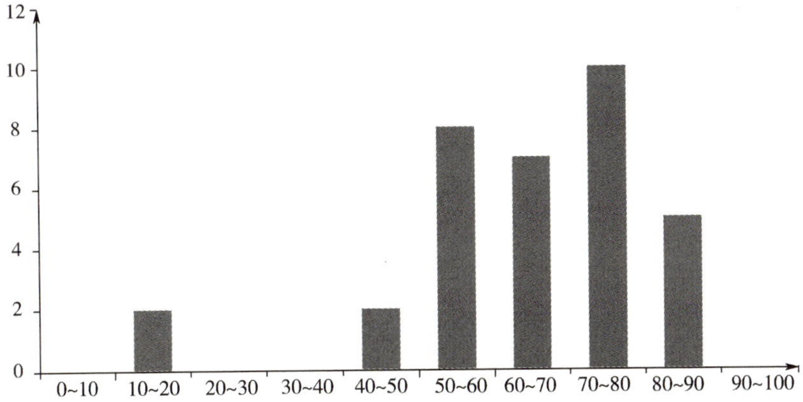

图 1　总分频数分布柱状图

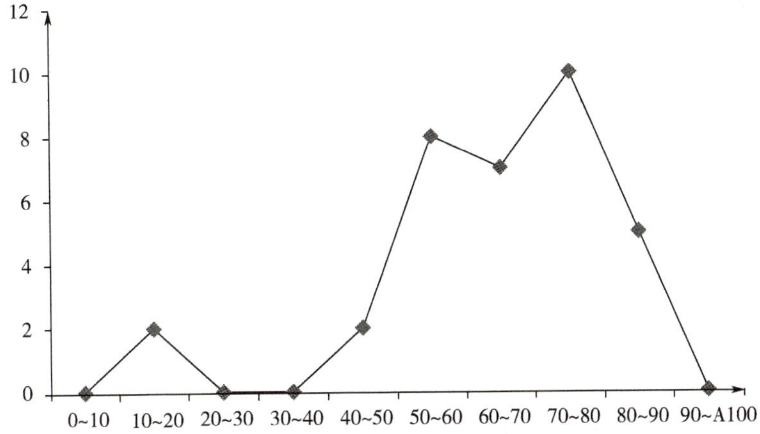

图 2　总分频数分布折线图

以上图表提供了分数分布的直观图，由其可以看出，测试对象总分分布在0～100分，其中处于70～79分段的人数最多，其频数为10；其次是处于50～59分段，其频数为8；总分处于60分以下的人数占35.3%，总分处于60～100分的人数占64.7%。此总分分布属于负偏态分布，即高分段人数高于低分段人数，说明本试卷偏易，基本符合水平性考试的要求。

（三）试卷构成分析

如表3所示，试题命制的蓝图很清晰地注明了不同成就水平、不同题型（客观和主观）、不同领域中每道题的分值及预计得分率。其中，系统考虑了客观与主观试题的分值比例（84:66），在保证试题信度的同时，注意了试题的开放性和效度。数学能力和数学学科素养两个领域的试题命制新意和难度较大，但也力图体现其高效度。

表3　试卷题型、内容与测试目标的分值分布

内容领域	考查分数	预计得分率（%）	实测得分率（%）
数与代数	38	0.78	0.61
空间与图形	32	0.83	0.67
统计与概率	14	0.95	0.83
综合应用	11	0.33	0.34
能力领域	**考查分数**	**预计得分率（%）**	**实测得分率（%）**
知识与技能	57	0.78	0.75
过程与方法	42	0.52	0.49
解决问题	30	0.37	0.30

（四）试卷题目编排分析

1. 题组分析

题且质量分析如表4所示。

表4　题组质量分析表

试题编号	题目类型	满分	平均得分	预计难度	实际难度
一	选择	30	24.88	0.85	0.83
二	填空	18	10.65	0.88	0.59
三	解答	52	28.15	0.79	0.54

本卷五道大题：分数基本分布均匀；由难度值可以看出，第五大题较难；所有题组与总分的区分度均达到较高水平；实际难度与预计难度相比较，除第三道大题实际比预计略低外，其余大题都与预计基本符合。

2. 题目分析

题目质量分析见表5。

表5　题目质量分析表

试题编号	题目类型	各题满分	实际难度	平均得分	预计难度
一、1	选择题	3	0. 91	2. 735	0. 90
2	选择题	3	0. 91	2. 735	0. 90
3	选择题	3	0. 91	2. 735	0. 90
4	选择题	3	0. 97	2. 912	0. 90
5	选择题	3	0. 85	2. 559	0. 90
6	选择题	3	0. 94	2. 824	0. 90
7	选择题	3	0. 82	2. 471	0. 80
8	选择题	3	0. 82	2. 471	0. 80
9	选择题	3	0. 68	2. 029	0. 80
10	选择题	3	0. 47	1. 412	0. 60
二、11	填空题	3	0. 82	2. 471	0. 90
12	填空题	3	0. 74	2. 206	0. 90
13	填空题	3	0. 62	1. 853	0. 80
14	填空题	3	0. 75	2. 235	0. 80
15	填空题	3	0. 38	1. 147	0. 45
16	填空题	3	0. 25	0. 736	0. 40
三、17	解答题	5	0. 86	4. 294	0. 80
18	解答题	5	0. 72	3. 618	0. 80
19	解答题	5	0. 50	2. 500	0. 78
20	解答题	5	0. 74	3. 706	0. 70
21	解答题	5	0. 72	3. 618	0. 70
22	解答题	5	0. 91	4. 559	0. 80
23	解答题	7	0. 26	1. 823	0. 40
24	解答题	7	0. 24	1. 707	0. 30
25	解答题	8	0. 29	2. 324	0. 30

3. 领域分析

1）内容领域

A. 数与代数

八年级测试卷在这一内容设计了10道题，题目编号分别是1、4、5、9、11、15、16、19、21、23，测查了学生对勾股定理、一元二次方程、一次函数等知识的掌握程度。该部分总得分率为61%。

评价结果表明：学生对勾股定理及逆定理的应用、一元二次方程、一次函数等知识，有较好的理解和掌握。涉及勾股定理及逆定理的题目共有5道，共17分，其得分率为69%；一元二次方程的题目共有3道，总计13分，得分率为68%；关于一次函数的题目共7道，总计32分，得分率为51%。上述数据表明，学生对有些数学概念的理解需要加强，对某些按照一定步骤操作才能得到正确结果的数学方法还需要明确和熟练掌握。

B. 空间与图形

八年级测试卷在这一内容设计了8道题，题目编号分别是2、6、8、12、14、18、20、24，测查了学生对平行四边形、矩形、菱形以及正方形的性质和判定的掌握程度。该部分总分32分，得分率为67%。

评价结果表明：学生对平行四边形、矩形、菱形以及正方形的性质和判定的知识有较好的理解。关于平行四边形的题目共有3道，总分为8分，得分率为78%；其中考察矩形的题目共3道，总分8分，得分率为81%；考察菱形的题目共有2道，总分10分，得分率为36%；涉及正方形的题目1道，总计3分，得分率为82%。显然，得分率最低的是菱形的相关题目，因为涉及做辅助线，从而增加了证明思路提示的题目得分率偏低，说明在几何证明过程中对思维的训练还需要进一步明确和加强。

C. 统计与概率

八年级测试卷在这一内容设计了4道题，题目编号分别是3、7、13、22，测查了学生对平均数、中位数、众数以及方差等知识的掌握程度。该部分总分14分，得分率为82.99%。

D. 实践与综合应用

八年级测试卷在这一内容设计了2道题，题目编号分别是10、25，具有一定的挑战性，以测查学生应用数学知识解决问题的意识和能力；同时，进一步考查学生对相关数学知识的理解，对数学知识之间联系的认识。该部分总得分率为 34% 。

评价结果表明：学生对代数与几何的综合题掌握不好。

分析“实践与综合应用”部分得分率不高的原因，一方面是这部分内容考查学生对一次函数与平行四边形面积内容的理解，又要求学生能够综合运用学习过的知识和经验，去解决具有一定挑战性和综合性的问题；另一方面，由于它在课程标准中第一次单独提升为一个内容部分，而在“大纲教材”中反映不突出，因此在教学中难以得到充分的重视和落实。

通过对四个内容部分得分率的比较发现，“实践与综合应用”部分得分率最低。

2）能力领域

A. 知识与技能

在八年级，要求学生理解配方法、公式法、因式分解法解数字系数的一元二次方程；会应用一元二次方程的根的判别式判别方程是否有实数根和两个实数根是否相等；能根据具体问题的实际意义，检验方程的解是否合理；能根据已知条件和待定系数法确定一次函数的表达式，能画出一次函数的图像，能用一次函数解决实际问题；理解平行四边形、矩形、菱形、正方形的概念，以及它们之间的关系，了解四边形的不稳定性，会证明平行四边形、矩形、菱形、正方形以及三角形中位线的性质和判定；能用勾股定理及逆定理解决简单的问题；能计算中位数、众数、加权平均数，会计算简单数据的方差，了解它们是数据集中趋势的描述。

本次测试卷在这一部分设计了 16 道题，测查了学生对一元二次方程的解法、勾股定理、平行四边形、菱形、矩形的定义、性质和判定，平均数、中位数和众数等知识的掌握程度。该部分总得分率为 75. 43% 。

评价结果表明：与其他能力领域相比，学生对知识与技能领域掌握的比较好，说明教学中对基础知识、基本技能还是比较重视的，学生的基础比较扎实。

B. 过程与方法

在八年级，要求学生能用代数式、方程、函数刻画事物间的相互关系；初步建立空间观念，发展几何直觉；发展初步的演绎推理能力；对数学信息能做出合理的推断或大胆的猜测，用实例对一些数学猜想做出检验，从而增加可信程度或推翻猜想。

八年级测试卷在这一部分设计了 10 道题，测查了学生对已经学习过的程序性知识（如特殊的平行四边形的定义）、演绎推理等方法性知识的掌握程度。

该部分总得分率：49.9%。

评价结果表明：该题得分率较低，说明有一些学生急需提高初步的演绎推理能力。在方法性知识的学习过程中，不仅要使学生亲身经历程序性知识的总结与概括、数学方法的探究和提炼等过程，还需要经过一定的模仿训练，举一反三，保证每一位学生都能真正落实方法性知识的学习。

C. 解决问题

在八年级，要求学生能发现并提出数学问题；寻求解决问题的不同方法；能用文字、字母或图表等清楚地表达解决问题的过程，能根据具体问题的实际意义，检验方程的解是否合理。

本次测试卷在这一部分设计了5道题，测查了学生对学习过的知识的综合运用，通过创设的新问题情境，考查学生能否找到解决问题的方法，能否找到不同的方法。

该部分总得分率：30%。

评价结果表明，“解决问题”部分学生失分的原因主要有：学生个体所具有的经验有差异；局限于小部分的数学知识，缺乏从整体考虑的能力；在学习中不能有意识地体会数学知识之间的内在联系；不能提取文字中的有效信息；综合运用知识与方法创造性探究问题的训练不够；数学知识迁移到解决实际问题的能力不够。

通过对三个能力领域得分率的比较发现，“解决问题”领域得分率最低。数据表明，八年级比较重视知识和方法的学习，对“解决问题”的重视还不够，应进一步保持三者之间的平衡。

3）素养领域

数学素养，是指学生在掌握数学内容、形成数学能力的基础上，所具有的更高的、综合的数学素质和数学修养。事实上，这部分领域题目的分类与“内容领域”和“能力领域”有重叠与交叉。

在“应用”素养领域，实测得分率为30%；在“推理”素养领域，得分率为49.9%。

评价结果表明：学生在“应用”素养领域得分率偏低，从数学的角度运用所学知识和方法寻求解决问题的方法和策略的意识还不强，能够解决一些非常简单的实际背景和知识背景的问题。在“推理”素养领域，大部分学生能够通过观察、实验、归纳、类比等获得数学猜想，能够表达自己的思考过程。总体而言，数学素养的提高以数学内容的学习和数学能力的掌握为前提，只有前两个领域得到切实的巩固和落实，数学素养才能得以养成。

三、试卷的特点、存在问题及努力方向

（一）试卷与试题特点及存在的问题

1. 命题指导思想

（1）命题力争体现素质教育的要求，体现九年义务教育的性质，有利于课程改革的发展，培养学生的创新精神和实践能力，促进学生生动、活泼、主动学习。

（2）依据《九年义务教育全日制初级中学数学教学大纲（试用修订版）》和《全日制义务教育数学课程标准》（2011 版），力图体现指导性（正确发挥考试的导向功能，命题有利于指导教师加强日常教学工作，引导教师改进教学，引导学生学会学习）、基础性（严格按照课标要求）、科学性（试题表述要规范，问题明确，语言简洁，图形清楚，专业术语准确，答案避免出现歧义，保证试卷质量）、适切性（试题难度比例适当，题目设置有梯度，起点适当，坡度适宜）与规范性。

（3）立足学生发展需要，考查数学知识与技能、方法与过程和解决问题的能力。既考查了学生数感、符号感、空间观念、推理能力等学科能力的同时，又考查了学生收集、处理信息的能力、获取新知识的能力、语言文字表述能力，着重考查学生运用数学知识分析和解决简单实际问题的能力，并突出对创新精神和实践能力的考查。

2. 本次命题的主要特点

试卷较全面的考查了初二下学期数学所学习的内容，试题的起点低，基础性强，容量较大，知识分布合理，难易适中，突出了对基础知识、主干知识的考查，符合新课标的教学理念，主要表现在以下几个方面：

（1）把考查学生的数学基础知识与基本能力放在主要地位，没有偏题、怪题、繁难的计算题和证明题。

而且更为关注数学的核心内容，关注学生的发展。例如，1 ~ 7（选择

题）、11～15（填空题）、17、19、21、22（解答题）涉及的都是初中数学中最基础的知识、基本技能和基本思想方法，题目的难度都不大。

（2）在基本运算与证明的考查上，考查常规、基本知识，试题难易适中，主要试题有（2、4、6、8、14、18、19、21、22）题。考查了证明解方程、勾股定理及逆定理的运用、平均数、中位数及众数等初中常见的运算问题。

（3）在思想方法的考查上，试题内容基本、综合层次分明，题型形式上，新颖、灵活、开放。较全面考查了学生对所学知识的综合领悟能力及学生的数学思维品质。

预计平均分为66.1分，实际平均分为64.62分。

（二）今后的努力方向

结合本次测试的结果和初步分析，建议从以下几个方面继续做出努力，进一步提高数学教学质量。

第一，在数学教学中，应当注重基础落实。如解方程、平行四边形的性质与判定，尽可能做到“因材施教”。因为每个班有每个班的特点，所以对各个班不能用同一种教育教学方法。

第二，在数学教学中，应当注重知识的生成。引导学生经历数学知识的发生和发展、数学方法的探究和提炼、思维策略的形成与提高等过程，如让学生知道勾股定理的几何推理与代数推理、特殊的平行四边形的性质与判定的推理过程、一元二次方程的求根公式的推理过程等，发现规律，掌握方法，提高能力。

第三，在数学教学中，应当注重数学知识间的相互联系及数学知识与实际问题的联系，增强学生对数学的应用意识。如让学生理解一次函数与一元一次方程和一元一次不等式之间的联系，如何用一次函数的知识解决生活中的问题等。积极引导学生应用数学知识探究，解决身边的实际问题，形成从数学的角度思考问题的意识，学会从实际问题中获取数学信息，抽象为数学问题并加以解决，体会数学的应用价值。

第四，在数学教学中，应当重视培养学生的创新意识。如在课堂上，通过举一反三，让学生自己编问题，在同学之间互相解决问题，不但能激发学生的学习兴趣，而且能发挥学生的创新意识。

附件：

北京市朝阳区2016～2017学年度第二学期期末检测 八年级数学试卷参考答案及评分标准

2017.7

一、选择题（每小题3分，共30分）

题号	1	2	3	4	5	6	7	8	9	10
答案	A	B	A	D	B	C	B	D	B	C

二、填空题（每小题3分，共18分）

11. x，y	12. 平行四边形，一组邻边相等，一个角是直角（每空1分）
13. 10	14. ①②③④（少写一个扣1分）
15. 2	16. （1）$\sqrt{5}-1$，$\sqrt{5}-1$；（2）勾股定理.（每空1分）

三、解答题（17～22题每小题5分，23～24题每小题7分，25题8分，共52分）

17. 解：$a=2$，$b=3$，$c=-1$，

$\Delta=b^2-4ac=3^2-4\times2\times(-1)=17>0$. 3分

$\therefore x=\dfrac{-3\pm\sqrt{17}}{4}$.

即 $x_1=\dfrac{-3+\sqrt{17}}{4}$，$x_2=\dfrac{-3-\sqrt{17}}{4}$

. 5分

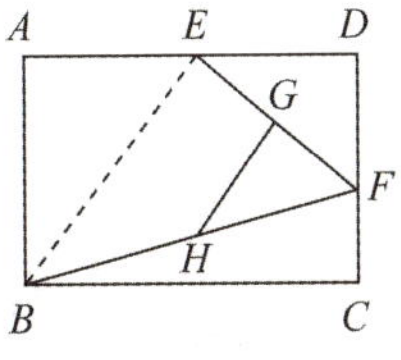

18. 解：连接 BE. 1分

$\because E$ 为 AD 中点，$AD=12$，

$\therefore AE=6.$

$\because$ 四边形 $ABCD$ 是矩形，

$\therefore \angle A=90°.$ 2分

在 Rt$\triangle ABE$ 中，$AB=8$，依据勾股定理

$BE^2=AB^2+AE^2$

$\therefore BE=10.$ 4分

$\because G$，H 分别为 EF，BF 中点，

$\therefore GH=\frac{1}{2}BE=5.$ 5分

19. 解：(1) 根据题意，得

$[2(k-1)]^2-4(k^2-1)>0.$ 2分

解得 $k<1$. 3分

(2) 答案不唯一．如取 $k=0$，此时方程为 $x^2-2x-1=0$. 4分

解得 $x_1=1+\sqrt{2}$，$x_2=1-\sqrt{2}$. 5分

20. (1) 证明：$\because$ 点 D，E 分别为 AB，AC 的中点，

$\therefore DE /\!/ BC$，$DE=\frac{1}{2}BC.$ 1分

$\because CF=\frac{1}{2}BC$，

$\therefore DE=CF.$

又$\because DE /\!/ CF$，

$\therefore$ 四边形 $DCFE$ 是平行四边形. 2分

(2) 求解思路如下：

①由四边形 $DCFE$ 是平行四边形，可得 $EF=DC$.

②由$\triangle ABC$ 是等边三角形，D 为 AB 的中点，可得 $BD=\frac{1}{2}AB=\frac{1}{2}a$，$CD\perp AB$.

③在 Rt$\triangle BCD$ 中，$BC=a$，依据勾股定理 DC 长可求，即 EF 长可求.

5分

21. 解：(1) $y_{乙}=7x+10.$ 2分

(2) 如图所示：

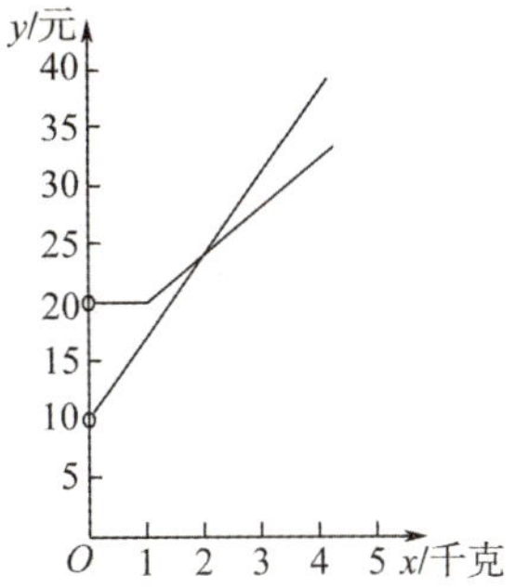

4 分

（3）甲．　5 分

22．（1）8．　1 分

（2）乙．　3 分

因为乙试验田花朵的直径较集中地分布在平均数附近，波动较小，直径大小更均匀。　5 分

23．（1）27．　2 分

（2）设点 P 出发 3 秒后，y_1 与 x 之间的函数关系式为 $y_1=kx+b\ (k\neq 0)$，观察图像可知，点 P 的运动速度为每秒 2cm，

由 $27\div 2=13.5$，可知 $y_1=kx+b$ 的图像过点（13.5，21）．

又因为 $y_1=kx+b$ 的图像过点（3，0），所以

$$\begin{cases}13.5k+b=21,\\3k+b=0.\end{cases}$$　3 分

解方程组得 $\begin{cases}k=2,\\b=-6.\end{cases}$　4 分

y_1 与 x 的函数关系式为 $y_1=2x-6$．　5 分

（3）$\frac{27}{5}$．　7 分

24．解：（1）①补全的图形如图所示．

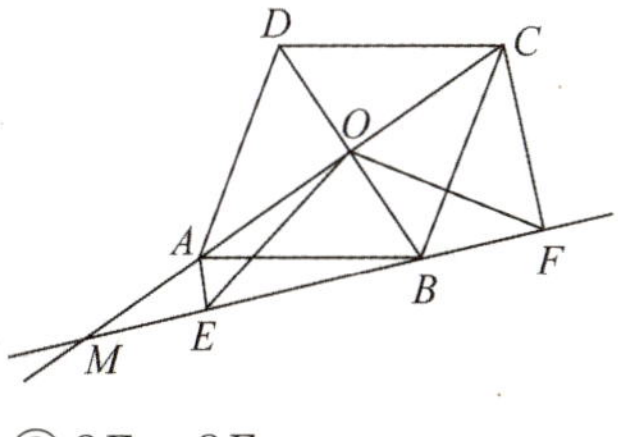

1 分

②$OE=OF$．　2 分

（2）法一：

证明：如图，延长 EO 交 FC 的延长线于点 N，

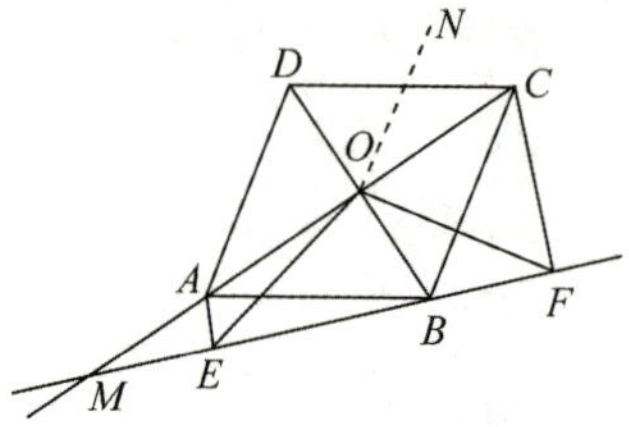

$\because$ 四边形 $ABCD$ 是菱形，

$\therefore AO=CO$. 3 分

$\because AE\perp BM$，$CF\perp BM$，

$\therefore AE/\!/CF$.

$\therefore\ \angle AEO=\angle CNO$.

又$\because\ \angle AOE=\angle CON$，

$\therefore\ \triangle AOE\cong\triangle CON$.

$\therefore\ OE=ON=\dfrac{1}{2}EN$. 4 分

$\because$ Rt$\triangle EFN$ 中，O 是斜边 EN 的中点，

$\therefore\ OF=\dfrac{1}{2}EN$. 5 分

$\therefore\ OE=OF$. 6 分

法二：

证明：如图，取线段 AB，BC 的中点 P，Q，连接 OP，PE，OQ，QF，

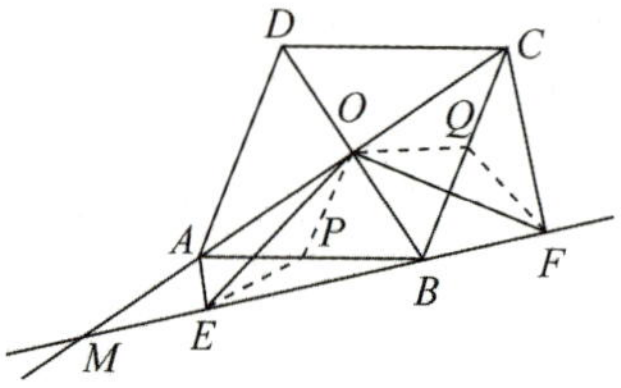

$\because$ 四边形 $ABCD$ 是菱形，

$\therefore AB=BC$，$AC\perp BD$. 3 分

$\because P$，Q 是 AB，BC 的中点，

$\therefore\ OP=PB=\dfrac{1}{2}AB$，

$OQ=QB=\dfrac{1}{2}BC$.

$\therefore OP=OQ$. 4 分

同理，$PE=QF$.

$\because\ OP=PB$，$PE=PB$，

$\therefore\ \angle OPA=2\angle OBA$，$\angle EPA=2\angle EBA$.

$\therefore\ \angle OPA+\angle EPA=2\angle OBA+2\angle EBA$，即 $\angle OPE=2\angle OBE$.

同理，$\angle OQF=2\angle OCF$.

$\because AC\perp BD$，$CF\perp BM$，

$\therefore \angle OBE + \angle OMB = \angle OCF + \angle OMB = 90^\circ$.

$\therefore \angle OBE = \angle OCF$.

$\therefore \angle OPE = \angle OQF$. 5分

$\therefore \triangle OPE \cong \triangle OQF$.

$\therefore OE = OF$. 6分

(3) $EF = \sqrt{3}(CF + AE)$. 7分

25. (1) $x = m$，$y = n$，$y = x + n - m$，$y = -x + n + m$. 4分

(2) (3，4). 6分

(3) P_1 $(6, 2\sqrt{3})$，P_2 $(6, 9 - 3\sqrt{5})$. 8分

教学设计

高中语文《荷花淀》（第二课时）教学设计

高中　许春英

课题	荷花淀	授课类型	新授课
教学目标	1. 分析鉴赏本文充满诗情画意的景物描写。 2. 理解景物描写对于推动故事情节、刻画人物，表达主题的作用。		
教学重点	1. 抓住关键词，品读景物描写的语句，欣赏荷花淀的景之美。 2. 体会景物描写在刻画人物，表达主题、结构安排上的作用。		
教学难点	分析环境描写的作用。		
教学方法	诵读法、分析讨论法。		
教学手段	PPT 投影。		

教学过程

教师活动	学生活动	设计意图
一、导入 阅读小说时，最吸引我们的往往是小说跌宕起伏的故事情节、性格鲜明的人物形象，而环境的描写，尤其是自然环境却常常被我们忽略，其实好的自然环境描写同样是值得我们细细品味的。 问：《荷花淀》是一篇以战争为题材的小说，请说说战争小说中环境的特点通常是怎样的？ 战争是残酷的，可是孙犁笔下的战争环境又是一番什么样子呢？ **二、鉴赏本文充满诗情画意的景物描写** （一）请学生速读文本，划出文中环境描写的语句	听，了解本节课学习的重点内容。 可能会说——血雨腥风，残酷、悲壮，惨不忍睹…… 速读文本，划出文中的三处环境描写。	设疑激趣，将学生带入小说阅读的情境中。为研读孙犁充满诗情画意的自然环境描写做铺垫。

（续表）

教学过程		
教师活动	学生活动	设计意图
小说中的景物描写主要有三处：对小院子及白洋淀夜景等的描写；妇女们寻夫不着回来时候的淀上风光；妇女们把船摇入荷花淀时的景物描写。		先划出文中环境描写的语句，为赏析做准备。
（二）品味开头部分对水生家小院及白洋淀夜景的描写 1. 请学生朗读，语调应柔美舒缓。	学生两人一组，朗读1～3段，体味语调情感。	通过朗读，初步体会景物描写的意境美。
2. 品味景物描写的意境美。 问：人们都说开头的环境描写特别美，特别有意境，你觉得呢？说说你的感受。 提示： 1. 各描写了哪些景物？ 2. 运用了什么描写方法？表现了景物的什么特点？ 3. 由这些景物构成了一幅什么样的画面？	学生自主学习，按照老师的要求品味： 圈出景物，分析景物特点，体会意境。	引导学生品味小说开篇的自然环境描写，欣赏荷花淀的景之美，体味小说的情味，领悟小说的意境。
（三）明确景物及特点 ＊描写对象本身的自然美感： 明月——皎洁的　　庭院——干净的； 苇眉子——又薄又细　　苇席——洁白的； 淀里——银白的　　薄雾——透明的； 凉风——清爽的　　荷香——新鲜的。 ＊描写对象的特殊组合升华丰富了美： 月亮底下小院当中女人编席，远处荷花淀飘着荷叶荷花香。 ＊话语的修辞、装饰更增加和扩充了无限的美感：凉爽得很、干净得很…… 孙犁用如诗的语言，为我们勾画出夜晚白洋淀的清新、宁静、和谐、圣洁、富饶的美，这一境界充满诗情画意。	思考讨论，交流。	
（四）研讨景物描写的作用 问：在这样一篇以抗日战争为背景的小说中，作者开篇为何营造这样一种环境呢？		

（续表）

教学过程		
教师活动	学生活动	设计意图
明确： **1. 对于主题** 这一段对表现中心有什么作用？ 文章中心是说白洋淀的一群妇女从普通劳动者成长为抗日战士，保卫家乡，保卫祖国。 开篇如诗如画的景物，这正是白洋淀的迷人之处，也是白洋淀的普通农人热爱依恋的，在水生嫂眼里，家乡的一切都是那么美好，小说还着意写到白洋淀苇地的广阔，白洋淀席的精美。生活在这美丽富饶的家乡，他们自然会生发出热爱之情。如今，这可爱的家乡正遭外敌侵犯，他们怎能不拿起枪杆，为保卫家乡而战？这种情景相生的境界，使小说的意境更加广阔而深邃。 **2. 对于人物** ①渲染出清新宁静的气氛，为人物活动提供背景。②写景美即是暗示人美。衬托出景中人的勤快、利落、灵巧。③情景相生，展现人物的情思与精神风貌。“她有时望望淀里，……带着新鲜的荷叶荷花香。”这白洋淀夜景里融入水生嫂挂念丈夫的情思：这么晚了，丈夫还没回来，她外表虽平静，内心却在焦急地等待。 问：我们能不能借助水生嫂第一次出场的环境描写，运用想象为水生嫂补充一下外貌描写？并说明理由。 明确：水生嫂应该是一位温婉细腻、勤劳能干的乡村女性形象。身材不会臃肿，也不会骨感，衣服也许洗的发白但干净整齐，头发清爽利落，眼睛伶俐有神，编席的一双手纤长灵活。 **3. 对于情节** 为情节的展开作了铺垫。开头的景物描写，不仅为“话别”提供了时间、地点及和谐的氛围，而且暗示下文——女人们由普通的劳动妇女成长为保卫家乡的游击战士。	思考讨论，交流，明确。 结合本节课的学习，说说鉴赏小说环境描写的收获。	引导学生理解环境描写对于表达主题的作用。 引导学生理解环境描写对刻画人物的作用。 引导学生理解环境描写对于推动故事情节的作用。

（续表）

教学过程		
教师活动	学生活动	设计意图
三、鉴赏小说景物描写的方法 第一，领会写的是什么样的景，联系时代背景和上下文来理解它为人物活动创设的背景意义。 第二，明确“一切景语皆情语”，领会画中之意，理解景物中蕴含着有关人物的丰富感情，体味它对刻画人物性格的作用。 第三，理解环境描写对推动故事情节发展的作用。 第四，理解环境描写对暗示小说主题的作用。 **四、课堂检测：说说第二处环境描写“晌午淀上风光”的作用**	口头回答环境描写语句的作用。	引导学生总结鉴赏小说景物描写的方法。 课堂效果检测反馈。

板书设计	课后作业
荷花淀 孙犁 **作　用** 对主题 自然环境————→对人物 对情节	运用课上学习的方法，分析文中第二、第三处环境描写的作用。

赏析小说《荷花淀》的自然环境描写

高中　许春英

学习目标：

1. 分析景物的描写方法和景物的特点，体会意境美。

2. 分析自然环境描写的作用。

学习过程：

环境描写一：________________

月亮升起来，院子里凉爽得很，干净得很，白天破好的苇眉子湿润润的，正好编席。女人坐在小院当中，手指上缠绞着柔滑修长的苇眉子。苇眉子又薄又细，在她怀里跳跃着。

要问白洋淀有多少苇地？不知道。每年出多少苇子？不知道。只晓得，每年芦花飘飞苇叶黄的时候，全淀的芦苇收割，垛起垛来，在白洋淀周围的广场上，就成了一条苇子的长城。女人们，在场里院里编着席。编成了多少席？六月里，淀水涨满，有无数的船只，运输银白雪亮的席子出口，不久，各地的城市和村庄，就全有了花纹又密又精致的席子用了。大家争着买："好席子，白洋淀席！"

这女人编着席，不久在她的身子下面，就编成了一大片。她像坐在一片洁白的雪地上，也像坐在一片洁白的云彩上。她有时望望淀里，淀里也是一片银白世界。水面笼起一层薄薄透明的雾，风吹过来，带着新鲜的荷叶荷花香。

赏析：

景物	描写方法	景物特点	意境

现在已经快到晌午了，万里无云，可是因为在水上，还有些凉风。这风从南面吹过来，从稻秧上、苇尖吹过来。水面没有一只船，水像无边的跳荡的水银。

环境描写二：______________________________

她们奔着那不知道有几亩大小的荷花淀去，那一望无边际的密密层层的大荷叶，迎着阳光舒展开，就像铜墙铁壁一样。粉色荷花箭高高地挺出来，是监视白洋淀的哨兵吧！

环境描写三：______________________________

高中语文《专题教学活动设计：刺客文化》教学设计

高中　冯天林

设计说明：

《普通高中语文课程标准（实验）》指出："必修课程要突出课程的基础性和均衡性"，"选修课程也应该体现基础性，但更应该致力于让学生有选择地学习，促进学生有个性地发展"，可见，体现基础性，是两种课程的一致要求（要避免选修课的"基础性失落"），与必修不同的是，选修对必修有所拓展提高，提供更大的选择空间，为个性发展提供更多便利，从而更充分的发挥语文课程的功能。

专题教学不仅是阅读教学，也就是说，不仅引导学生读书、读文章，同时也在引导学生学会写作。大多数专题教学的设计和实施，都体现出这种读写一体化的理念与特点。因为读书的过程，是一个"情动"的过程，是一个思考的过程，更是一个见识形成的过程。"情"、"思"、"识"恰是学生写作成功与否的关键内因。我首先尝试以"刺客文化"为主题开展专题阅读教学。春秋末期，有一个值得关注的社会现象，那便是专门刺客的涌现。这是一批生活在民间、不图富贵、崇尚节义，身怀勇力或武艺的武士。他们与某些权贵倾心相交，为报知遇之恩而出生入死，虽殒身而不恤。韩非子曾说："儒以文乱法，侠以武犯禁。"后一句道出侠依仗武力同社会秩序相对抗的特点。仅凭武艺高强未必能称侠，还得跨越秩序对他人使用武力，从另一角度看，也可以说是暴力。刺客便是使用暴力的侠。侠维护"义"去行刺，就成了刺客，如荆轲，所以刺客文化也可称之为侠文化。千古文人侠客梦，文学钟情于侠，因为侠具有"义"的气质，而非暴力。侠义精神是中国传统文化最悠久的传承。从先秦直到现代社会，侠客的传奇故事一直是人们津津乐道的谈资，侠义精神在历史发展中具有不同的阐释。语文课程标准提出的目标：通过对语文知识、能力、学习方法和情感、态度、价值观等方面要素的融汇与整合，切实提高学生的语文素养。理所当然，语文素养不是在碎片化的知识传授和技能训练中形成的，而是以整体化的课程与教学组织形式，让学生在相对完整的情境和任务中自主建构、不断反思和调适中养成的。从教学设计的理念上来讲，专题教学之所以能够实现多层次、多向度的融汇整合，关键就在于跳出了以语言材料为中心的教学组织形式，走向以"专题"为中心。我觉得专题教学充分体现了互联网时代的学习特征。实践探索者所提供的许多具有推广价值的操作路径，无不指向调动学生内部动机，让学生真正成为学习的主人，以强烈的愿望、饱满的热情持久而深入地参与到学习活动中来，不再因应试升学的压力、教师强制性的要求或父母的期许等外部因素进行被动的、忍受式的学习，这恰恰是培育学科核心素养的关键。

学生的阅读资料：

《史记·刺客列传》（节选）《左传·晋灵公不君》。

（续表）

教师参考资料：

文件包、PPT。

活动目标：

1. 语言积累、梳理与探究：加强文言知识、文言材料和文言阅读经验的积累、归纳和梳理；加强文言文阅读习惯与阅读能力的培养。

2. 文学阅读与写作：领略古代杰出人物的才华和品德，激发对人物嘉言懿行的向往。对刺客文化有所感悟，并能够对刺客和刺客行为形成自己的判断。

教师指导：

历史上对刺客的评价褒贬不一

1. 司马迁给予刺客们很高的评价："自曹沫至荆轲五人，此其义或成或不成，然其立意较然，不欺其志。"

2. 刺客行为因为具有强烈的个人恩仇的特点而受到批评。韩非："儒以文乱法，侠以武犯禁。"班固："序游侠则退处士而进奸雄。"

学生活动：

1. 阅读《刺客列传》《左传·晋灵公不君》，学会利用工具书疏通文义，整理各种文言现象。

2. 用点评的方式写下你的阅读感受。

问题设计：

1. 结合具体情节概括刺客精神表现在哪些方面。

2. 刺客身上总有些东西是我们这些常人所不能理解的，找出你不能理解的地方，和同学们交流交流，分析其背后的合理性是什么。

3. 几名刺客中你最欣赏谁，为什么？

4. 孔子说："君子不器"，刺客是不是别人手中的"器"？（刺客是否具有独立人格）

学生学习成果：

当下社会，刺客的行为已经不被法理所容，但是还有哪些刺客精神需要在这个时代弘扬？

（教师可以根据自己的课时安排，选择活动的容量）

刺客列传

豫让

豫让者，晋人也，故尝事范氏及中行氏，而无所知名。去而事智伯，智伯甚尊宠之。及智伯伐赵襄子，赵襄子与韩魏合谋灭智伯，灭智伯之后而三分其地。赵襄子最怨智伯①，漆其头以为饮器②。豫让遁逃山中，曰："嗟乎！士为知己者死，女为悦己者容③。今智伯知我，我必为报仇而死，以报智伯，则吾魂魄不愧矣。"乃变名姓为刑人④，入宫涂厕⑤，中挟匕首，欲以刺襄子。襄子如厕，心动，执问涂厕之刑人，则豫让，内持刀兵，曰："欲为智伯报仇！"左右欲诛之。襄子曰："彼义人也，吾谨避之耳。且智伯亡无后，而其臣欲为报仇，此天下之贤人也。"卒释去之⑥。

（续表）

注释：①怨：恨，仇恨。②膝其头以为饮器：把他的头盖骨涂以膝作为饮具。③以上二句为古成语。说（yuè，悦），同“悦”。喜欢、爱慕。容，梳妆打扮。④刑人：被判刑服役的人。⑤涂厕：修整厕所。涂，以泥抹墙。⑥卒释去之：最终还是把豫让放走了。释，放。去，离开。

译文：豫让，是晋国人，以前曾经侍奉范氏和中行氏两家大臣，没什么名声。他离开那里去奉事智伯，智伯特别地尊重宠幸他。等到智伯攻打赵襄子时，赵襄子和韩、魏合谋灭了智伯；消灭智伯以后，三家分割了他的国土。赵襄子最恨智伯，就把他的头盖骨漆成饮具。豫让潜逃到山中，说：“哎呀！好男儿可以为了解自己的人去死，好女子应该为爱慕自己的人梳妆打扮。现在智伯是我的知己，我一定替他报仇而献出生命，用以报答智伯，那么，我就是死了，魂魄也没有什么可惭愧的了。”于是更名改姓，伪装成受过刑的人，进入赵襄子宫中修整厕所，身上藏着匕首，想要用它刺杀赵襄子。赵襄子到厕所去，心一悸动，鞫问修整厕所的刑人，才知道是豫让，衣服里面还别着利刃，豫让说：“我要替智伯报仇！”侍卫要杀掉他。襄子说：“他是义士，我谨慎小心地回避他就是了。况且智伯死后没有继承人，而他的家臣想替他报仇，这是天下的贤人啊。”最后还是把他放走了。

居顷之，豫让又漆身为厉①，吞炭为哑②，使形状不可知，行乞于市。其妻不识也。行见其友，其友识之，曰：“汝非豫让邪？”曰：“我是也。”其友为泣曰：“以子之才，委质而臣事襄子③，襄子必近幸子④。近幸子，乃为所欲，顾不易邪⑤？何乃残身苦形⑥，欲以求报襄子，不亦难乎！”豫让曰：“既委质臣事人，而求杀之，是怀二心以事其君也。且吾所为者极难耳！然所以为此者，将以愧天下后世之为人臣怀二心以事其君者也。”

注释：①漆身为厉 lài：以漆涂身，使肌肤肿烂，像患癞病。厉，同“癞”。癞疮。②吞炭为哑：吞炭为了使声音变得嘶哑。③委质：初次拜见尊长时致送礼物。这里有托身的意思。④近幸：亲近宠爱。⑤顾不易邪：难道还不容易吗。⑥残身苦形：摧残身体，丑化形貌。

译文：过了不久，豫让又把漆涂在身上，使肌肤肿烂，像得了癞疮，吞炭使声音变得嘶哑，使自己的形体相貌不可辨认，沿街讨饭。就连他的妻子也不认识他了。路上遇见他的朋友，辨认出来，说：“你不是豫让吗？”回答说：“是我。”朋友为他流着眼泪说：“凭着您的才能，委身侍奉赵襄子，襄子一定会亲近宠爱您。亲近宠爱您，您再干您所想干的事，难道不是很容易的吗？何苦自己摧残身体，丑化形貌，想要用这样的办法达到向赵襄子报仇的目的，不是更困难吗？”豫让说：“托身侍奉人家以后，又要杀掉他，这是怀着异心侍奉他的君主啊。我知道选择这样的做法是非常困难的，可是我之所以选择这样的做法，就是要使天下后世的那些怀着异心侍奉国君的臣子感到惭愧！”

既去，顷之，襄子当出，豫让伏于所当过之桥下。襄子至桥，马惊，襄子曰：“此必是豫让也。”使人问之，果豫让也。于是襄子乃数豫让曰①：“子不尝事范、中行氏乎？智伯尽灭之，而子不为报仇，而反委质臣于智伯。智伯亦已死矣，而子独何以为之报仇之深也？”豫让曰：“臣事范、中行氏，范、中行氏皆众人遇我②，我故众人报之③。至于智伯，国士遇我④，我故国士报之。”襄子喟然叹息而泣曰：“嗟乎豫子！子之为智伯，名既成矣，而寡人赦子，亦已足矣。子其自为计，寡

（续表）

人不复释子！”使兵围之。豫让曰：“臣闻明主不掩人之美，而忠臣有死名之义。前君已宽赦臣，天下莫不称君之贤，今日之事，臣固伏诛⑤，然愿请君之衣而击之，焉以致报仇之意，则虽死不恨。非所敢望也，敢布腹心⑥！”于是襄子大义之，乃使使持衣与豫让。豫让拔剑三跃而击之，曰：“吾可以下报智伯矣！”遂伏剑自杀。死之日，赵国志士闻之，皆为涕泣。

其后四十余年而轵有聂政之事。

注释：①数：列举罪过而责之。②众人遇我：把我当成一般人对待。③众人报之：像一般人那样报答。④国士：国内杰出人物。⑤伏诛：受到应得的死罪。诛，杀死。⑥敢布腹心：敢于披露心里话。

译文：豫让说完就走了，不久，襄子正赶上外出，豫让潜藏在他必定经过的桥下。襄子来到桥上，马受惊，襄子说：“这一定是豫让。”派人去查问，果然是豫让。于是襄子就列举罪过指责他说：“您不是曾经侍奉过犯氏、中行氏吗？智伯把他们都消灭了，而您不替他们报仇，反而托身为智伯的家臣。智伯已经死了，您为什么单单如此急切地为他报仇呢？”豫让说：“我侍奉范氏、中行氏，他们都把我当作一般人看待，所以我像一般人那样报答他们。至于智伯，他把我当作国士看待，所以我就像国士那样报答他。”襄子喟然长叹，流着泪说：“哎呀，豫让先生！您为智伯报仇，已算成名了；而我宽恕你，也足够了。您该自己作个打算，我不能再放过您了！”命令士兵团团围住他。豫让说：“我听说贤明的君主不埋没别人的美名，而忠臣有为美名去死的道理。以前您宽恕了我，普天下没有谁不称道您的贤明。今天的事，我本当受死罪，但我希望能得到您的衣服刺它几下，这样也就达到我报仇的意愿了，那么，即使死了也没有遗恨了。我不敢指望您答应我的要求，我还是冒昧地说出我的心意！”于是襄子非常赞赏他的侠义，就派人拿着自己的衣裳给豫让。豫让拔出宝剑多次跳起来击刺它，说：“我可用以报答智伯于九泉之下了！”于是以剑自杀。自杀那天，赵国有志之士听到这个消息，都为他哭泣。

此后四十多年，轵邑有聂政的事迹。

聂政

聂政者，轵深井里人也。杀人避仇，与母、姊如齐，以屠为事。

久之，濮阳严仲子事韩哀侯，与韩相侠累有郤①。严仲子恐诛，亡去，游求人可以报侠累者。至齐，齐人或言聂政勇敢士也，避仇隐于屠者之间。严仲子至门请，数反②，然后具酒自畅③聂政母前。酒酣，严仲子奉黄金百溢④，前为聂政母寿⑤。聂政惊怪其厚，固谢严仲子。严仲子固进，而聂政谢曰：“臣幸有老母，家贫，客游以为狗屠，可以旦夕得甘毳⑥以养亲。亲供养备，不敢当仲子之赐。”严仲子辟人，因为聂政言曰：“臣有仇，而行游诸侯众矣；然至齐，窃闻足下义甚高，故进百金者，将用为大人粗粝之费⑦，得以交足下之欢，岂敢以有求望邪！”聂政曰：“臣所以降志辱身居市井屠者⑧，徒幸以养老母；老母在，政身未敢以许人也。”严仲子固让，聂政竟不肯受也。然严仲子卒备宾主之礼而去。

注释：①有郤：有仇怨。郤，空隙，裂缝。喻感情上产生裂痕。②数反：多次往返拜访。反，同

（续表）

“返”。返回。③畅：敬酒。《战国策》作“觞”。是。④溢：即“镒”。古代重量单位。为二十两。一说二十四两。⑤寿：敬酒或用礼物赠人，表示祝人长寿。⑥甘毳（cuì，粹）：甜脆食物。毳，通“脆”。⑦大人：对别人父母的敬称。粗粝：粗糙的粮食。谦词。⑧降志辱身：使心志卑下，屈辱身份。市井：市场。下文“市井之人”指做买卖的人。

译文：聂政是轵邑深井里人。他为杀人躲避仇家，和母亲、姐姐逃往齐国，以屠宰牲畜为职业。

过了很久，濮阳严仲子奉事韩哀侯，和韩国国相侠累结下仇怨。严仲子怕遭杀害，逃走了。他四处游历，寻访能替他向侠累报仇的人。到了齐国，齐国有人说聂政是个勇敢之士，因为回避仇人躲藏在屠夫中间。严仲子登门拜访，多次往返，然后备办了宴席，亲自捧杯给聂政的母亲敬酒。喝到畅快兴浓时，严仲子献上黄金一百镒，到聂政老母跟前祝寿。聂政面对厚礼感到奇怪，坚决谢绝严仲子。严仲子却执意要送，聂政辞谢说：“我幸有老母健在，家里虽贫穷，客居在此，以杀猪宰狗为业，早晚之间买些甘甜松脆的东西奉养老母，老母的供养还算齐备，可不敢接受仲子的赏赐。”严仲子避开别人，趁机对聂政说：“我有仇人，我周游好多诸侯国，都没找到为我报仇的人；但来到齐国，私下听说您很重义气，所以献上百金，将作为你母亲大人一点粗粮的费用，也能够跟您交个朋友，哪里敢有别的索求和指望！”聂政说：“我所以使心志卑下，屈辱身份，在这市场上做个屠夫，只是希望借此奉养老母；老母在世，我不敢对别人以身相许。”严仲子执意赠送，聂政却始终不肯接受。但是严仲子终于尽到了宾主相见的礼节，告辞离去。

久之，聂政母死。既已葬，除服①，聂政曰：“嗟乎！政乃市井之人，鼓刀以屠；而严仲子乃诸侯之卿相也，不远千里，枉②车骑而交臣。臣之所以待之，至浅鲜矣③，未有大功可以称者④，而严仲子奉百金为亲寿，我虽不受，然是者徒深知政也。夫贤者以感忿睚眦之意而亲信穷僻之人⑤，而政独安得嘿然⑥而已乎！且前日要⑦政，政徒以老母！老母今以天年终，政将为知己者用。”乃遂西至濮阳，见严仲子曰：“前日所以不许严仲子者，徒以亲在；今不幸而母以天年终。仲子所欲报仇者为谁？请得从事焉！”严仲子具告曰：“臣之仇韩相侠累，侠累又韩君之季父也，宗族盛多，居处兵卫甚设，臣欲使人刺之，终莫能就。今足下幸而不弃，请益其车骑壮士可为足下辅翼者⑧。”聂政曰：“韩之与卫，相去中间不甚远，今杀人之相，相又国君之亲，此其势不可以多人，多人不能无生得失，生得失则语泄，语泄是韩举国而与仲子为仇，岂不殆哉⑨！”遂谢车骑人徒，聂政乃辞独行。

注释：①除服：丧服期满。②枉：屈，委屈。③鲜：少，稀少。④称：相比，相抵。⑤睚眦（yá zì，牙字）：发怒时瞪眼睛。借指小的仇恨。⑥嘿：通“默”，沉默。⑦要：邀请。⑧辅翼：助手，辅助。⑨殆：危险。

译文：过了很久，聂政的母亲去世，安葬后，直到丧服期满，聂政说：“哎呀！我不过是平民百姓，拿着刀杀猪宰狗，而严仲子是诸侯的卿相，却不远千里，委屈身份和我结交。我待人家的情谊是太浅薄太微不足道了，没有什么大的功劳可以和他对我的恩情相抵，而严仲子献上百金为老母祝寿，我虽然没有接受，可是这件事说明他是特别了解我啊。贤德的人因感愤于一点小的仇恨，把我

（续表）

这个处于偏僻的穷困屠夫视为亲信，我怎么能一味地默不作声，就此完事了呢！况且以前来邀请我，我只是因为老母在世，才没有答应。而今老母享尽天年，我该要为了解我的人出力了。”于是就向西到濮阳，见到严仲子说：“以前所以没答应仲子的邀请，仅仅是因为老母在世；如今不幸老母已享尽天年。仲子要报复的仇人是谁？请让我办这件事吧！”严仲子原原本本地告诉他说：“我的仇人是韩国宰相侠累，侠累又是韩国国君的叔父，宗族旺盛，人丁众多，居住的地方士兵防卫严密，我要派人刺杀他，始终也没有得手。如今承蒙您不嫌弃我，应允下来，请增加车骑壮士作为您的助手。”聂政说：“韩国与卫国，中间距离不太远，如今刺杀人家的宰相，宰相又是国君的亲属，在这种情势下不能去很多人，人多了难免发生意外，发生意外就会走漏消息，走漏消息，那就等于整个韩国的人与您为仇，这难道不是太危险了吗！”于是谢绝车骑人众，辞别严仲子只身去了。

杖剑至韩①，韩相侠累方坐府上，持兵戟而卫侍者甚众。聂政直入，上阶刺杀侠累，左右大乱。聂政大呼，所击杀者数十人，因自皮面决眼②，自屠出肠，遂以死。

韩取聂政尸暴于市③，购问莫知谁子④。于是韩县购之⑤，有能言杀相侠累者予千金。久之莫知也。

注释：①杖：持，携带。②皮面决眼：割破面皮，挖出眼珠。③暴 pù 于市：暴露在大街上。④购问：悬赏询问。⑤县 xuán 购：悬赏以求。

译文：他带着宝剑到韩国都城，韩国宰相侠累正好坐在堂上，持刀荷戟的护卫很多。聂政径直而入，走上台阶刺杀侠累，侍从人员大乱。聂政高声大叫，被他击杀的有几十个人，又趁势毁坏自己的面容，挖出眼睛，剖开肚皮，流出肠子，就这样死了。

韩国把聂政的尸体陈列在街市上，出赏金查问凶手是谁家的人，没有谁知道。于是韩国悬赏征求，有人能说出杀死宰相侠累的人，赏给千金。过了很久，仍没有人知道。

政姊荣闻人有刺杀韩相者，贼不得①，国不知其名姓，暴其尸而悬之千金，乃於邑曰②：“其是吾弟与？嗟乎，严仲子知吾弟！”立起，如韩，之市，而死者果政也，伏尸哭极哀，曰：“是轵深井里所谓聂政者也。”市行者诸众人皆曰：“此人暴虐吾国相，王悬购其名姓千金，夫人不闻与？何敢来识之也？”荣应之曰：“闻之。然政所以蒙污辱自弃于市贩之间者③，为老母幸无恙④，妾未嫁也。亲既以天年下世，妾已嫁夫，严仲子乃察举吾弟困污之中而交之，泽厚矣，可奈何！士固为知己者死，今乃以妾尚在之故，重自刑以绝从⑤，妾其奈何畏殁身之诛⑥，终灭贤弟之名！”大惊韩市人。乃大呼天者三，卒於邑悲哀而死政之旁。

注释：①贼不得：指不知道凶手的姓名。②於邑（wū yè）：同“呜咽”，哭泣。③蒙污辱自弃于市贩：承受羞辱，不惜混在屠猪贩肉的人之间。④无恙：平安无事。恙，忧，病。⑤重自刑以绝从：深深地毁坏自己的面容肢体，使人不能辨认，以免牵连别人。从，连带治罪。一说通“踪”，踪迹线索。⑥殁：死。

晋、楚、齐、卫闻之，皆曰：“非独政能也，乃其姊亦烈女也。乡使政诚知其姊无濡忍之志①，不重暴骸之难②，必绝险千里以列其名③，姊弟俱僇于韩市者④，亦未必敢以身许严仲子也。严仲子亦可谓知人能得士矣！”

（续表）

注释：①乡使：从前假使。乡，同“向”。从前，过去。濡忍：含忍，忍耐。②不重：不顾惜。暴骸：露尸于外。③绝险：度越艰难险阻。列：显露，布陈。④僇：通“戮”。杀戮。

译文：聂政的姐姐聂荣听说有人刺杀了韩国的宰相，却不知道凶手到底是谁，全韩国的人也不知他的姓名，陈列着他的尸体，悬赏千金，叫人们辨认，就抽泣着说：“大概是我弟弟吧？哎呀，严仲子了解我弟弟！”于是马上动身，前往韩国的都城，来到街市，死者果然是聂政，就趴在尸体上痛哭，极为哀伤，说：“这就是所谓轵深井里的聂政啊。”街上的行人们都说：“这个人残酷地杀害我国宰相，君王悬赏千金询查他的姓名，夫人没听说吗？怎么敢来认尸啊？”聂荣回答他们说：“我听说了。可是聂政所以承受羞辱不惜混在屠猪贩肉的人中间，是因为老母健在，我还没有出嫁。老母享尽天年去世后，我已嫁人，严仲子从穷困低贱的处境中把我弟弟挑选出来结交他，恩情深厚，我弟弟还能怎么办呢！勇士本来应该替知己的人牺牲性命，如今因为我还活在世上的缘故，重重地自行毁坏面容躯体，使人不能辨认，以免牵连别人，我怎么能害怕杀身之祸，永远埋没弟弟的名声呢！”这整个街市上的人都大为震惊。聂荣于是高喊三声“天哪”，终于因为过度哀伤而死在聂政身旁。

晋、楚、齐、卫等国的人听到这个消息，都说：“不单是聂政有能力，就是他姐姐也是烈性女子。假使聂政果真知道他姐姐没有含忍的性格，不顾惜露尸于外的苦难，一定要越过千里的艰难险阻来公开他的姓名，以致姐弟二人一同死在韩国的街市，那他也未必敢对严仲子以身相许。严仲子也可以说是识人，才能够赢得贤士啊！”

从此以后二百二十多年，秦国有荆轲的事迹。

高渐离

其明年，秦并天下，立号为皇帝。于是秦逐太子丹、荆轲之客，皆亡。高渐离变名姓为人庸保①，匿作于宋子。久之，作苦，闻其家堂上客击筑，彷徨不能去。每出言曰：“彼有善有不善。”从者以告其主，曰：“彼庸乃知音、窃言是非。”家丈人召使前击筑②，一坐称善，赐酒。而高渐离念久隐畏约无穷时，乃退，出其装匣中筑与其善衣，更容貌而前。举座客皆惊，下与抗礼③，以为上客。使击筑而歌，客无不流涕而去者。宋子传客之，闻于秦始皇。秦始皇召见，人有识者，乃曰：“高渐离也。”秦皇帝惜其善击筑，重赦之，乃矐其目④。使击筑，未尝不称善。稍益近之，高渐离乃以铅置筑中，复进得近，举筑朴秦皇帝⑤，不中。于是遂诛高渐离，终身不复近诸侯之人⑥。

注释：①庸保：帮工，伙计。庸，同“佣”，被雇用的人。②家丈人：东家，主人。③抗礼：用平等的礼节接待。④矐其目：弄瞎他的眼睛。矐，熏瞎。⑤朴：撞击。⑥诸侯之人：此前东方六国的人。

译文：（秦灭燕）第二年，秦王吞并了天下，立号为皇帝。于是通缉太子丹和荆轲的门客，门客们都潜逃了。高渐离更名改姓给人家当酒保，隐藏在宋子这个地方做工。时间长了，觉得很劳累，听到主人家堂上有客人击筑，走来走去舍不得离开。常常张口就说：“那筑的声调有好的地方，也

（续表）

有不好的地方。”侍候的人把高渐离的话告诉主人，说：“那个庸工懂得音乐，私下说是道非的。”家主人叫高渐离到堂前击筑，满座宾客都说他击得好，赏给他酒喝。高渐离考虑到长久他隐姓埋名，担惊受怕地躲藏下去没有尽头，便退下堂来，把自己的筑和衣裳从行装匣子里拿出来，改装整容来到堂前，满座宾客大吃一惊，离开座位用平等的礼节接待他，尊为上宾。请他击筑唱歌，宾客们听了，没有不被感动得流着泪而离去的。宋子城里的人轮流请他去做客，这消息被秦始皇听到。秦始皇召令进见，有认识他的人，就说：“这是高渐离。”秦始皇怜惜他擅长击筑，特别赦免了他的死罪。于是薰瞎了他的眼睛，让他击筑，没有一次不说好。渐渐地更加接近秦始皇。高渐离便把铅放进筑中，再进宫击筑靠近时，举筑撞击秦始皇，没有击中。于是秦始皇就杀了高渐离。终身不敢再接近从前东方六国的人了。

刺客鉏麑

晋灵公不君①：厚敛以雕墙②；从台上弹人，而观其辟丸也；宰夫胹熊蹯不熟③，杀之，置诸畚④，使妇人载以过朝⑤。赵盾、士季见其手⑥，问其故，而患之。将谏，士季曰：“谏而不入⑦，则莫之继也。会请先，不入，则子继之。”三进，及溜⑧，而后视之，曰：“吾知所过矣，将改之。”稽首而对曰：“人谁无过？过而能改，善莫大焉。《诗》曰：‘靡不有初，鲜克有终⑨。’夫如是，则能补过者鲜矣。君能有终，则社稷之固也，岂惟群臣赖之（10）”。又曰：“‘衮职有阙，惟仲山甫补之（11）’，能补过也。君能补过，衮不废矣（12）。”

犹不改。宣子骤谏（13），公患之，使鉏麑贼之（14）。晨往，寝门辟矣（15），盛服将朝（16）。尚早，坐而假寐（17）。麑退，叹而言曰：“不忘恭敬，民之主也（18）。贼民之主，不忠；弃君之命，不信。有一于此，不如死也！”触槐而死。

注释：①晋灵公：晋国国君，名夷皋，文公之孙，襄公之子。不君：不行君道。②厚敛：加重征收赋税。雕墙：装饰墙壁。这里指修筑豪华宫室，过着奢侈的生活。③宰夫：厨师。胹（ér）：煮，炖。熊蹯（fán）：熊掌。④畚（běn）：筐篓一类盛物的器具。⑤载：同“戴”，用头顶着。（6）赵盾：赵衰之子，晋国正卿。士季：晋国大夫，姓士，名会，字季。（7）不入：不采纳，不接受。（8）三进：向前走了三次。及：到。溜：屋檐下滴水的地方，这里指屋檐。（9）这两句诗出自《诗·大雅·荡》。靡：没有谁。初：开端。鲜：少。克：能够。终：结束。（10）赖：依赖。（11）这两句诗出自《诗·大雅·烝民》。衮（gǔn）：天子的礼服，借指天子，这里指周宣王。阙：过失。仲山甫：周宣王的贤臣。（12）衮：指君位。（13）骤：多次。（14）鉏麑（Chúní）：晋国力士。贼：刺杀。（15）辟：开着。（16）盛服：穿戴好上朝的礼服。（17）假寐：闭目养神，打盹儿。

译文：晋灵公不遵守做国君的规则，大量征收赋税来满足奢侈的生活。他从高台上用弹弓射行人，观看他们躲避弹丸的样子。厨师没有把熊掌炖烂，他就把厨师杀了，放在筐里，让宫女们用头顶着经过朝廷。大臣赵盾和士季看见露出的死人手，便询问厨师被杀的原因，并为晋灵公的无道而忧虑。他们打算规劝晋灵公，士季说：“如果您去进谏而国君不听，那就没有人能接着进谏了。让

（续表）

我先去规劝，他不接受，您就接着去劝。”士季去见晋灵公时往前走了三次，到了屋檐下，晋灵公才抬头看他，并说：“我已经知道自己的过错了，打算改正。”士季叩头回答说：“哪个人能不犯错误呢，犯了错误能够改正，没有比这更大的好事了。《诗·大雅·荡》说：‘没有谁没个开始的，但很少有人能够有始有终。’如果这样，那么弥补过失的人就太少了。您如能始终坚持向善，那么国家就稳固了，而不止是臣子们有了依赖。《诗·大雅·烝民》又说：‘天子有了过失，只有仲山甫来弥补。’这是说周宣王能补救过失。国君能够弥补过失，君位就不会失去了。”

可是晋灵公并没有改正。赵盾又多次劝谏，使晋灵公感到讨厌，晋灵公便派鉏麑去刺杀赵盾。鉏麑一大早就去了赵盾的家，只见卧室的门开着，赵盾穿戴好礼服准备上朝，时间还早，他和衣坐着打盹儿。鉏麑退了出来，感叹地说：“这种时候还不忘记恭敬国君，真是百姓的靠山啊。杀害百姓的靠山，这是不忠；背弃国君的命令，这是失信。这两条当中占了一条，还不如去死！”于是，鉏麑一头撞在槐树上死了。

教学活动设计：

主题：生存，还是死亡

荆轲刺秦前传

秦且灭六国，兵已临易水。恐其祸至，燕太子丹患之。

樊将军亡秦之燕，太子容之。太傅鞠武谏曰：“不可，夫秦王之暴，而积怨于燕，足为寒心，又况闻樊将军之在乎？是委肉当饿虎之蹊，祸必不振矣。愿太子急遣樊将军入匈奴以灭口。”太子丹曰：“夫樊将军困穷于天下，归身于丹，丹终不迫于强秦，而弃所哀怜之交置之匈奴。是丹命固卒之时也，愿太傅更虑也。”鞠武曰：“燕有田光先生者，可与之谋也。”

太子跪而逢迎，却行为道。田先生坐定，左右无人，太子避席而请曰：“燕、秦不两立，愿先生留意也。”田光曰：“今太子闻光壮盛之时，不知吾精已消亡矣。虽然，光不敢以乏国事也。所善荆轲可使也。”太子曰：“愿因先生得交于荆轲，可乎？”田光曰：“敬诺。”太子送之至门，曰：“丹所报，先生所言者，国大事也，愿先生勿泄也。”田光俯而笑。

见荆轲，曰：“光与子相善，燕国莫不知。光言足下于太子，愿足下过太子于宫。”荆轲曰：“谨奉教。”田光曰：“愿足下急过太子，言光已死，明不言也。”遂自刭而死。

轲见太子，言田光已死。太子再拜而跪，膝行流涕，有顷而后言曰：“丹所请田先生无言者，欲以成大事之谋。今田先生死，岂丹之心哉！”荆轲坐定，太子避席顿首曰：“田先生不知丹不肖，使得至前，愿有所道，此天所以哀燕不弃其孤也。愚以为诚得天下之勇士使于秦，窥以重利，秦王贪其贽，必得所愿矣。诚得劫秦王，使悉反诸侯之侵地，则大善矣；则不可，因而刺杀之。彼大将擅兵于外，而内有大乱，则君臣相疑。以其间诸侯得合从，其破秦必矣，此丹之上愿，而不知所以委命。唯荆卿留意焉。”久之，荆轲曰：“此国之大事，臣驽下，恐不足任使。”太子前顿首，固请无让。然后许诺。于是尊荆轲为上卿。

——出自《战国策》

高中语文《范爱农》教学设计

高中　宣颖华

学情分析：高一新生目前还没有接触，但是可以想象学生一定不能很快适应从今年开始的新一轮的教学和招考改革。这轮改革要求在教学中以语文核心素养为纲，以学生的语文实践活动为主线，以由若干单一专题或综合专题组成的15个任务群（任务群是学生同类型具体学习任务的聚合）为载体，落实语文课程。基于此，起始课会进行得慢一些，我会耐心地带领学生一步步进入这轮改革。

教材分析：《范爱农》处于高一《语文（必修一）》第一单元第一课，本单元在教材的使用说明如下：

2017年北京版高中语文教材使用说明（必修）（北京）

模块	必修	课时	要求（任务群）
必修1	第一单元：写人记事文	36	语言积累、梳理与探究；文学阅读与写作

本单元在《普通高中2017级语文学科教学指导意见》中有如下指导意见：

根据积极稳妥、有序推进（北京市、海南省、山东省、天津市）普通高中课程教学和考试招生制度等综合改革的深化，改变教与学的方式，坚持以发展核心素养为纲，落实修订课标和高考改革的要求，根据教学中暂时使用现行教材（以下简称“旧教材”）的实际情况，对语文教学提出具体建议。

必修1的第一单元《写人记叙文》的《范爱农》主要属于《文学阅读与写作》这个任务群，此任务群旨在引导学生阅读古今中外诗歌、小说、散文、剧本等优秀作品，使学生在感受形象、品味语言、体验情感、激活想象中提升文学欣赏能力，并尝试创作文学作品，学习撰写文学评论，借以提高审美鉴赏能力和表达能力。

教学目标：

（1）语言建构与运用。学生在丰富的语言实践活动中，通过主动的积累、梳理和整合，逐步掌握祖国语言文字特点及其运用规律。

（2）思维发展与提升。学生在语文学习过程中，通过语言运用（理清文章各部分之间的逻辑关系），获得直觉思维、形象思维、逻辑思维的发展。

（3）审美鉴赏与创造。通过对范爱农等人物形象分析和评价等活动构建起来的审美意识、审美情趣与鉴赏品位，培养学生正确的审美趣味。

（4）文化理解与传承。开拓学生的文化视野，培养学生的文化自信态度。

教学重点：

（1）通过给范爱农写小传这个学习情境和理清文章用哪几件事来记述范爱农的，激发学生对文学作品的阅读兴趣，唤起学生的生活体验，引导学生描述自己独特感受，帮助学生建立文学作品中的情感世界及生活图景与现实社会的关联。

（2）指导学生对文学作品进行有深度的学习。

教学难点：辩证分析文章四件事之间的逻辑关系，对文学作品进行有深度的学习。

教学过程：

第一、二课时活动设计

活动一：完成《学案》

活动二：交流《学案》

附：《范爱农》学案

一、语言建构

（1）积累字音字形：

①下面词语中加点字注音有误的一项是（　　）

A. 巡抚（fǔ）　钝滞（zhì）　拟稿（nǐ）　拮据（jǔ）

B. 揖让（yī）　大圜（yuán）　酩酊（mǐng）　雍容（yōng）

C. 疾病（jí）　吮吸（shǔn）　露马脚（lòu）　遂心如意（suì）

D. 辑录（jí）　恪守（kè）　干细胞（gàn）　数见不鲜（xiān）

②下面词语中有错别字的一组是（　）

A. 大抵　诋毁　淡薄　淡泊　愚不可及

B. 缘故　原故　事故　世故　倔强不屈

C. 喧闹　寒暄　藐视　渺小　天翻地复

D. 沉沦　　伦理　　境况　　景况　　容光焕发

（2）阅读陈天华《绝命辞》和鲁迅《哀范君三章》，并分别进行个性摘抄。

（3）了解“白眼”“青眼”的由来并简单概述。

白眼：

青眼：

二、语言运用

（1）写作《我眼中的鲁迅》一文，结合初中学过的课文和其他阅读经验，从不同角度阐述对鲁迅的评价。

（2）通读课文，依据课文内容和注释按照时间先后顺序给范爱农写个小传，字数200字左右。

链接：

“小传”写作指导

小传，传记文的一种，是简略记载人物生平事迹的文章。小传一般有两类：一类是记述自己的生平；一类是记述他人的生平。小传只写人物的主要生活经历和思想，甚至可以选写人物生平的几件典型事情。写小传也要遵循传记的特点，要实事求是，不允许虚构和夸张。

写前，必须详细地占有材料，如书面材料，调查的第一手资料等。写时，要严格选材，根据人物特点，选择典型材料，如写科学家，应重点选择他们从事科学研究，在科学上做贡献的材料。如写自己同班同学的，应选择他兴趣、爱好、性格特点、思想认识方面的材料。

动笔时，还要恰当的组织材料，一般以时间为线索，用顺叙手法写。在表达上以记叙为主，有时也可以适当的插入议论。

写人物小传就像填表一样简单。开篇可以总写，用议论抒情表达自己的评价或总括人物特点，为下文定下基调。中间部分是关键，注意详略安排和材料顺序的安排。比如依次交代人物姓字名谁、性别年龄、籍贯民族、职业身份、外表长相、穿着打扮、性格特点、家庭关系、社会关系……，这样人物轮廓就基本描画出来了。然后，就是重中之重了，即你要把人物按某个顺序进行详细介绍。

三、思维发展与提升

文章一共写了哪几件事情来记述范爱农？请用简洁的语言概括出来，并思考这几件事之间的内在逻辑联系。

四、文化理解与传承

范爱农死于1912年7月，《范爱农》写于范爱农死后14年，鲁迅写这篇散文的意图何在？

附：分层作业，自选1项：

（1）《××自传》要求：按照上面写小传的思路，给自己写一篇400字左右的自传，尤其要注意文采。

（2）《×××》，仿照本文写法，用“误解法”写出自己对高中新教师和新同学的再认识的一篇不少于700字的大作文。

第三、四课时活动设计

教学过程：

第三课时：

学生活动一：以小组为单位探究：范爱农是失足落水还是投水自杀？

学生活动二：文史比较探究：探寻辛亥志士牺牲的意义？

第四课时：学生对大作业进行互评与打分。

大作业（记录成绩，百分制）：（三选二，分层作业，自选）

（1）请以历史的纵向发展为线，梳理中国从古至今的那些以死殉道义的知识分子。（50分起评）

（2）书写敬意，铭记范爱农生命的价值。你能为范爱农写一副挽联吗？（50分起评）

（3）写作：（70分起评）

现代社会有一种新兴职业，他们会对那些选择轻生的人进行劝说，引导其倾诉，进而放弃轻生的想法，这些人我们称之为谈判专家。如果你是这样一位谈判专家，从第1题梳理出的以死殉道义的知识分子中，你会选择劝说谁留下，你会怎样劝说。

高中数学《平面向量的数量积》教学设计

高中　阎冬梅

课题：平面向量的数量积复习课	
执教教师：阎冬梅	化工大学附属中学
教学背景分析	

1. 本节课设计分析

《平面向量》一章的学习已经结束，这部分知识在期中考试及最近的周测中仍暴露出很多问题，如何诊断学生还存在哪些困难？面对这些困难，教师如何带领学生进行分析与改进，从而提升学生的解题能力，老师对学生进行课前小测，通过得分率的统计得到相关反馈之后，设计了本节课。

我校的学生数学基础较差，计算能力不强，从期中、课前测试反馈可以看出学生的学习困难是因为记忆公式不准确，导致计算出错，或是书写过程不规范。另外，这一章的教学时间较短，学生对这段内容涉及的解题思路和方法体会不够，因此导致对数量积的综合题不知或不能正确选择方法解决问题。基于此，我在本节课中设置了两类题型，一是训练学生的计算能力，规范书写过程；二是通过典型题帮助学生探究解题的思想和方法，在探究过程中，帮助学生突破难点，最终提升能力。

2. 学情分析

高一（1）班是理科实验班，学习风气较好，学生对于较难的数学问题有研究热情，也有一定的基础和能力，但因在该章节的学习时间较短，学生在基础题的计算上还不到位，同时对于选择何种方法解题还存在障碍，因此设计这样一节课，通过较合适的切入点，使学生的知识和方法得以完善。

通过课前测的分析数据可知，学生对于基础题目掌握程度还有欠缺，对于具体的计算题还未掌握到位，此类题的得分率只有42%，另外综合运用向量解题上更不理想（得分率不到20%）.

3. 教学准备

课前测的成绩分析及思考题的布置。

教学目标分析

1. 理解平面向量的数量积的定义及其几何意义。

2. 会用数量积的定义、几何意义及其坐标运算解决相关的数量积问题。

3. 结合数量积的不同求解形式，体会平面向量的“数”和“形”的基本特征，增强辩证与统一的思想，培养学生严谨的思维习惯。

教学重点和难点分析

重点：平面向量的数量积的求法。

难点：对平面向量数量积的综合问题的探究。

教学方法和手段分析

教师启发讲授和学生自主探究相结合；几何画板、PPT多媒体投影辅助教学。

教学过程

环节	师生活动	设计意图
知识回顾及检测题的错题分析	回顾知识点： （1）平面向量数量积的代数运算形式：$\boldsymbol{a}\cdot\boldsymbol{b}=\lvert\boldsymbol{a}\rvert\lvert\boldsymbol{b}\rvert\cos\theta$； （2）数量积$\boldsymbol{a}\cdot\boldsymbol{b}$的几何意义：数量积$\boldsymbol{a}\cdot\boldsymbol{b}$等于$a$的长度$\lvert\boldsymbol{a}\rvert$与$\boldsymbol{b}$在$\boldsymbol{a}$方向上的投影$\lvert\boldsymbol{b}\rvert\cos\theta$的乘积（或者等于$b$的长度$\lvert\boldsymbol{b}\rvert$与$\boldsymbol{a}$在$\boldsymbol{b}$方向上的投影$\lvert a\rvert\cos\theta$的乘积）。 （3）平面向量数量积的坐标运算形式：若$\boldsymbol{a}=(x_1,\ y_1)$，$\boldsymbol{b}=(x_2,\ y_2)$，则$\boldsymbol{a}\cdot\boldsymbol{b}=x_1x_2+y_1y_2$。 （4）由下图可知$\overrightarrow{AB}\cdot\overrightarrow{CD}=$ ________ 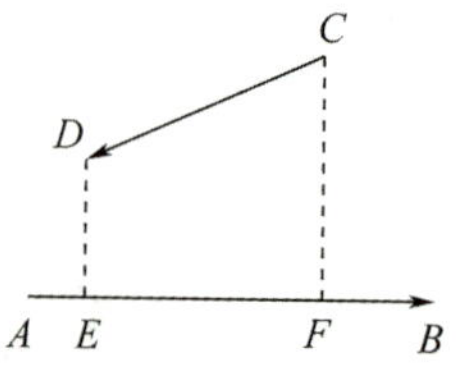 展示并且分析课前测的错题的得分率，诊断出学生的问题。(课前检测题) 1. 已知向量$\boldsymbol{a}=(1,\ 2)$，$\boldsymbol{b}=(-3,\ 2)$，问λ为何值时$(\boldsymbol{a}+\lambda\boldsymbol{b})\perp a$？	引导学生将平面向量数量积问题涉及的知识和方法做好梳理。 这两道检测题主要考查学生准确选择方法、准确运用公式并准确进行计算的能力，若出现问题，可追问学生在哪里犯了错误，强化并落实好常规题的计算。

（续表）

教学过程		
环节	师生活动	设计意图
知识回顾及检测题的错题分析	2. 已知向量 $\boldsymbol{a}$，$\boldsymbol{b}$ 满足 $(\boldsymbol{a}+2\boldsymbol{b})\cdot(\boldsymbol{a}-\boldsymbol{b})=-6$，且 $\|\boldsymbol{a}\|=1$，$\|b\|=2$ 求 $\boldsymbol{a}$ 与 $\boldsymbol{b}$ 的夹角。 注： ①先提出问题：这两道题分别是用数量积的哪个公式进行计算的？ ②用图片展示学生出现的各类问题，进行错因分析，最后展示正确解法。 ③纠错之后提出问题：一般情况下你能分辨何种条件下用哪一公式进行计算吗？	1. 诊断问题，聚焦难点，有的放矢进行复习。 2. 利用课前测的习题教给学生处理错题的一般方法。
知识与方法的提炼	下面重点研究在条件不明显的情况下如何恰当地选择方法解决平面向量数量积的问题。 【典型例题】 例 1. 在正三角形 ABC 中，D 是 BC 上的点，$AB=3$，$BD=1$，求 $\overrightarrow{AB}\cdot\overrightarrow{AD}$。 解析 1（几何法）：如图 4，过点 D 作 $DE\perp AB$ 于 E， 则 $\overrightarrow{AD}$ 在 $\overrightarrow{AB}$ 方向上的投影为 $\|AE\|$， $\therefore\ \overrightarrow{AB}\cdot\overrightarrow{AD}=\|AB\|\cdot\|AE\|$， 由题意得 $BE=\frac{1}{2}BD=\frac{1}{2}$， $\therefore\ AE=3-\frac{1}{2}=\frac{5}{2}$， $\therefore\ \overrightarrow{AB}\cdot\overrightarrow{AD}=\frac{15}{2}$ 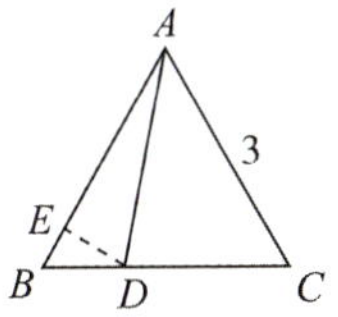 解析 2：（定义法） $\overrightarrow{AB}\cdot\overrightarrow{AD}=\overrightarrow{AB}\cdot(\overrightarrow{AB}+\overrightarrow{BD})$ $=\overrightarrow{AB}^2+\overrightarrow{AB}\cdot\overrightarrow{BD}=\|\overrightarrow{AB}\|^2+\|\overrightarrow{AB}\|\|\overrightarrow{BD}\|\cos 120^\circ$ $=3^2+3\times1\times(-\frac{1}{2})=\frac{15}{2}$ 解析 3：（坐标法） 如图，以 B 为原点，BC 所在直线为 x 轴，过点 B 垂直于 BC 的直线为 y 轴建立直角坐标系，易知	通过此例题梳理出数量积问题解题中常用的三种方法，其中用数量积的定义和数量积的坐标形式解题学生容易考虑到，此题的这两种方法可让学生叙述自己的解题思路并板演，落实好具体的解题过程。 对于用平面向量数量积的几何意义解题可能会存在难度，可小步距的设置问题，引导学生整理出思路。

（续表）

<table>
<tr><th colspan="3">教学过程</th></tr>
<tr><th>环节</th><th>师生活动</th><th>设计意图</th></tr>
<tr><td>知识与方法的提炼</td><td>$B(0,0)$，$D(1,0)$，$A\left(\frac{3}{2},\frac{3\sqrt{3}}{2}\right)$，$\overrightarrow{AB}=\left(-\frac{3}{2},-\frac{3\sqrt{3}}{2}\right)$，
$\overrightarrow{AD}=\left(-\frac{1}{2},-\frac{3\sqrt{3}}{2}\right)$，所以$\overrightarrow{AB}\cdot\overrightarrow{AD}=\frac{3}{4}+\frac{27}{4}=\frac{15}{2}$

例题变式1：在例题的条件下求$\overrightarrow{AC}\cdot\overrightarrow{AD}$　（答案：6）
变式2：在正三角形ABC中，若点D是BC上的动点，$AB=3$，求$\overrightarrow{AB}\cdot\overrightarrow{AD}$的最小值。（答案：$\frac{9}{2}$）
结合例题，我们将平面向量数量积的习题中涉及的一些常用的解法做个梳理
解决平面向量数量积问题的常用方法：利用平面向量数量积的定义解题、利用数量积的坐标形式解题、利用数量积的几何意义（投影法）解题，并请学生分析这三种方法在何种情况下使用较为恰当。</td><td>最后要给学生时间反思、强化这三种方法的解题思路，便于后续题的解决。</td></tr>
<tr><td>聚焦重点、难点，解决问题</td><td>【思维拓展】
问题情境：如图，$\triangle AB_1C_1$，$\triangle C_1B_2C_2$，$\triangle C_2B_3C_3$是三个边长为2的等边三角形。
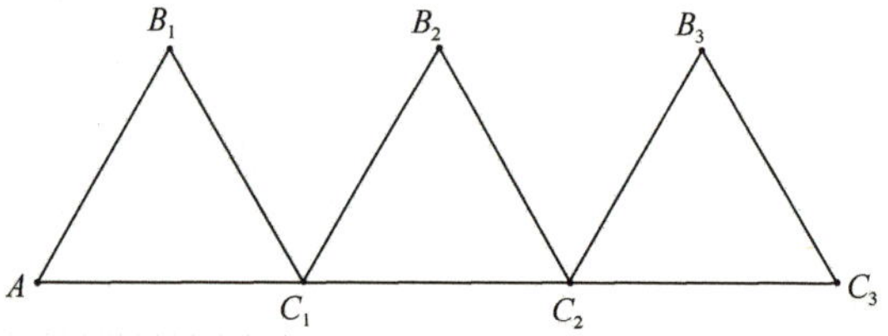

问题：从上面的图形中，我们可以从中观察并得出什么结论？
任务布置：请各小组结合本图形的特点（允许添加辅助线），设置至少一道求数量积的问题让其他组同学求解，并能给出求解的过程。</td><td>结合例题1涉及的三种方法，让学生在这样的问题情境下，以小组讨论的方式设置数量积的问题，并做出解答过程。

在开放的问题情境下，允许学生添加适当的辅助线，设置问题，最后解决问题。</td></tr>
</table>

（续表）

<table>
<tr><th colspan="3">教学过程</th></tr>
<tr><th>环节</th><th>师生活动</th><th>设计意图</th></tr>
<tr>
<td>聚焦重点、难点，解决问题</td>
<td>问题备选方案：
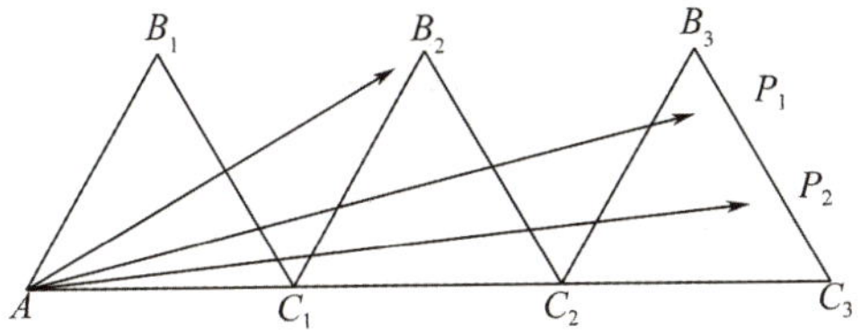
1. 求 $\overrightarrow{AB_2}\cdot\overrightarrow{B_1C_1}$ 的值。
2. 求 $\overrightarrow{AB_2}\cdot\overrightarrow{AC_2}$ 的值。
3. 求 $\overrightarrow{AB_2}\cdot\overrightarrow{AP_1}$ 的值（点 P_1 是线段 B_3C_3 上的动点）。
4. 求 $\overrightarrow{AB_2}\cdot(\overrightarrow{AP_1}+\overrightarrow{AP_2})$ 的值（点 P_1，P_2 是线段 B_3C_3 上的动点）。
备选问题答案：
问题 1：求 $\overrightarrow{AB_2}\cdot\overrightarrow{B_1C_1}$ 的值。
证法一（定义法）：
因为 $\overrightarrow{AB_2}\cdot\overrightarrow{B_1C_1}=(\overrightarrow{AC_1}+\overrightarrow{C_1B_2})\cdot\overrightarrow{B_1C_1}$
$=\overrightarrow{AC_1}\cdot\overrightarrow{B_1C_1}+\overrightarrow{C_1B_2}\cdot\overrightarrow{B_1C_1}$
$=\lvert\overrightarrow{AC_1}\rvert\lvert\overrightarrow{B_1C_1}\rvert\cos 120°+$
$\lvert\overrightarrow{C_1B_2}\rvert\lvert\overrightarrow{B_1C_1}\rvert\cos 60°$
$=2\times2\times\left(-\frac{1}{2}\right)+2\times2\times\frac{1}{2}=0$
证法 2：（坐标法）
以 A 为原点，AC_3 所在直线为 x 轴，过点 A 且垂直于 AC_3 的直线为 y 轴建立直角坐标系，
则 $A(0,0)$，$B_2(3,\sqrt{3})$，$C_1(2,0)$，$B_1(1,\sqrt{3})$
所以 $\overrightarrow{AB_2}=(3,\sqrt{3})$，$\overrightarrow{B_1C_1}=(1,-\sqrt{3})$
$\overrightarrow{AB_2}\cdot\overrightarrow{B_1C_1}=3-3=0$
问题 2：求 $\overrightarrow{AB_2}\cdot\overrightarrow{AC_2}$ 的值。（可用三种方法求解）
解法 1：（定义法）
$\overrightarrow{AB_2}\cdot\overrightarrow{AC_2}=\lvert\overrightarrow{AB_2}\rvert\lvert\overrightarrow{AC_2}\rvert\cos 30°=2\sqrt{3}\times4\times\frac{\sqrt{3}}{2}=12$</td>
<td>通过让学生小组讨论后设置问题并给出解决问题的途径，从而帮助学生能将所学知识、方法进行迁移，达到提高解题能力的目的。</td>
</tr>
</table>

（续表）

教学过程		
环节	师生活动	设计意图
聚焦重点、难点，解决问题	解法2：（几何意义）作于点 D， 则 $\overrightarrow{AB_2}\cdot\overrightarrow{AC_2}=\|AD\|\|AC_2\|=3\times4=12$ 解法3：（坐标法）如问题一建系方法，则 $\overrightarrow{AB_2}=(3,\sqrt{3})$，$\overrightarrow{AC_2}=(4,0)$， $\therefore\ \overrightarrow{AB_2}\cdot\overrightarrow{AC_2}=12+0=12$ 问题3：求 $\overrightarrow{AB_2}\cdot\overrightarrow{AP_1}$ 的值。 解法1：（坐标法）略 解法2：（定义法） $\overrightarrow{AB_2}\cdot\overrightarrow{AP_1}=\overrightarrow{AB_2}\cdot(\overrightarrow{AC_3}+\overrightarrow{C_3P_1})=\overrightarrow{AB_2}\cdot\overrightarrow{AC_3}+\overrightarrow{AB_2}\cdot\overrightarrow{AP_1}$ $=3\times6+0=18$ 解法3：（几何法） 延长 C_3B_3 交 AB_2 的延长线于点 F，可证 $AB_2\perp C_3B_3$， 所以 $\overrightarrow{AB_2}\cdot\overrightarrow{AP_1}=\|\overrightarrow{AB_2}\|\|AF\|=2\sqrt{3}\times3\sqrt{3}=18$ 问题4：求 $\overrightarrow{AB_2}\cdot(\overrightarrow{AP_1}+\overrightarrow{AP_2})$ 的值。 解法1（几何法）：由问题3几何法，同理可得 $\overrightarrow{AB_2}\cdot\overrightarrow{AP_2}=18$，所以 $\overrightarrow{AB_2}\cdot(\overrightarrow{AP_1}+\overrightarrow{AP_2})=18+18=36$ 解法2（定义法）：以 AP_1,AP_2 为邻边作平行四边形 AP_1KP_2 交于点 B_3C_3 于点 E，所以 $\overrightarrow{AP_1}+\overrightarrow{AP_2}=2\overrightarrow{AE}$ 所以 $\overrightarrow{AB_2}\cdot(\overrightarrow{AP_1}+\overrightarrow{AP_2})=2\overrightarrow{AB_2}\cdot\overrightarrow{AE}$ $=2(\overrightarrow{AC_1}+\overrightarrow{C_1B_2})\cdot(\overrightarrow{AC_3}+\overrightarrow{C_3E})$ $=2(\overrightarrow{AC_1}\cdot\overrightarrow{AC_3}+\overrightarrow{AC_1}\cdot\overrightarrow{C_3E}+\overrightarrow{C_1B_2}\cdot\overrightarrow{AC_3}+\overrightarrow{C_1B_2}\cdot\overrightarrow{C_3E})$ $=2\ (2\times6+2\|\overrightarrow{C_3E}\|\cos120^\circ+2\times6\cos60^\circ+2\|\overrightarrow{C_3E}\|\cos60^*)$ $=2\times(2\times6+6)=36$ 解法3（坐标法）：如上建系，因 E 在线段 C_3B_3 上，所以 $\overrightarrow{C_3E}=\lambda\overrightarrow{C_3B_3}$ 由 $\overrightarrow{C_3B_3}=(-1,\sqrt{3})$，设 $E(x,y)$，则 $(x-6,y)=\lambda(-1,\sqrt{3})$， 所以 $E(6-\lambda,\sqrt{3}\lambda)$ 所以 $\overrightarrow{AB_2}\cdot(\overrightarrow{AP_1}+\overrightarrow{AP_2})=2\overrightarrow{AB_2}\cdot\overrightarrow{AE}=2(3,\sqrt{3})\cdot(6-\lambda,\sqrt{3}\lambda)=2(18-3\lambda+3\lambda)=36$	

（续表）

教学过程		
环节	师生活动	设计意图
巩固 检测	【巩固与检测】 在矩形 $ABCD$ 中，$AB=\sqrt{2}$，$BC=2$，点 E 为 BC 的中点，点 F 在边 CD 上，若 $\overrightarrow{AB}\cdot\overrightarrow{AF}=\sqrt{2}$，求 $\overrightarrow{AE}\cdot\overrightarrow{BF}$ 的值。	通过巩固检测题，强化解题方法的落实，提升学生解题能力。
	【课堂小结】 1. 平面向量数量积问题的常用解法。 2. 注意解题过程中的转化思想和数形结合思想的体现。	让学生反思本节课的收获。

高中数学《导数的应用——不等式恒（能）成立问题的转化》教学设计

高中　赫荣涛

一、指导思想

本课内容是人教社 A 版普通高中课程标准实验教科书《数学》（选修 2－2）第一章《导数及其应用》的复习课之一。目的是帮助学生对所学知识系统化、结构化，并形成一个有机的整体，以利于学生更好地掌握基本技能，提炼数学思想方法，最终建构成自己的知识体系。

二、教学背景分析

（一）授课内容分析

导数是微积分的核心概念之一，它是研究函数增减、变化快慢、最大（小）值等问题的最一般、最有效的工具，也是历年高考考查的重点和热点问题。本节课以恒成立问题为载体，引导学生利用函数的最值解决不等式成立问题，设计层层递进，不断提升思维力度，激发学生的求知欲，在“问题任务”的驱动下，学生逐步探究出解决此类问题的方法，揭示问题的本质。

（二）学生情况分析

（1）我校学生数学成绩整体位于区中等偏下水平，但我所教的高二（1）班大部分学生数学基础较好，师生之间感情融洽，学习氛围浓厚。

（2）学生能利用导数研究函数的单调性、极值及最值等基础性问题，可以处理一些简单的含参讨论问题，初步掌握恒成立问题的解决方法。

（3）学生转化问题的能力有待提高，对一些含量词的问题的转化不够准确，优化解题策略的意识比较淡薄。

三、教学目标

（1）复习巩固函数的单调性、极值和最值与导数的关系，会利用函数在给定区间上的最值解决不等式恒成立问题。

（2）通过实例的分析及其函数图像的直观展示，学生体会数形结合、化归转化等数学思想方法在解决问题中的应用，逐步提高分析问题和解决问题的能力。

（3）通过探究和讨论，优化解题方法，体验学习的快乐。

四、教学重难点

教学重点：不等式恒成立问题转化为函数最值问题。

教学难点：如何转化不等式恒（能）成立问题。

五、教学过程

教　学　内　容	设计意图
一、展示知识结构 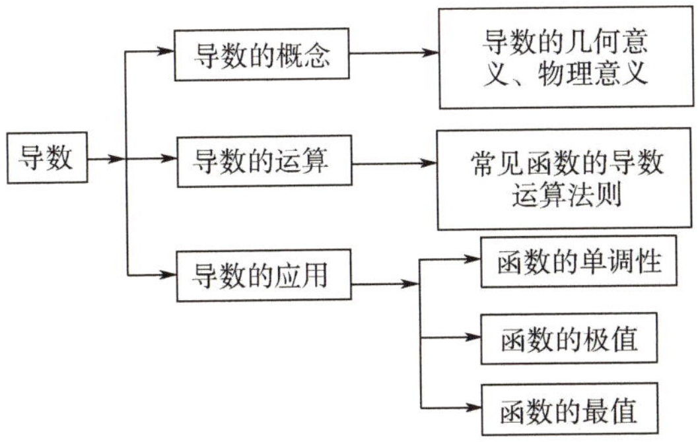 	
二、展示课前测练习问题 1. 求函数 $f(x)=e^x-x$ 在区间 $[-1,2]$ 上的最大值、最小值。 2. 已知函数 $f(x)=e^x-ax(a>0)$，求函数 $f(x)$ 的最小值。	复习用导数求函数最值问题的一般方法。

（续表）

教学内容	设计意图

解：

$\because f(x)=e^{x}-ax(a>0)$，

$\therefore f'(x)=e^{x}-a$

令 $f'(x)=0$，则 $x=\ln a$

x	$(-\infty,\ \ln a)$	$\ln a$	$(\ln a,\ +\infty)$
$f'(x)$	$-$	0	$+$
$f(x)$	↗	极小值	↘

$\therefore$ 当 $x=\ln a$ 时，$f(x)_{\min}=f(\ln a)=a-a\ln a$

三、问题探究

问题1：

已知函数 $f(x)=e^{x}-ax(a>0)$，

若对任意 $x\in R$，$f(x)\geqslant 0$ 恒成立，求 a 的取值范围。

（设计意图：复习不等式恒(能)成立问题解决方法。）

学生1：

$\because$ 对任意 $x\in R$，$f(x)\geqslant 0$ 恒成立

$\therefore f(x)\geqslant 0$，即 $a-a\ln a\geqslant 0$

$\because a>0$

$\therefore \ln a\leqslant 1$

$\therefore 0<a\leqslant e$

$\therefore a$ 的取值范围为 $(0,e]$

学生2：

$\because$ 对任意 $x\in R$，$f(x)\geqslant 0$ 恒成立

$\therefore$ 对任意 $x\in R$，$e^{x}\geqslant ax$ 恒成立

$\because a>0$，$e^{x}>0$

$\therefore$ 当 $x\leqslant 0$ 时，$e^{x}\geqslant ax$ 恒成立

当 $x>0$ 时，$a\leqslant\dfrac{e^{x}}{x}$

设 $g(x)=\dfrac{e^{x}}{x}(x>0)$，则 $a\leqslant g(x)_{\min}$

$g'(x)=\dfrac{e^{x}(x-1)}{x^{2}}$

当 $x\in(0,\ 1)$ 时，$g(x)$ 为减函数；当 $x\in(1,\ +\infty)$ 时，$g(x)$ 为增函数

$\therefore$ 当 $x=1$ 时，$g(x)_{\min}=g(1)=e$

$\therefore 0<a\leqslant e$

综上所述：a 的取值范围为 $(0,\ e]$

（设计意图：探究问题呈现方式变化，激发学生的求知欲。）

变式：已知函数 $f(x)=e^{x}-ax(a>0)$，

若存在 $x\in R$，使 $f(x)\leqslant 0$ 成立，求 a 的取值范围。

（续表）

教　学　内　容	设计意图
学生1： $\because$ 存在 $x \in R$，使 $f(x) \leqslant 0$ 成立 $\therefore f(x)_{\min} \leqslant 0$，即 $a - a\ln a \leqslant 0$ $\because a > 0$，$\therefore \ln a \geqslant 1$ $\therefore a \geqslant e$ 学生2： $\because$ 存在 $x \in R$，使 $f(x) \leqslant 0$ 成立 $\therefore$ 存在 $x \in R$，使 $e^x \leqslant ax$ 成立 $\because a > 0$，$e^x > 0$ $\therefore$ 当 $x \leqslant 0$ 时，$e^x \leqslant ax$ 不成立 存在 $x > 0$，使 $a \geqslant \frac{e^x}{x}$ 成立 设 $g(x) = \frac{e^x}{x}(x > 0)$，则 $a \geqslant g(x)_{\min}$ 即可 $g'(x) = \frac{e^x(x-1)}{x^2}$ 当 $x \in (0, 1)$ 时，$g(x)$ 为减函数；当 $x \in (1, +\infty)$ 时，$g(x)$ 为增函数 $\therefore$ 当 $x = 1$ 时，$g(x)_{\min} = g(1) = e$ $\therefore a \geqslant e$ 综上所述：a 的取值范围为 $[e, +\infty)$	不等式中含单参数问题可直接构造函数，转化为一个函数的最值问题。
问题2： 已知函数 $f(x) = e^x$，$g(x) = ax\ (a > 0)$， 若存在 $x \in R$，使 $f(x) \leqslant g(x)$ 成立，求 a 的取值范围。 分析：$\because$ 存在 $x \in R$，使 $f(x) \leqslant g(x)$ 成立 即存在 $\in R$，使 $f(x) - g(x) = e^x - ax \leqslant 0$ 成立 设 $h(x) = f(x) - g(x) = e^x - ax(a > 0)$， 则 $h(x) \leqslant 0$ 同问题1变式。	先请学生说说两题的相同点和不同点。
问题3： 已知函数 $f(x) = xe^x$，$g(x) = -(x+1)^2 + a$， 若 $\forall x_1, x_2 \in [-2, 0]$，使得 $f(x_1) \leqslant g(x_2)$ 成立，求 a 的取值范围。 分析：$\because \forall x_1, x_2 \in [-2, 0]$，使得 $f(x_1) \leqslant g(x_2)$ 成立 $\therefore f(x)_{\max} \leqslant g(x)_{\min}$ 解： $\because f(x) = xe^x$，$\therefore f'(x) = (x+1)e^x$ 令 $f'(x) = 0$，则 $x = -1$	含双变量不等式恒成立问题转化为两个函数在相应区间的最值问题。

（续表）

教学内容	设计意图

x	-2	$(-2,\ -1)$	-1	$(-1,\ 0)$	0
$f'(x)$		$-$	0	$+$	
$f(x)$	$-2e^{-2}$	↘	极小值 $-e^{-1}$	↗	0

$\therefore$ 当 $x=-1$ 时，$f(x)_{\min}=-e^{-1}$；当 $x=0$ 时，$f(x)_{\max}=0$

$\because g(x)=-(^{x}+1)2+a$，$x\in[-2,\ 0]$

$\therefore$ 当 $x=0$ 或 $x=2$ 时，$g(x)=a-1$；当 $x=-1$ 时，$g(x)_{\max}=a$

$\because \forall x_1, x_2\in[-2,0]$，使得 $f(x_1)\leqslant g(x_2)$ 成立

$\therefore f(x)_{\max}\leqslant g(x)_{\min}$

$\therefore a-1\geqslant 0$,

$\therefore a\geqslant 1$

$\therefore a$ 的取值范围为 $[1,+\infty)$

请学生自主改编问题3，并探究解题思路。

如：(1)若 $\exists x_1, x_2\in[-2,0]$，使得 $f(x_1)\leqslant g(x_2)$ 成立，求 a 的取值范围。

分析：转化为 $f(x)_{\min}\leqslant g(x)_{\max}$

(2)若 $\forall x_1\in[-2,\ 0]$，$\exists x_2\in[-2,\ 0]$，使得 $f(x_1)\leqslant g(x_2)$ 成立，求 a 的取值范围。

分析：转化为 $f(x)_{\max}\leqslant g(x)_{\max}$

四、课堂小结

1. 本节课我们复习了哪些知识和问题？

2. 解决不等式恒(能)成立问题中运用了哪些数学思想方法？

五、课后练习

已知函数 $f(x)=x\ln x$，$g(x)=\dfrac{x}{e^{x}}-a$，

若 $\forall x_1, x_2\in(0,+\infty)$，都有 $f(x_1)\geqslant g(x_2)$ 成立，求 a 的取值范围。

设计意图：

层层深入，激发学生学习兴趣。

培养学生养成对所学知识及时总结提炼，不断提升自己。

巩固本节所学方法，使学生将所学知识和方法转化为自己已有知识，使其发挥更大的作用。

高中英语《Women of achievement》教学设计

高中 甘小念

教学课题	Module4，Unit 1 Women of achievement		
课程类型	词汇课	授课班级	高一（2）班
教师	化工大学附属中学 高一英语组：甘小念		
教材分析	本节课教学内容选自人教版高中英语第四模块第一单元。本单元中心话题是“有成就的女性”，阅读部分主要是通过介绍古道尔所从事的工作和她取得的成就，以及林巧稚对事业执着的追求和不懈的努力以及事业上获得的成功，探讨女性在社会生活中的地位、价值和贡献。本单元的学习有助于提高学生对妇女的社会角色的认识，培养女学生的自信心、事业心和社会责任感，建立正确的性别观和社会观。本单元分七课时完成，其中阅读（3）、听力（1）、词汇（1）、练习（2）。 本节课是本单元的词汇课，要求学生在理解阅读篇章基础之上重点学会运用5个动词和1个动词短语：support intend inspire crowd respect come across		
学情分析	高一（2）班是高一年级普通班。大部分学生英语学习基础薄弱，主要表现在词汇量小，句子结构意识差，口语表达能力不理想。多数学生不习惯开口大声说英语。学生对英语学习有一定的兴趣，课堂上积极活跃，愿意参与课堂活动，积极思考问题，敢于提出自己的困惑点。因此在教学过程中，情感上需要教师不断地鼓励，行为上需要教师的引导，活动中需要教师的指导。 经过学习本单元的阅读篇章，学生已经基本了解古道尔和林巧稚的情况，对大部分的词汇也能说出基本的词义，但对于重点动词的理解和进一步运用还缺乏一定的练习。尤其是在一些动词的一词多义方面学生掌握得不是太扎实。		
教学目标	At the end of the class, the students will be able to 1. sum up some adjectives about good quality of a person and use them to describe people (modest , outspoken , thoughtful, helpful, easy-going, responsible…) 2. speak out the meanings of 7 key verbs and use them correctly in different contexts. (respect, support, intend, inspire, crowd, come across) 3. make up a story according to the information in the pictures (use at least 4 verbs above) 4. encourage students to understand and respect their own mothers.		

（续表）

教学重难点	Teaching important point Students will be able to understand the meanings in different contexts and use them to describe the pictures. Teaching difficult point Makeup a short passage using the words they learned and information in the pictures.
教学方法	Task-based teaching, cooperative learning, group work and individual work
教学工具	PPT, handout, multimedia

教学过程设计

教学步骤	教师活动	学生活动	设计意图
Step 1　Words Revision（5′）	（1）Give the class some time to go over the words and phrases in this unit. （2）Show pictures of Jane Goodall and Lin-Qiaozhi and listen to the students' evaluation about their quality.	Listen and speak out words or Chinese meaning. Look at the pictures and speak out some adjectives about the persons.	检查学生对单词的朗读和熟练程度。 在复习词汇的基础上引出本节课第一个目标并总结关于美好品质的形容词。
Step2　Discovering, summarizing（20′）	（1）Give out 6 sentences with blanks. （2）Listen to the students' discovery and summary. （3）Show different kinds of exercises to the students.	Fill in the blanks and make sure the meanings of the key words. Read 3 short paragraphs and sum up good quality of the persons and get meanings of key words. Work in groups to finish different tasks.	总结概括课文中人物的特征，同时引出第二个教学目标：需要掌握的重点动词。 在不同的情景中感受词汇的不同词义和用法。让学生在语境中体验词的运用。 学会总结归纳。 给学生提供不同语境与练习形式，激发学生对词汇学习的兴趣。

（续表）

教学过程设计			
教学步骤	教师活动	学生活动	设计意图
Step3 Production (15′)	(1) Show a short paragraph with 7 blanks. (2) Talk sth. about mother's day. (3) Show 4 pictures onthe screen.	Fill in the blanks and speak out some adjectives about the quality of the person. Answer some questions. Discuss in pairs about the pictures. Present their work to the whole class.	提供合适的情景，训练学生的综合语言运用能力。 在讨论中不断完善图片信息。
Step 4 Summary (1′)	Help the Ss to summarize and conclude what they have learnt today.	Listen and speak. Learn to understand their own parents.	帮助学生复习再现课堂所学词汇。
Step5 Homework	Assign homework.	Finish the passage.	
Blackboard Design	Unit 1 Women of achievement 1. modest outspoken thoughtful helpful easy-going responsible m o t h e r 2. support / respect / crowd / inspire / come across /intend / deliver		

高中化学《盐类的水解》教学设计

高中　谢群

教学基本信息			
课题	盐类的水解		
学校、年级	化工大学附属中学　高二	课型	新授课
教学设计参与人员			
	教师	联系方式	
设计者	谢　群		

指导思想与理论依据

建构主义理论提倡以学生为中心的学习模式，要求学生在学习过程中发挥以下几个方面的主体作用：①用探索法、发现法去建构知识的意义；②对所学习的问题要提出各种假设并努力加以验证；③把当前学习内容与已知事物相联系，并加以认真思考。基于这一理论，本节课的设计指导思想是“以情境为依托、以学生为主体、以教师为主导，密切围绕学科核心概念进行教学”。创设实验，引导学生充分发挥其主观能动性，鼓励学生积极讨论和思考。

依据《普通高中化学课程标准》设计教学思路：

1. 实验探究贯穿整个教学过程；
2. 以微粒变化为核心，从微观角度研究水溶液中的离子；
3. 变知识呈现为问题呈现，培养学生的思辨能力；
4. 利用情景教学法，合理设计问题情景；
5. 教师起到“引起、维持、促进”学生学习活动的作用。

教学背景分析

教材的地位和作用：

本节教材的核心是平衡理论在盐溶液中的具体应用。新课程人教版高中化学选修4第三章水溶液中的离子平衡包括四部分内容，分别是弱电解质的电离、水的电离和溶液的酸碱性、盐类的水解、难溶电解质的溶解平衡等。从知识结构上讲，盐类水解平衡是继弱酸、弱碱及水的电离平衡体系之后的又一个电解质溶液的平衡体系，是平衡移动原理等知识的综合应用，是理论教学中的重点和难点，在教学过程中起着承前启后的作用。通过本部分内容的学习，有利于形成完整的电解质溶液的平衡体系，促进学生学科知识体系发展和形成。

（续表）

教学背景分析

学生情况：

学生已经学习了化学平衡、电离平衡原理，了解了水溶液酸碱性的本质，具有了分析简单平衡体系的能力和分析溶液中各种粒子微观行为的能力，在此基础上再来探究盐类在水溶液中的酸碱性规律，有助于促进学生的认知发展、提高学生对知识的综合应用能力。这些已经形成的知识基础和能力基础，是教学的有利条件。

但由于本节内容是讨论的盐对水的电离平衡的影响，为什么影响？怎么影响？影响的结果怎样？这涉及了知识的综合应用层次，需要认清溶液中多种微粒间的相互作用，认清溶液中弱电解质的电离平衡和水的电离平衡两个平衡体系的关系和相互作用；内容比较抽象，理论性强，难度较大，同时在思维品质上要求学生有抽象思维能力、综合分析能力和逻辑推理能力，能力要求较高，所以学生在学习上会有一定难度。

由于知识的前摄效应，又会给本节内容的学习造成一定的困难，比如盐是中和反应的产物，学生易误认为盐溶液呈中性等。

教学方式：

新课标中强调，高中化学课程应有助于学生主动构建自身发展所需的化学基础知识和基本技能，有利于学生体验科学探究的过程，学习科学研究的基本方法，加深对科学本质的认识，增强创新精神和实践能力。因此本节课我在设计的时候，采取的教法是创设情境、问题驱动，学生的学法为实验探究、归纳总结。

教学手段：多媒体辅助，演示实验。

教学目标

知识与技能

（1）通过分析推理巩固盐的水解的认识角度及认识思路，从而掌握盐类水解的定义、实质和规律。

（2）通过建立量的视角，学生能够更好地理解盐类水解的程度以及掌握盐类水解的规律。

过程与方法

（1）培养学生分析问题的能力，学会透过现象看本质，能用微粒观解释宏观现象。

（2）通过分析推理，培养学生分析、解决（解答）化学问题的能力。

（3）通过对盐类的水解实质的探究，让学生体会科学探究的基本方法，提高学生逻辑推理和综合归纳能力以及实际应用能力。

情感态度与价值观

（1）通过对盐类水解的实质的探究，培养学生用发展的观点、科学的态度、探索的精神学习化学，培养学生辩证思维能力。

（2）通过创设问题情境，引导学生积极思维，激发学生学习化学的兴趣和求知欲望，使学生能够透过现象看本质，为终身学习打好基础。

教学重点：盐类的水解的本质。

教学难点：盐类的水解平衡的建立及水解方程式的书写。

（续表）

教学流程示意图

【复习回顾】从弱酸溶液体系引入 → 任务一：CH_3COONa溶液显______性，并分析原因 → 任务二：推断NH_4Cl溶液的酸碱性并说出推断依据 → 任务三：概括盐类水解的规律

教学过程

教学阶段或教学环节	教师活动	学生活动	设计意图
复习回顾	【引入】从弱酸溶液体系引入。 【思考】冰醋酸加入水中后会发生怎样的变化？	学生思考。 展示分析结果。 思考。	从学生熟悉的认知引入，顺理成章、水到渠成。 建立二维图，分析溶液中存在微粒、相互作用及作用结果。
任务一：CH_3COONa溶液显______性，并分析原因	【过渡】如果向水中加入盐，对水的电离平衡有何影响？	学生思考、分析。	概念的自主建构。 建立认识角度及认识思路。
任务二：推断NH_4Cl溶液的酸碱性并说出推断依据	实验验证结论。 【小结】通过以上的分析，你能总结出盐溶液呈酸碱性的原因吗？第三节　盐类的水解。 【PPT】盐类水解的定义和实质。 【讲述】书写盐类水解的化学方程式和离子方程式。 观察这个反应的特点： 盐＋水$\rightleftharpoons$酸＋碱盐的水解是酸碱中和反应的逆反应。 问：用什么来表示可逆反应的限度？	学生分析总结 实验 学生根据教师给出的思考题认真分析、充分思考、深入探究不同的盐的水溶液为什么会呈现不同的酸碱性，形成盐的水解的概念。	巩固认识角度及认识思路。 pH试纸测定溶液酸碱性。 通过思考培养学生思考能力，从知识的本源上深入挖掘知识的形成过程，为真正掌握知识打下坚实基础。 理解内涵。 通过学生的深入探究和教师的点拨结合，学生真正能从本质上掌握盐类的水解的概念、条件、实质和规律，明确溶液呈现不同的酸碱性与水的电离是有直接关系的，与形成弱电解质是分不开的。

（续表）

教学过程			
教学阶段或教学环节	教师活动	学生活动	设计意图
【资料卡片】几种常见离子的水解常数	通过资料卡片，你对盐的水解程度有什么认识？	学生分析。	建立量的视角。 盐的水解是微弱的，水解程度小，水解产物少。
【PPT】表格 预测盐溶液酸碱性	说预测依据。 实验验证。 问：还有什么盐溶液呈酸性、碱性、中性？	学生思考回答。	巩固分析思路。
任务三：概括盐类水解规律。	根据我们刚才的分析学习，试着从上表总结盐类的水解的规律	学生讨论、总结分析思考。	通过深入探究，能够真正弄明白盐类水解的本质。 总结规律，再解释规律。 解决实际问题，体现学科价值

【课堂应用】

在有机化学基础中我们了解到，油脂可以在碱性条件下发生水解反应，所以生活中可以用纯碱溶液来除去油污，你能否详细分析一下原因。

拓展问题

（1）为什么苏打比小苏打去油污效果好？

（2）为什么热水比冷水去油污效果好？

【小结】

由学生总结出

（1）能用语言和化学用语描述盐类水解的过程；

（2）知道微观上盐的水解是宏观盐溶液呈现酸碱性的原因；

（3）总结盐类水解的规律，从本质上认识盐类的水解；

（4）能够书写简单的盐类水解的化学方程式和离子方程式。

（续表）

板书设计

第三节　盐类的水解

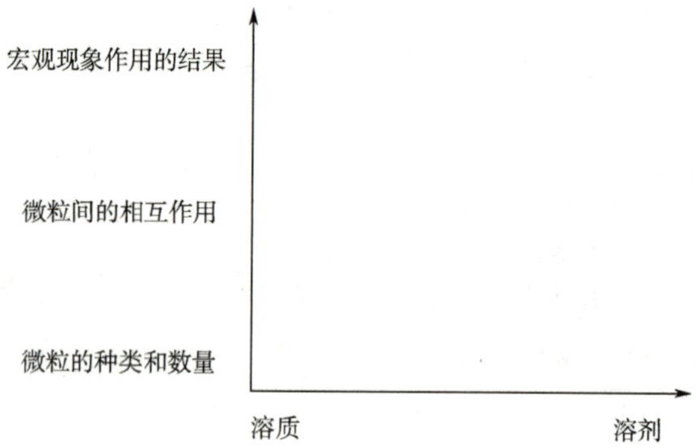

教学反思

本节课教学充分体现了新课程理念，注重培养学生的自主探究能力，注重学生的个性体验，充分调动了学生的主动性和积极性。在教学过程中，先从复习醋酸溶液引入，建立二维图，分析醋酸钠溶液，建立分析溶液问题的认识角度和认识思路，然后推断氯化铵溶液的酸碱性来巩固认识角度及认识思路，用水解常数帮助学生建立量的角度，最后用预测几种盐溶液的酸碱性来巩固分析思路，概括盐类水解的规律。这种二维图的分析方法能够帮助学生从微观角度解决问题，学习起来有方法、有入手点，提高学生认识问题的高度。本节课实验简单，学生可操作性强，实验设计有层次，先是向水中加入酚酞，然后加入醋酸钠固体，给学生直观的感觉，然后用 pH 试纸测氯化铵溶液酸碱性来验证分析推断，最后测几种盐溶液的酸碱性总结规律，提高对本质的认识。

高中物理《单摆测重力加速度》教学设计

高中　王爽

教学基本信息							
课题	单摆测重力加速度		课型	实验		课时间	1
教师姓名	王爽	学科	物理	年、班级	高二		

学情分析

引导学生分析处理实验数据的方法有哪些？这个实验可以用哪些方法处理？怎么处理？哪种方法好些？学生小组分任务动手处理。

教材分析

物理课程标准总目标中对学生在科学探究方面提出了要求：学习科学探究方法，发展自主学习能力，养成良好的思维习惯，能运用物理知识和科学探究方法解决一些问题。在物理课程标准中，测定重力加速度的实验只要求用单摆测重力加速度。但实际上涉及重力加速度的物理模型和物理规律很多，本节课要求学生在测定重力加速度的探究过程中，学会分析和鉴别方案，并根据所选方案进行探究。

教学目标：

（1）能对实验方案进行分析与鉴别，并能根据所设计实验方案进行规范操作。

（2）让学生能够根据问题的要求和相关条件，构造有关的实验情景，优选实验原理和方案，确定解决问题的实验程序，得出准确合理的结论。

（3）通过探究和设计活动，培养学生的合作精神以及实事求是、精益求精、锲而不舍的探索精神。

（4）增强学生对科学的好奇心与求知欲，使学生乐于探究自然界奥秘，能根据振动图像，分析波的方向。

教学重点：

（1）探究思想、探究过程、探究方法的渗透。

（2）测定地球表面附近重力加速度方案的获得过程。

（3）会用单摆精确的测定重力加速度。

教学难点：

（1）将学生的学习方式由被动接受转变为主动的探究。

（2）用单摆测定重力加速度方案的设计。

课时安排：1 节

（续表）

教学方式：讨论、讲评、探究

教学手段：讨论

教学过程（表格描述）

教学阶段	教师活动	学生活动	设计意图	技术应用	时间安排
提问导入	要测定地球表面附近的重力加速度，我们回顾一下所学的知识，有哪些内容涉及重力加速度，它与其他物理量有何定量关系，并一一罗列出来。教师巡视，倾听，鼓励并给予补充。	学生思考、讨论，并把结果写在草稿纸上。设计意图给予学生思考和讨论空间。	温故知新	黑板	5 分钟
授课	单摆在摆角很小（小于5°）时，其摆动可以看作简谐运动，其振动周期为 $T=2\pi\sqrt{\frac{l}{g}}$，其中 l 为摆长，g 为当地重力加速度，由此可得 $g=\frac{4\pi2l}{T2}$，据此，只要测出摆长 l 和周期 T，就可以计算出当地重力加速度 g 的数值。	1. 让线的一端穿过小球的小孔，然后打一个结，做成单摆。如图1所示。 2. 把线的上端用铁夹固定在铁架台上，把铁架台放在实验桌边，使铁夹伸到桌面以外，让摆球自然下垂，在单摆平衡位置处做上标记，如图1所示。 3. 测摆长：用米尺量出摆线长 l，精确到毫米。 4. 测周期：将单摆从平衡位置拉开一个角度（小于5°），然后释放小球，记下单摆摆动30～50次的总时间，算出平均每摆动一次的时间，即为单摆的振动周期。反复测量三次，再算出测得周期数值的平均值。 5. 改变摆长，重做几次实验。 6. 数据处理。	创设情境	实验	17 分钟

（续表）

教学过程（表格描述）					
教学阶段	教师活动	学生活动	设计意图	技术应用	时间安排
练习反馈	在用单摆测定重力加速度”的实验中： 1. 用摆长为 L 和周期 T 计算重力加速度的公式是 g = ______。 2. 如果用 10 分度的游标卡尺测得的摆球直径如图甲所示，则摆球的直径 d = ____cm；用最小刻度为 1mm 的刻度尺的零点对准摆线的悬点，测得的摆线长如图乙所示，则单摆的摆长为 L = ______cm；如果测量了 40 次全振动的时间如图丙所示，则此单摆的振动周期 T = ______s。 3. 由实验数据得出重力加速度 $g=\pi^2$：______。	学生讨论做题	实践活动	卷子	20 分钟
小结	针对用单摆测重力加速度的实验，若将振动次数 n 记为（$n+1$），测算出的 g 值比当地的 g 值分析。 若将摆线长当作摆长，未加摆球的半径测算出的 g 值比当地的 g 值分析。		分享交流	学生自己笔记本	3 分钟
作业	卷子 2 张				

（可根据具体情况划分教学阶段，如创设情境、温故知新、新课学习、实践活动、分享交流、效果评价、归纳总结、拓展提高等）

板书设计（3分）
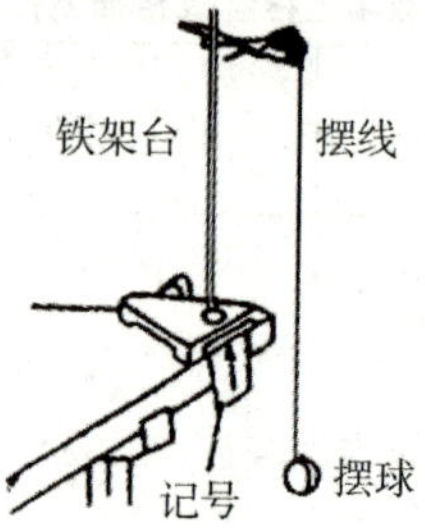

教学反思（10分）
这节课的评价，实现评价主体的多元化，而且注意实施发展性评价。教师既要关注学生的学习结果，也要关注学生的学习过程。

学习效果评价（可选择性分析）
课堂练习争取率很好。

高中通用技术《稳固结构的探析》教学设计

高中　王效莲

教学基本信息				
课题	第一单元　结构与设计　第二节　稳固结构的探析（第一课时）			
学科	通用技术	学段：高中	年级	高一
教材	书名：《技术与设计 2》；出版社：江苏教育出版社；出版日期：2010. 6			
是否已实施	已经实施			
教学背景分析				

一、教学内容分析

本单元内容属于《技术与设计 2》的第一个主题，该单元总的设计思路是：认识结构——探析结构——设计结构——欣赏结构，“结构”和“设计”共同构成本单元两个核心概念。而结构的稳定性又是结构的重要性质之一，结构体现了空间的概念。因此，本节内容在《结构与设计》中起到举足轻重的作用。教材通过马上行动、案例分析、探究、小试验及阅读等手段，引导学生理解结构的稳定性、探究影响结构稳定性的主要因素。这样不仅可以使学生对结构的基本概念有更深的认识，而且也为以后结构的强度、结构的设计等奠定了良好基础。

本节内容在教学过程中可以不按照教材的顺序进行教学。比如，教材在第 13 页第一段就直接给出了影响结构稳定性的几个因素。在这种情况下在让学生进行实验，学生的思维在很大程度上就被限制了，他们就会在知识框架的束缚下进行所谓的“探究”，学生的思维就很难得到较大的发展。所以，我在进行教学的时候适当地改变教材中的思路进行探究活动。

二、学生情况分析

学生通过第一节“常见结构的认识”的学习，对结构的概念，结构的受力及结构的一般分类有了初步的认识，对哪些主要因素影响结构的稳定性和强度会产生兴趣，也有了一定探究的欲望。因此采用激趣法，合理引导，通过具体的小试验、多媒体手段等方法，使学生基本能够达到本节内容的学习目标。

三、教学重点

影响结构稳定性的主要因素。

四、教学难点

影响结构稳定性因素的分析。

五、教学方法

讲授法，演示法，实验法。

六、技术准备

多媒体：计算机、课件、视频、图片。

材料：铅笔、鸡蛋、不倒翁模型、桌子套件、三角形与四边形框架、人字梯等。

（续表）

教学目标

知识与技能：①了解结构的稳定性的概念；②理解影响结构稳定性的主要因素。

过程与方法：通过技术试验、案例分析过程，初步掌握分析结构稳定性的方法。

情感态度价值观：初步形成对试验探究的兴趣。

教学流程示意

创设情境：直立铅笔体验与设疑
引出结构稳定性的概念

⇩

探究影响结构稳定性的因素一：
不倒翁模型及动画演示

⇩

探究影响结构稳定性的因素二：
桌子的搭建及稳定性试验

⇩

探究影响结构稳定性的因素三：
人字梯的稳定性试验

⇩

分享交流
归纳总结

教学过程

教学环节	教师活动	学生活动	设置意图	时间安排
创设情境	【提问】怎样能使一支铅笔直立起来？ 【追问】为什么这样做能使铅笔立起来呢？ 【讲述】究竟是不是接触面积越大，结构的稳定性就越强？接下来我们就一起来学习：	好奇，讨论，举手回答：让铅笔尖插在橡皮里；给铅笔设一底座等。 思考，回答：接触面积增大了。	吸引学生注意力，激发探究兴趣并通过设疑引入新课。	8 分钟

（续表）

<table>
<tr><th>教学环节</th><th>教师活动</th><th>学生活动</th><th>设置意图</th><th>时间安排</th></tr>
<tr><td>创设情境</td><td>【板书】第二节　稳固结构的探析
【强调】“稳固”如何理解？“稳”指什么？
那“固”呢？演示鸡蛋立在桌面上然后倒下。

【讲述】当我们给鸡蛋加一个托使之稳定后，三个鸡蛋能承载 118 公斤的重压，这说明什么呢？
</td><td>倾听，思考。
回答：稳就是稳不稳定。
观察鸡蛋放在桌面上能否立起来。
鸡蛋的结构比较牢固，体会结构的稳定性与结构的强度是两个不同的概念。
倾听。</td><td rowspan="2">帮助学生理解稳固结构的含义，初步认识结构稳定性与强度有区别。</td><td rowspan="2">8 分钟</td></tr>
<tr><td>引入结构的稳定性</td><td>这牢不牢固指的就是结构的强度。结构的稳定性和强度是结构的两个不同的性质。这节课我们先来认识结构的稳定性及影响结构稳定性的主要因素。
【提问】那什么是结构的稳定性呢？
我们来看看这张图片，请描述你看到了什么？</td><td>思考。领会稳固结构的含义。</td></tr>
</table>

（续表）

教学环节	教师活动	学生活动	设置意图	时间安排
引入结构的稳定性	 【追问】此刻车体已经处于不稳定，我们说它失去了原有的平衡状态，是什么导致的呢？ 【讲述】请同学们根据理解归纳什么是结构的稳定性。 【板书】结构的稳定性是指结构在负载的作用下维持其原有的平衡状态的能力。	观看，回答：货装多了，车“罢工”了等。 倾听，讨论。 回答：装货太高。 思考：车体的重心发生了偏移。 理解、归纳结构稳定性的定义。	通过案例分析与疏导，体会结构的稳定性定义并为影响结构稳定性因素的探究埋下伏笔。	8 分钟
影响结构稳定性因素的探究	【讲述】铅笔加一底座、车超载会使结构变得稳定或不稳定，这究竟为什么呢？类似的例子在我们生活中还有很多，学完影响结构稳定性的因素请大家试着去解释一下。 【板书】二、影响结构稳定性的主要因素 【试验一】播放不倒翁 【讲述】对于不倒翁同学们都比较熟悉，那你想过没有为什么不倒翁不倒？怎样让不倒翁倒下？ 【实物演示】喜羊羊不倒翁演示模型 【视频 1】播放、启发学生不倒翁为什么不倒。	倾听，感悟。 观看。 倾听。 思考，讨论，回答。 观察，思考。	案例驱动学生分析与思考，视频播放加深理解。	5 分钟

（续表）

教学环节	教师活动	学生活动	设置意图	时间安排
影响结构稳定性因素的探究	【提问】那怎样能让喜羊羊倒下呢？ 【讲述】好，那我们来试试。演示喜羊羊倒的情形。问怎么做到的呢？ 展示灰太狼的设置，启发学生小结不倒翁的稳定性的影响因素。 【板书】影响因素一：重心位置的高低 【设疑】为什么让铅笔尖插在橡皮里或设一底座能使铅笔立起来，是因为接触面积越大结构越稳定吗？ 【讲述】我现有一套件，可搭出两条腿、三条腿、四条腿的桌子，请问大家几条腿的桌子接触面积最大？ 【提问】那就是四条腿的桌子最稳定？腿越多、接触面积越大、结构越稳定？对吗？ 【思考1】那是不是四条腿桌子一定比三条腿的桌子稳定性好呢？ 若不是，如何证明？ 影响桌子稳定的因素究竟是什么？ 【讲述】请各组设计试验，利用所给结构套件来验证你的结论。 巡视、指导各组活动。	感性认识“重心较低时，重力作用线保持在支撑面范围内，则较稳定”。 回答：把重心位置往上移。 回答：有灰太狼；看看后面。 讨论得出影响结构稳定性的因素一：重心位置的高低。 观察，领悟，学生举手回答： 倾听，思考。 回答：四条腿。 倾听，预测，思考。 讨论。 小组活动一：搭建桌子，思验证结论和分析得出影响桌子稳定性的因素。	激趣法引导学生小组合作区探究结构稳定的因素，并且以开放的操作让学生验证—质疑—思考—验证，培养学生严谨与缜密的思维过程。	5 分钟 12 分钟

（续表）

教学环节	教师活动	学生活动	设置意图	时间安排
影响结构稳定性因素的探究	【讲述】请同学们归纳影响桌子稳定性的因素。 【演示】桌腿连线圈起来分析，强调是支撑面而非接触面影响结构的稳定性。 【板书】因素二：结构和地面接触所形成的支撑面的大小。 【释疑】一条腿桌子倒与不倒分析。 【思考2】支撑面相同的情况下，在桌子的不同位置放置砝码稳定性一样吗？ 图片展示，预测，试验演示，引导分析重心与支撑面的位置关系。 【视频2】长方体框架模型重心试验对一个结构而言，若重心所在点的垂线落在结构底面的范围内，就是稳定的，不会出现倾倒。 【释疑】拖拉机超高翻车的直接原因。 【试验三】展示两种不同形状的人字梯，请同学们预测比较稳定性并演示。 【实物演示】三角形与四边形框架稳定性比较 【板书】3、结构的形状 【视频3】结构形状对结构稳定性的影响	小组归纳，发言。 倾听，观看，感悟。 解释，分析。 小组活动二：支撑面相同的情况下，在桌子的不同位置放置砝码稳定性如何？造成这种现象的原因是什么？ 观看，领悟。 解释、理解。 分析，理解“重心较低时，重力作用线保持在支撑面范围内，则较稳定”。 预测，思考，观察，讨论，解释原因。 学生代表进行亲身体验，感受结构的形状对稳定性的影响。 归纳出影响结构稳定性的因素三：结构的形状。		12 分钟 5 分钟

（续表）

教学环节	教师活动	学生活动	设置意图	时间安排
分享交流	【释疑】如何使铅笔立在桌面上？请用相关的知识或原理进行解释。	各小组运用本节所学内容，设计方案并测试和优化。各组交流展示。	学以致用 呼应开头	10 分钟
归纳总结	【小结】 一、结构的稳定性定义 二、影响结构稳定性的因素	复习回顾稳定性概念。 小结影响结构稳定性的因素： 1. 重心位置的高低； 2. 结构与地面接触所形成的支撑面的大小； 3. 结构的形状等。	复习回顾本节课重点内容	2 分钟
板书设计	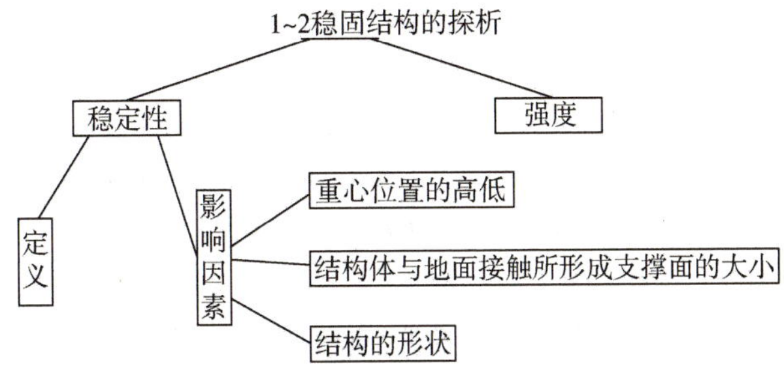			

学习效果评价设计

评价方式

（1）采用过程性评价和终结性评价相结合的方式。突出过程性评价，鼓励和发现学生在小组讨论、合作交流、实践分析中的闪光点。

（2）以评价量规各项分数相加方式体现综合技术素养。

评价量规

序	评价指标	优秀 5	满意 4	需改进 2
1	能根据“稳固”演示试验及自己的理解归纳稳定性的定义			
2	能根据模型演示、动画分析归纳影响不倒翁稳定性的因素			

（续表）

评价量规				
序	评价指标	优秀5	满意4	需改进2
3	能通过思考分析和动手实践探究出影响桌子稳定性的主要因素			
4	能质疑并分析支撑面相同的情况下结构体的重心所落垂点位置影响结构的稳定性			
5	能对人字梯两种结构稳定性进行分析与对比			
6	能学以致用，把本节课影响结构稳定性的因素应用于铅笔直立的设计实践，并作合理解释			

本教学设计与以往或其他教学设计相比的特点（300～500字数）

（1）不倒翁演示、喜羊羊模型、动画解析三者有机融合于影响结构稳定性因素之一重心位置的高低的探究，让学生在较短时间内有效经历“从生活中提取现象－质疑－实践－解惑”的过程，取得不错的教学效果。

（2）设计两个简单易行的实验，即鸡蛋立在桌面上和鸡蛋承重并安排在新课刚开始进行，旨在帮助学生更加明晰结构的稳定与否和结构是否牢固不可相互混淆，突破以往学生容易把两个概念混为一谈的一大难点，是本设计的一大尝试，让人耳目一新。

（3）利用结构套件来探析支撑面大小而不是接触面大小影响结构稳定性的试验在以前教学中取得非常棒的现场效果，故在本设计中继续采纳和运用，但这一次时间关系有些仓促，效果稍欠佳，教师追问与指导语还可更加精炼，学生活动还可更充分与活跃。

（4）学以致用是本设计过程中遵循的原则，从一开始的削尖的铅笔直立、拖拉机超高翻车、不倒翁不倒、到最后的人字梯都取材于生活原型，学生通过教师引导和自主探究出影响结构稳定性的主要因素，并应用于解释现实问题包括最后的自主设计铅笔直立也充分体现了这一原则，实践教学过程中教师的引导和学生的积极思考方面还需提炼与加强。

高中政治《人民代表大会：国家权力机关》教学设计

高中　吴敏

课题	人民代表大会：国家权力机关		
教师姓名	吴敏	学校	北京化工大学附属中学

教学背景分析

教学内容：

（1）人教版高中思想政治《政治生活》第三单元第五课第一框“人民代表大会：国家权力机关”。本框题主要阐述人民代表大会和人大代表的相关知识，与下一框题“人民代表大会制度”有紧密的联系，认识人民代表大会制度的关键是明确人民代表大会的性质、职权和地位。

（2）教学重点：人大代表、人民代表大会的相关知识；人民代表大会的职权与人大代表的权利。

（3）教学难点：人民如何行使国家权力，让学生去体悟民主过程并且认同我国民主政治不断发展完善的结论。

学生情况：

学生对人民代表大会应该有一定的认识，但停留在表面，不够深入，不能从深处分析问题。通过本课的学习可以使学生对我国的人民代表大会有一个全面的认识，进一步认可人大代表的工作，从而在生活中能正确全面剖析政治现象，树立主人翁意识和公民意识，增强对国家和社会的责任感。

教学策略：

教师的启发式教学法与学生的自主、合作、探究学习法相结合。体现知识与技能、过程与方法、情感态度与价值观的统一。恰当使用多媒体手段。

教学目标

依据课标“说明人民代表大会制度是我国的根本政治制度”的规定，本框的学习目标如下：

（1）知识目标：通过本科的学习，理解人民代表大会的性质及职权。通过分析全国人民代表大会的主要议程的结果，明确全国人大的性质、地位及职权。通过分析人民代表的一些实际工作，理解人大代表的权利与义务。

（2）能力目标：培养自主学习能力，能够运用事例说明人大代表、人民代表大会行使职权的具体表现，从而提高比较分析问题的能力；分析有关资料，锻炼提取有效信息的能力。

（3）情感、态度与价值观目标：通过对相关活动的参与和对材料的分析，认同人民代表大会是人民行使国家权力的机关，人大代表密切联系群众，并坚定热爱社会主义民主政治的信念。

（4）政治学科核心素养的培养：通过分析时事问题，了解全国人民代表大会的会议议程及成果，提高学生的理性精神，提高学生对我们人民代表大会制度的政治认同，提高学生对未来民主选举的政治参与热情。

（续表）

教学过程			
教学环节	教师活动	学生活动	设置意图
学习《宪法》新课导入	指导学生学习《宪法》。 小追问：国家的一切权力属于人民，人民如何行使国家的权力呢？又在哪里行使权力呢？ 投影展示课题：人民代表大会：国家权力机关	学习《宪法》第一条、第二条。 思考并回答老师所提出的问题。 明确这节课学习要解决的主要问题。	温故知新，承上启下。 明确学习目标。 引出课题。
一、了解人大代表	提问：人民如何行使国家权力？ 1. 人大代表如何产生？ 帮助学生回忆所学民主选举有关知识。 2. 人大代表做什么？ 指导学生分析朝阳区人大工作室资料。 帮助学生了解人大代表的质询权。 指导学生学习会议资料并小结：人大代表为人民，依法行使代表权利。 指导分组并了解小组合作学习情况。 总结分析小组学习成果。	通过示意图明确人民是通过人大代表间接行驶国家权力。 学生回忆有关民主选举的分类。 明确人大代表人民选。 认识申纪兰老人“人大制度的活化石”（85岁，连任12届全国人大代表）。 学习朝阳区人大工作室资料明确： （1）人大代表为人民，依法履行代表义务。了解人大代表孙连玉。 分析学习材料：人大代表孙连玉“含冤”。	意识到人民当家做主的地位。 温故知新。 关注时政，事理结合。 培养学生提取有效信息的能力。 培养学生提取有效信息的能力。
二、走近人民代表大会	提问：人大代表直接行使管理国家权力的机关是什么？ 1. 我国人民代表大会体系 指导学生分析国家机关关系。	学习全国第十三届人民代表大会第三次会议的议程及部分成果。	理论联系实际。

（续表）

教学过程

教学环节	教师活动	学生活动	设置意图
二、走近人民代表大会 三、人大权力与人大代表权利 情感升华	2. 我国中央国家机关 3. 人民代表大会的职权 指导学生学习会议精神，并根据《立法法》关于地方人大立法权的规定，对四项职权补充说明。 指导学生总结人大代表权利与人大权力的关系（区别与联系） 思考：我们应该如何看待人大代表的工作？	合作学习：假如你是朝阳区人大代表，针对东大桥十字路口的交通问题你如何履行职责？ 小组组长汇报学习成果。 初步感受人大代表与人大的关系。 通过人大体系明确人大性质。 根据我国国家机关体系明确人大地位。（注意国家机关关系） 通过分析中央国家机关体系明确全国人大及其常委会的地位。 学习全国第十三届人民代表大会第三次会议的议程及部分成果，总结分析人大职权。（探究活动一） 比较人大代表权利与人大权力的不同；探讨二者之间的联系。（探究活动二） 学生在教师指导下感悟人大代表工作。向身边的人大代表致敬！	激发学生参与课堂教学的积极性。 角色定位、学以致用。 让学生切实感受人民代表大会的相关知识，增强他们的学习热情与参与度。 加深对知识点的理解。 培养提取有效信息和分析问题的能力。 培养学生比较分析问题的能力。 情感体验，立德树人。

教学反思

（1）本课程要引领学生在认识社会、适应社会、融入社会的实践活动中，感受经济、政治、文化各个领域应用知识的价值和理性思考的意义。

（2）关注学生的情感、态度和行为表现，倡导开放互动的教学方式与合作探究的学习方式，使学生在充满教学民主的过程中，提高主动学习和发展的能力。

高中历史《新航路的开辟》教学设计

高中　宋萍

<table>
<tr><td>课题</td><td colspan="7">《新航路的开辟》</td></tr>
<tr><td>学校</td><td>化大附中</td><td>教师</td><td>宋萍</td><td>班级</td><td></td><td>时间</td><td></td></tr>
<tr><td>教学目标分析</td><td colspan="7">依据《普通高中历史课程标准》，教学过程引导学生能概述迪亚士、哥伦布开辟新航路的史实，认识地理大发现对世界市场形成的意义。可具体细分为：
1. 知识与能力
（1）理解新航路开辟的原因和条件，学生掌握分析、解决历史问题的能力。
（2）识记和掌握迪亚士、达·伽马、哥伦布、麦哲伦等人的探险活动，培养学生客观概括历史事件的能力。
（3）正确认识新航路开辟的影响和伟大意义，学生学会了用比较、归纳的方法来评价历史事件。
2. 过程与方法
（1）通过提供新航路开辟的相关图片、史料，学生掌握了获取和解读信息的方法，能够从材料中最大限度地获取有效信息，进行准确、合理的解读。
（2）通过创设历史情境和问题探究，小组讨论和师生共同合作交流，学生感知了历史，锻炼其自主学习的精神，并提高其口头表达的能力。
3. 情感态度与价值观
通过对新航路开辟的学习，感受航海家不畏艰难，勇于探索的开拓进取精神，并能够体会新航路开辟的伟大意义，认识其促进了人类文明的进步。</td></tr>
<tr><td>教学内容分析</td><td colspan="7">1. 教材内容的地位、作用与意义
《新航路的开辟》一课选自岳麓书社出版的普通高中课程标准实验教科书必修（Ⅱ），位于第二单元的第7课，在世界近代史教材中的地位相当重要。新航路的开辟是世界市场开始形成的标志性事件，阐述了全球将逐渐形成以欧洲为中心的世界经济体系，并对欧洲和亚、非、美洲等造成了巨大的影响。通过本课的学习，将为世界近代资本主义时代和世界格局演变的后续学习打下基础。
2. 教材的编排特点、重点和难点
教材的编排条理清晰，史实丰富，结构完整，用三个子目分别讲述了新航路开辟的历史背景、海上探险活动的概况、新航路开辟的历史影响，揭示了历史事件发展的整体性和规律性，以帮助学生更好地掌握课程标准的要求。
（1）教学重点：新航路开辟的背景和经过。
（2）教学难点：新航路开辟的历史影响。</td></tr>
</table>

（续表）

教学对象分析	1. 学生已有知识和经验 学生在初中时已学习过《新航路的开辟》的相关内容，已经有了一定的历史知识储备，但没有形成系统的知识体系，全面探索和认识历史事件的能力还有所欠缺，普遍对新航路开辟所带来的影响缺乏深层次的认识和理解，仍需要教师的适时引导。 2. 学生学习方法和技巧 高一学生通过初中和高中半年的历史学习，思维能力已有了较大的提高，能够通过认真阅读课本和课外资料来概括历史事件的大致轮廓，并初步调动和运用所学的知识来辨别、理解历史事实。 3. 学生个性发展和群体提高 高一学生由于基础知识和技能掌握的程度不同，在形成历史概念、全面深入认识历史事物的本质、论证和探讨问题等方面，往往体现出较大的差异性，因此在教学中要因材施教，灵活处理教材，既注意与初中课程的衔接，也要关注学生全面发展和群体提高。
教学策略	1. 教学设计思路 以《普通高中历史课程标准（实验）》为理论依据，教学设计中应突出教师引导、学生主体的作用，应促进学生学习方式的转变，倡导学生主动学习，在多样化、开放式的学习环境中，充分发挥学生的主体性、积极性与参与性，培养学生从不同视角发现、分析和解决问题的能力，以有健康的情感、高尚的情操，提高创新意识和实践能力。 2. 教学方法 除了传统的讲授法之外，还应采用读书指导法、讨论法、课件演示法、材料分析法、图表归纳法等多样化的教学手段和方法，为学生的自主学习创造必要的前提。 3. 教学媒体的选择与运用 积极发挥多媒体教室的作用，通过视频和关键图片、史料的展示，创设历史情景，激发学生学习的浓厚兴趣，还要通过不同地图的比较，引导学生从中发掘有效的信息，探讨地图所反映出来的历史问题，从而得出正确的结论。 4. 板书设计 第7课　新航路的开辟 一、新航路开辟的背景 1. 原因（必要性） 2. 条件（可能性） 二、新航路开辟的过程 1. 迪亚士抵达好望角 2. 哥伦布发现新大陆 3. 达·伽马到达印度 4. 麦哲伦环球航行 三、新航路开辟的影响 1. 对世界的影响 2. 对欧洲和亚、非、美洲的影响

（续表）

教学过程				
教学环节	教学内容	教学活动		设计意图
		教师活动	学生活动	
导入新课	插入图片，设置悬念： 古代中国曾有“天圆地方”之说，那么欧洲人认为的世界是怎样的呢？是什么原因驱使欧洲人不畏艰险开辟新航路？新航路是由谁，又是怎么开辟的？开辟后又有什么影响？	［创设情景］引用两幅图片：《中国“天圆地方”图》、《1250 年欧洲人认为的世界》。	看地图思考问题，揭示本课主题，并让学生感受东西方对世界的不同看法。	1. 通过图片对比，再造历史现象，从而开阔学生的视野，激发学生学习的参与性。 2. 通过一系列的问题烘托气氛，从而为讲授新课内容做好铺垫。
师生互动 探索新知	一、新航路开辟的背景 1. 原因（必要性） 2. 条件（可能性）	［演示］ 引用六则新航路开辟的相关材料和图片 ［情景假设］ 1. 假如你是当时的一位航海家，具备了怎样的条件，你才能够远洋航行呢？ 2. 联系实际说说你从这些航海家身上学到了什么样的精神？ ［归纳梳理］ 教师及时对学生发言加以反馈和评价，并帮助学生整理基础知识。	［讨论法］ 学生前后两桌为一小组，进行合作交流，共同探究历史问题。 学生思考问题，自由作答。 学生做好笔记，并及时巩固知识。	1. 重点使学生思考西欧商人、王室、基督教会等各自开辟新航路的目的，进而总结概括新航路开辟的历史背景。 2. 锻炼学生对材料阅读和对信息的处理能力。 3. 缩短学生与史实之间的距离，让学生走近历史、感受历史，共同归纳出新航路开辟的主、客观条件。 4. 培养学生正确的价值观，让学生感受航海家不畏艰难，勇于探索的开拓进取精神。 5. 突出教师主导、学生主体的作用，倡导学生主动学习，培养学生探究历史问题的能力。

（续表）

<table>
<tr><th colspan="5">教学过程</th></tr>
<tr><th rowspan="2">教学环节</th><th rowspan="2">教学内容</th><th colspan="2">教学活动</th><th rowspan="2">设计意图</th></tr>
<tr><th>教师活动</th><th>学生活动</th></tr>
<tr>
<td>师生互动

探索新知</td>
<td>二、新航路开辟的过程
<table>
<tr><th>航海家</th><th>时间</th><th>扶持国</th><th>方向</th><th>到达地</th><th>意义</th></tr>
<tr><td>迪亚士</td><td></td><td></td><td></td><td></td><td></td></tr>
<tr><td>达·伽马</td><td></td><td></td><td></td><td></td><td></td></tr>
<tr><td>哥伦布</td><td></td><td></td><td></td><td></td><td></td></tr>
<tr><td>麦哲伦</td><td></td><td></td><td></td><td></td><td></td></tr>
</table>
</td>
<td>[读书指导]
指导学生阅读课本内容，了解迪亚士、哥伦布、达·伽马、麦哲伦等人的简要概况。

[演示]：
新航路开辟经过的动态示意图。

[知识填空]
让学生结合所学知识，并填充新航路开辟过程的图表。</td>
<td>学生阅读课本内容。

学生通过动态示意图准确把握每条航线开辟的过程。

学生结合所学内容自行填写。</td>
<td>1. 学生通过认真阅读课本，理清新航路开辟的主要人物，掌握该课的基础知识。

2. 通过动态示意图刺激学生的学习积极性，掌握新航路开辟的各条路线。

3. 通过知识填空使新航路开辟的过程更简明、直观，并让学生及时巩固所学知识。</td>
</tr>
</table>

（续表）

教学过程				
教学环节	教学内容	教学活动		设计意图
		教师活动	学生活动	
探索新知	三、新航路开辟的影响 1. 对世界的影响 2. 对欧洲和亚、非、美洲的影响	［演示］ 插入相关材料和图片 ［引导思考］ 1. 有人认为新航路的开辟对人类文明的发展起了积极作用，其消极影响是次要的；也有人认为新航路的开辟是人类的灾难，而积极影响是次要的。你同意哪种看法？请简要阐述理由。 2. 如果你是当时的欧洲人或是亚洲人、非洲人、美洲人，你的生活会怎样的改变？	学生通过图文材料最大限度地获取有效信息。 学生结合课内外知识思考问题，自由作答。 ［角色扮演］ 学生分组扮演欧洲人或是亚洲人、非洲人、美洲人，讨论问题。	1. 本节课的教学难点是新航路开辟的影响，通过补充材料能够进一步培养学生整理、比较、归纳材料的能力。 2. 激发学生对学习内容产生浓厚的兴趣。 3. 让学生学会辩证分析新航路开辟的影响。 4. 通过角色扮演让学生深入理解新航路开辟的进步性以及危害性。
课堂小结	归纳、总结	小结主干知识	学生理清课堂重点和难点。	利用课堂小结再次强调重点和难点，对课堂的主干内容进行画龙点睛。
练习巩固	选择题训练	选出几道典型试题	学生思考，自由作答。	及时巩固，检测课堂学习效果。
课堂延伸	课后活动	提供搜索资料的途径。	动手为新航路开辟这一伟大事件制作一个PPT。	鼓励学生查阅更多的资料，利用网络平台发挥自己对新航路开辟的见解。

（续表）

教学反馈
《新航路的开辟》一课创造性地开发和整合教材，充分利用各种资源为学生创设问题情景，能够较好地激发学生求知欲望，使学生通过阅读、观察与他人的交流活动，结合课内外所学的知识，从而掌握该课的主干知识，学有所得，课堂气氛比较活跃。但另一方面，由于运用多媒体的平台，信息量较大，在完成教学任务的同时，留给学生自主探究学习和交流的时间不够充分，部分学生未能畅所欲言，因此在引导学生体验历史和探讨问题方面，仍需进一步整合课堂容量，保证学生思考的时间和空间，促进学生思维能力的健康发展。
教学反思
本节课有四个亮点： （一）导入新课自然，激发学生学习兴趣 爱因斯坦有句名言：“兴趣是最好的老师。”高一的学生正处在认知水平逐渐上升的阶段，对具体、生动、形象的直观事物和形象感兴趣，并慢慢对抽象的历史现象进行联系和比较。在新课导入的环节，通过展示两幅图表创设情景，学生既能感受东西方对世界的不同看法，又对欧洲人眼中的世界感到不可思议，从而对该课的学习产生浓厚的兴趣，开始回忆初中学过的旧有知识，进一步深入思考和分析新航路开辟的原因、经过和影响。 （二）图文并茂，体现了历史学科与现代信息技术的整合 现代信息技术是优化与改善教学的有效手段之一，通过现代信息技术与历史学科的有机融合，插入直观、生动、形象的图片和丰富的史料，能够对课本内容起到补充和解释的作用，推动学生分析、评论历史问题的主动性和积极性。例如，在讲述新航路开辟经过的时候，插入 flash 动态示意图，将静态的画面变化为动态发展的画面，既满足了学生视觉、听觉的艺术感受，又能使学生掌握新航路开辟的各条路线。 （三）倡导探究性学习，提高学生的历史思维能力 精心选择史料，通过层层由浅入深的设问，引导学生得出正确的结论，培养学生获取和解读信息、调动和运用知识、描述和理解历史事件、论证和探讨历史问题的能力。例如，教学设计中引用了六则新航路开辟背景的相关材料，让学生分小组讨论探讨西欧商人、王室、基督教会等各自开辟新航路的目的，通过合作和交流，进而总结概况新航路开辟的历史背景。 （四）培育学生健康的情感、态度与价值观 根据历史新课标的精神，“通过历史学习，使学生增强历史意识，汲取历史智慧，开阔视野，了解中国和世界的发展大势，增强历史洞察力和历史使命感”。例如，在教学设计中，通过情景假设，让学生以远洋航海家的身份，思考远洋航行的条件，体会到航海家不畏艰难，勇于探索的开拓进取精神，进一步让学生培养健康的情操，形成正确的世界观、人生观和价值观。 同时本课也留给我两点思考：第一，《新航路的开辟》一课条理清晰，内容相当完善，教师容易把握教材的总体性结构和因果问题的逻辑关系，选用可读性较强的史料，让学生去感知和体验历史，但因为信息量加大后，短短一节课的时间就显得仓促，留给学生思考和探究的时间就略显不足。如何既保证完成教学质量又体现新课改的理念，是我今后要继续思索和解决的问题。第二，新课标重视考查学生对历史学科课程基础知识、基本技能的掌握程度以及综合运用所学知识分析、解

（续表）

教学反思
决问题的能力，重视运用“新材料、新情境”，但高一学生在全面深入认识和探讨历史问题、表述历史事件等方面，往往体现出较大的差异性，部分同学即使教师反复提示、鼓励，仍然不敢说出自己的看法，这时教师就要及时改变提问的角度，充分调动学生的积极性与参与性。 以上这些是我个人经过反思后的一些心得，有任何不成熟之处，请各位老师指正。作为一名青年教师，今后还需要不断地更新教学理念和知识体系，提高自身的综合素质和能力。

高中体育与健康《田径：耐久跑》教学设计

高中　张艳彬

一、教材分析

（一）教材的性质与功能

耐久跑是发展持久奔跑能力的项目，是田径运动中长距离跑的合称。男子1000米、女子800米属于中距离跑，在耐久跑的过程中，最重要的是掌握正确的技术和合理地体力分配，一方面要尽可能减小体力的消耗，维持一定的跑速，另一方面要求在全程跑的过程中具有加速跑的能力。耐久跑能锻炼人们勇敢顽强的意志品质，提高心肺活动功能。

（二）教材的技术结构及逻辑关系

耐久跑的完整技术包括起跑和起跑后的加速跑、途中跑、终点跑三个部分。在教学过程中，指导学生把途中跑中的弯道跑作为本节课的教学技术重点进行学练，便于调动学生练习的主动性与针对性，提高运动技能水平，培养吃苦耐劳和克服困难的优秀品质。

（三）教材的知识点及重难点

知识点1：站立式起跑。
知识点2：途中跑技术（弯道跑技术）。
知识点3：全程跑。
重难点分析：
（1）耐久跑技术的重点是途中跑，要求轻松自然。
（2）难点是合理地分配体力，既要求跑得快，又要求轻松、自如、省力。
本课的教学内容：学习弯道跑技术。
动作方法：弯道跑，体会整个身体向右适度倾斜，两臂摆动幅度是右臂大于左臂，左脚掌以外侧、右脚掌以内侧着地。

（四）单元计划

《田径：耐久跑》单元教学计划　课次　8

单元教学目标	1. 了解耐久跑的锻炼价值，激发学生参与练习的积极性和主动性。 2. 学习和改进掌握耐久跑的技术，掌握正确的呼吸方法和节奏。 3. 发展学生的耐力素质，提高心肺功能及有氧代谢能力，增强体能。 4. 培养学生吃苦耐劳、勇于克服困难的优良品质，养成自觉锻炼的习惯，培养终身体育的意识。		
课次	**教学内容与重点**	**教学目标**	**主要教法措施**
1	发展学生耐久跑的能力。 重点：发展体能。 难点：掌握跑动中的放松与节奏感。	1. 建立正确的耐久跑的技术动作概念。 2. 掌握耐久跑的技术动作方法。 3. 培养学生的意志品质，激发学生的潜能。	1. 中等速度跑 80 ~ 100 米。 2. 中等速度跑 100 ~ 150 米。 3. 跑走交替：跑 200 米或 400 米。要求：中速、均匀、步子轻松，体会跑速与所用时间的关系。 4. 400 米跑计时跑 2 分钟完成
2	发展耐力素质，学习弯道跑技术。 重点：掌握弯道跑技术。 难点：重心平稳，放松、轻松。	1. 了解弯道跑技术动作。 2. 掌握弯道跑技术动作要领。 3. 培养学生顽强的意志品质。	1. 中等速度跑 80 ~ 100 米（直道）。 2. 中等速度跑 80 ~ 120 米（直道 + 弯道）。 3. 以小组的形式，进行 200 ~ 400 米的重复跑。进行改进途中跑技术。 4. 400 米跑计时跑 X2 组 1 分 50 秒完成。
3	改进途中跑技术。掌握正确的呼吸方法及节奏。 重点：重心平稳，步幅稍小，轻快、放松。 难点：呼吸节奏与跑的动作协调配合。	1. 了解正确的呼吸方法。 2. 改进途中跑技术，掌握正确的呼吸方法，提高心肺活动功能。 3. 培养学生自觉锻炼，吃苦耐劳的优良品质。	1. 慢跑 80 ~ 100 米。要求体会和确定自己的呼吸方法及节奏。 2. 中速 150 ~ 200 米。要求掌握正确的呼吸方法和节奏。 3. 300 ~ 400 米匀速跑。改进途中跑技术。 4. 600 ~ 800 米（女），800 ~ 1000 米（男）匀速跑体会途中跑放松技术。 5. 1000 米跑 X1 组 4 分 50 秒完成。

（续表）

课次	教学内容与重点	教学目标	主要教法措施
4	改进提高途中跑技术，发展耐力素质。 重点：重心平稳，步幅稍小，轻快、放松。 难点：呼吸与跑的节奏配合。	1. 进一步了解途中跑技术动作特点。 2. 掌握重复跑的方法，体会跑时的步幅与呼吸的节奏。 3. 培养坚强的意志品质。	1. 中等速度跑 80～150 米 2. 200 米的匀速跑。 3. 200～300 米重复跑，间歇 2′～3′。 4. 800～1000 米跑，分组进行轮流领跑练习。（4 分 30 秒完成）
5	改进提高途中跑技术，通过变速跑发展学生速度耐力。 重点：速度的保持及正确的呼吸。 难点：“极点”现象的克服。	1. 了解“极点”现象的产生。 2. 掌握克服“极点”的方法，保持正确的呼吸和体力分配。 3. 培养吃苦耐劳，克服困难的优良品质。	1. 发展一般耐力素质。 （1）100 米中速 +100 米慢跑。 （2）200 米中速 +100 米慢跑。 2. 讲解极点现象的克服方法。 3. 1200 米（女）～1600 米（男）变速跑。 4. 积极主动地克服“极点”现象。
6	定时跑。 发展体能。 重点：重心平稳，动作轻松、自然、协调。 难点：掌握适宜的速度。	1. 进一步明确途中跑的重要性。 2. 发展速度，耐力等身体素质。 3. 培养学生的意志力。	1. 跑的专门性练习。 2. 匀速跑 100～200 米。 3. 定时跑 12 分钟，每人根据自己的能力掌握跑速。了解自己的体能状况。
7	提高全程跑的能力，改进途中跑技术。 重点：体力的合理分配。 难点：提高全程跑的速度。	1. 了解全程跑的技术动作。 2. 掌握正确的体力分配方法，提高运动成绩。 3. 培养学生竞争意识以及吃苦耐劳的优良品质。	1. 80～100 米慢跑。 2. 300～400 米匀速跑。 3. 800 米（女），1000 米（男）计时跑，使学生体验和掌握体力的合理分配。

（续表）

课次	教学内容与重点	教学目标	主要教法措施
8	考核		1. 教师宣布考核标准及要求。 2. 学生考核。 3. 评分方法如下：

1000 米（分秒）	分数	1000 米	分数
3′28″ 3′34″ 3′40″ 3′46″	100 95 90 85	4′22″ 4′28″ 4′34″ 4′40″	55 50 45 40
3′52″ 3′58″ 4′04″	80 75 70	4′46″ 4′52″ 4′28″ 4′58″	35 30 25 20
4′10″ 4′16″	65 60	5′10″	15

二、学情分析

（1）学生应有的学习基础（知识、技能、身体素质）：高二学生已经对耐久跑的知识有一定的了解，并已经掌握了一定的有耐久跑的一些技能。

（2）学生实际的学习基础（前测）：针对耐久跑能力进行前测，60% 以上学生达到能力评价良好以上水平。

（3）确定学生的学习起点：学生在高一已有了一定的耐久跑基础，耐久跑的专业技术动作还不是很明确。

（4）学生的认知水平及学生心理、生理特点：通过交谈，本届学生具备良好心理素质，了解耐久跑的简单方法，但是对于怎样提高运动成绩还不是很明确，部分学生在出现“极点”现象时就中断了运动，不能够克服。

（5）学生学习新知识可能遇到的问题：①学习弯道跑时，直道进入弯道时摆臂的过度。②跑时体力的合理分配。③“极点”现象的克服。

三、教学设计

年级高二　第 11 周　第 2 次课　上课时间：2014 年 11 月 4 日

教学内容	耐久跑 2/8　　素质练习
教学目标	认知目标：通过耐久跑的学习，了解弯道跑的技术动作，体会跑的方法。 技能目标：通过教学，使学生了解并掌握弯道跑的技术动作，通过重复跑练习提高学生心肺活动功能。 情感目标：培养学生吃苦耐劳、勇于拼搏的进取精神。

部分	教学内容	次数	时间（分）	组织教法与要求
开始部分	一、课堂常规 二、队列队形 1. 原地三面转发 2. 齐步走—立定	3 3	2	组织形式：　　要求： × × × × × × × ×　精神振奋、严肃认真 × × × × × × × × × × × × × × × ×　动作迅速、协调一致 × × × × × × × × 图示： ×
准备部分	一、徒手操练习 1. 肩绕环 2. 扩胸振臂 3. 体侧运动 4. 体转运动 5. 体前屈 6. 正侧弓步压腿 7. 下蹲起 8. 膝踝绕环 二、慢跑（3 圈）	9×4 八拍	5~6	组织形式： 四列横队体操队形散开 × 教法步骤： 教师示范并带领学生练习。 要求：1. 紧随教师动作节奏，动作到位，充分活动身体。 2. 动作幅度大。 3. 注意安全。 4. 跑动整齐。

（续表）

部分	教学内容	次数	时间（分）	组织教法与要求
基本部分	一、辅助练习 1. 原地纵跳练习。 2. 原地高抬腿跑练习。 3. 跨步跳练习。 4. 立定跳练习。 5. 折返跑接俯卧撑练习。 二、耐久跑 1. 弯道跑技术： 重点：身体适当向内倾，右臂前摆稍大，左臂摆动稍小 难点：重心平稳，放松、轻松。 2. 体验弯道跑技术： 原地弯道跑摆臂练习。 3. 进一步提高弯道跑时的身体姿态。 4. 重复跑： 体会弯道跑时的技术动作。	20×3组 15秒×2组 15米×2组 15米×2组 15米×2组	10 20	组织队形： ×××××××× ×××××××× ×××××××× ×××××××× 教法步骤： 1. 教师讲解示范，对所练习动作进行提示。 要求：看教师示范完成动作。 2. 跨步跳要求最多7步完成全场。 要求：认真观察动作，步幅大，髋关节前送。 3. 立定跳远。 要求：动作灵活、协调，6次完成全场。 4. 折返跑接力要求速度快，返程灵活，接俯卧撑时注意安全。 队形： 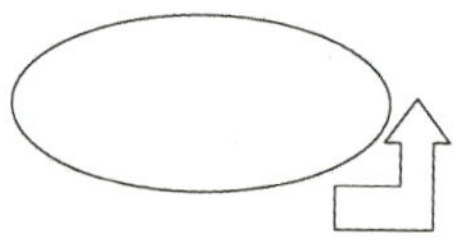 XXXXX XXXXX 教法： 1. 教师讲解弯道跑技术。 2. 学生原地摆臂练习体验。 3. 分组进行弯道跑练习。 4. 慢速弯道跑练习60米×2组。 5. 中等速度跑80～100米（直道）。 6. 中等速度跑80～120米（直道+弯道）。 7. 以小组的形式，进行200～400米的重复跑。进行改进途中跑技术。 8. 400米跑计时跑×2组1分50秒完成。 要求： 1. 跑时注意摆臂，左小右大，身体向内倾。 2. 摆臂与下肢动作协调配合，步幅小于短跑步幅。 3. 跑动时认真体会弯道跑技术。 4. 练习认真，注意安全。

（续表）

<table>
<tr><th>部分</th><th>教学内容</th><th>次数</th><th>时间（分）</th><th colspan="3">组织教法与要求</th></tr>
<tr><td>基本部分</td><td>三、上肢素质练习
俯卧撑</td><td>20×2组</td><td>4～5</td><td colspan="3">组织形式：体操队形
教法步骤：教师示范并带领学生练习
要求：注意安全，动作到位，充分锻炼上下肢、躯干及腰腹力量。</td></tr>
<tr><td>结束部分</td><td>课堂小结
放松整理
师生再见
收还器材</td><td></td><td>2</td><td colspan="3">教师总结
拍打放松
师生道别
值日生收还器材</td></tr>
<tr><td>场地器材</td><td colspan="2">田径场</td><td>预计运动负荷</td><td colspan="3">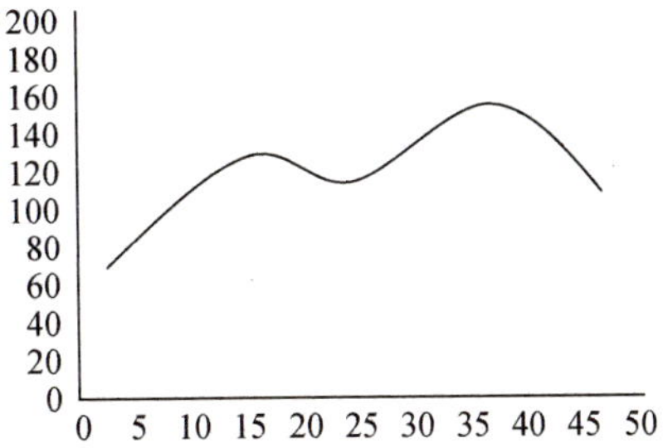</td></tr>
<tr><td>安全措施</td><td colspan="2">1. 检查场地器材。
2. 检查学生身体状况、安排见习生。
3. 安全教育，语言提示。</td><td>练习密度</td><td>30%～35%</td><td>预计心律</td><td>135～140次/分</td></tr>
<tr><td>课后小结</td><td colspan="6">课堂教学中学生练习主动积极，能较好地完成教学，大部分学生完成教学目标。但是个别学生的摆臂动作还需要进一步的改善，弯道跑技术从直道转入弯道时的教法还需改进。</td></tr>
</table>

初中语文《我的叔叔于勒》教学设计

初中　戴亚萍

课题	《我的叔叔于勒》第2课时							
学校	化大附中	教师	戴亚萍	班级	初三（1）（2）班	时间	11、8	
教学目标	1. 通过创设情境，对相关问题进行多角度的探究，提升思辨能力。 2. 在探究问题的过程中，能结合文本体味和推敲关键词句，梳理思路，分析人物形象。 3. 引导学生体会亲情的可贵，在生活中去发现亲情，学会感恩，感受幸福。							
教学重点	1. 能仔细阅读文本，并以关键词句为切入点，在探究问题的过程中，结合文本多角度分析人物形象； 2. 引导学生体会亲情的可贵，在生活中去发现亲情，学会感恩，感受幸福。							
教学难点	以重点语段和词句为抓手，抓住文本中的矛盾，提出自己的问题，在解决问题的过程中，学会多角度分析人物形象，明确小说主题。							
教学方法	咬文嚼字法，矛盾分析法，合作探究法。							

教学过程

教师活动	学生活动	设计意图
一、导入本课学习重点 总结学生的初读疑问，明确本课切入点。 **二、解读信之谜** 情境1：法国哈弗尔法庭，菲利普夫妇拿着于勒写的两封信，状告其弟于勒欺骗他们十年之久，严重干扰了他们正常的生活。 （1）这两封信的内容是什么？这两封信对菲利普夫妇的生活产生了哪些影响？ 情境2：看罢信，法官哈哈大笑，说道：“这样自相矛盾的信，你们居然信以为真？” （2）细读第二封信，你发现其中有没有矛盾之处？ （3）联系前后文，说说你认为菲利普夫妇相信这封信的内容吗？请你说出判断的依据。	朗读、阅读文章，提取信息。 【要求】 跳读文章， 提取信息， 概括回答。 再读细节，思考发现； 研讨细节，提取信息； 小组合作交流，形成表达。	从学生的问题出发，激发学生兴趣。 引导学生关注问题的第一个层面“是什么”。 引导学生关注问题的第二个层面“怎么样”。

（续表）

教学过程		
教师活动	学生活动	设计意图
（4）作者为什么设计一封漏洞百出的信？ 提示 从人物形象的塑造或者情节发展等角度分析 紧扣文本 有理有据 小结：一封信，让我们看到了…… 答：一封信，让我们看到了 菲利普夫妇：势利、冷酷、自私…… 于勒：以前是一个游手好闲的败家子，如今变成了一个能自食其力，善良，有责任心的人。 情节发展：前后情形的大逆转，强烈的对比。 …… **三、探究文章主题** 情境3：经过审理，法官决定送给菲利普夫妇一段名言和一副对联，对他们进行教育。请你帮助法官完成这份特殊的判决书。 1. 名言续写 请在名言中加入一句，使之既符合名言中的红色字体句式要求，也体现了本文的主要内容。 莎士比亚的名言： “金子，黄黄的，发光的，宝贵的金子！只这一点点儿，就可以使黑的变成白的，丑的变成美的，错的变成对的，卑贱的变成尊贵的，老人变成少年，懦夫变成勇士，（　　　　），这黄色的奴隶！” 2. 巧对对联 根据上联对出下联和横批 上联：十年思盼，天涯咫尺，同胞好似摇钱树； 下联：一朝相逢，咫尺天涯，骨肉恰如陌路人。 横批：金 钱 至 上 3. 多角度解读 情境4：菲利普夫妇不服判决，提起申诉 （1）请你帮助菲利普夫妇写申诉词。 菲利普夫妇不服判决，认为自己不和于勒相认，确有苦衷，情有可原，提起申诉。请你帮助菲利普夫妇准备辩护词。你打算从哪些方面为他们辩护呢？	研讨细节，分析人物形象，品味文章写法的精妙。 思考、发言、体会文章主题。	引导学生关注问题的第三个层面“为什么”。在探究问题的过程中分析人物形象，体会文章主题。 引导学生学会多角度思考问题，深入全面地理解文章主题。 引导学生深入全面地理解文章主题，学会多角度思考问题，多一些人文关怀。

（续表）

教学过程		
教师活动	学生活动	设计意图
A. 于勒的恶习导致菲利普夫妇一家不得不忍受生活的艰辛。 B. 生活窘迫穷困，自顾不暇，只能对于勒避而远之。 C. …… D. …… 小说的另一个主题是表现了那个时代生活在社会最底层的小人物及弱势群体生活的辛酸。 情境5：庭外调解 （2）家庭成员里谁适合当调解员，为什么？	思考、发言、多角度体会文章主题。	
（3）如果你是约瑟夫，您准备从哪些方面劝说父母？ （4）发现亲情，诉说亲情 自从我们来到这个世界，我们便无时无刻不在沐浴着亲情。回味一下家庭生活，你便会在亲人一个不经意的眼神里，一个随意的动作中，一句最平常不过的叮咛中，一件日常的琐事中，深深地感受到它——悠悠亲情。请同学们说说生活中感受到的亲情。	联系现实说亲情	引导学生发现亲情，学会感恩，感受幸福。
（5）仿写训练 作为调解员约瑟夫准备用“亲情”这剂良药去修复父母和叔叔之间的裂痕，请你运用学过的课文或古诗文，帮助他完成关于“亲情”素材的搜集工作。	调动积累，仿写训练。	培养学生创新思维能力。
【仿写练习】 亲情是朱自清父亲的背影； 亲情是孟郊慈母手中的针线； 亲情是王维“独在异乡为异客，每逢佳节倍思亲”的感叹； 亲情是苏轼“但愿人长久，千里共婵娟”的祝愿；亲情是…… **四、布置作业** 法庭风波之后，菲利普夫妇又收到了于勒写来的一封信，请你发挥想象，以于勒为第一人称，给菲利普再写一封信。		培养学生创新思维能力。

（续表）

板书设计
我的叔叔于勒 贪婪、自私、冷漠（金钱）？信艰辛、心酸（亲情）？

初中物理《内能》教学设计

初中　周长宏

年级	九年级	课题	13 章 第二节　内能	课型	新
课时	1 课时	授课时间		教师	周长宏

教学目标	知识与技能	1. 80% 的学生能描述出内能的定义； 2. 80% 的学生能说出物体的内能大小与温度有关； 3. 85% 的学生能说出改变内能的方法； 4. 75% 的学生能够列举或辨别改变内能两种方法的事例； 5. 90% 的学生能够说出在改变内能方面做功和热传递的等效性。
	过程与方法	1. 借助知识的迁移，引导学生知道内能； 2. 通过实验，引导学生知道内能的大小与温度有关； 3. 通过实验，引导学生知道改变内能的方法； 4. 通过分析具体实例，引导学生知道在改变内能方面做功和热传递的等效性。
	情感态度与价值观	通过从生活到物理，从物理到社会的认识过程，激发学生的求知欲，使学生乐于探索日常生活中和相关科学技术中的物理学道理。另外，部分学生生活经验。

教学重点	改变内能的两种方法
教学难点	内能的定义
教学用具	压缩引火仪、筷子（捅脱脂棉用）、空的软的塑料瓶、火柴
教学方法	讨论、讲授、实验、归纳
学情分析	学生在初二学过动能、势能、机械能的定义以及功的定义，给今天知识的迁移奠定了基础，但班内学生层次差异较大又给教学带来困难。另外学生生活经验的差异也给教学带来一定的障碍。
教材分析	本节是在分子动理论知识的基础上，具体说明内能是物体内部的能量。与机械能相比，内能不直观、更抽象，学生难于直接接受和理解，所以教科书一开始用与机械能中动能和势能作类比建立内能的概念，应用学生已有的知识和经验学习新的知识，比较符合学生的认知规律。

（续表）

教学环节	教师活动	学生活动与时间	设计意图
引入	Ⅰ. 引入 1. 问：大家听说过钻木可以取火吗？引导学生看钻木取火视频。 2. 要求学生解释为什么钻木能够取火？ 板书：内能 Ⅱ. 教学过程	1 分钟 听 答	
内能	一、内能的定义 3. 请完成学案练习 1 判断正误 物体由于运动而具有的能叫作动能。概括来说一切运动的物体都具有动能。扩散现象表明所有物质的分子都在永不停息的做无规则运动，所以分子也具有动能。 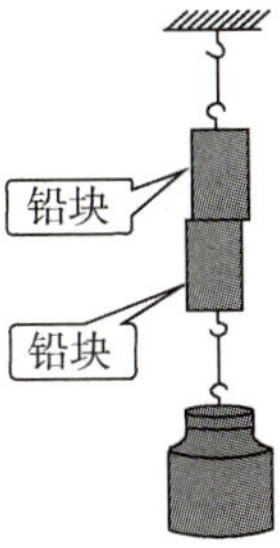 图1 4. 教师总结：分子就有动能 5. 板书：分子具有动能 6. 请完成学案练习 2 图 1 判断正误 地球和树上的苹果之间由于存在着引力造成树上的苹果拥有势能，天上的飞机和地球之间由于存在着引力使得飞机拥有势能，图 1 所示的实验说明了分子间存在引力，所以我们可以断定分子之间也存在势能。 7. 板书：分子之间具有势能 8. 教师提示：分子间存在的斥力也是造成分子拥有势能的原因 9. 问：物体内的哪些分子具有动能和势能？ 10. 请阅读课本第 7 页倒数第二段完成下列练习 3 我们把构成物体的________分子，其________运动的________能和分子________能的________叫作物体的内能。 11. 请完成学案练习 4 动能和重力势能的单位是焦耳，内能也是一种能，那么内能的单位是________其符号是________ 12. 问：100℃的水具有内能吗？	10 分钟 写 写 答 写 写 答	引入 利用迁移的方法介绍内能

（续表）

教学环节	教师活动	学生活动与时间	设计意图
内能	13. 请完成学案练习5 扩散现象表明一切物质的分子不论它的温度高低，都在永不停息的做无规则运动。那么0℃的冰具有内能吗？ 14. 要求学生总结哪些物体具有内能？ 15. 板书：一切物体不论温度高低在任何情况下都有内能 二、内能的相关因素 16. 问：物体的内能与什么因素有关呢？ 引导学生完成红墨水滴入冷热水中的实验（如图2）  图2 引导学生根据实验现象总结出温度越高分子运动越剧烈，内能越大 17. 板书：物体的温度越高内能越大 18. 请完成学案练习6 一小滴沸腾水的温度是100℃，肯定大于太平洋中水的温度，但两者的质量多少差异很大，据此请判断“温度高的物体内能大”这句话对吗？ 19. 问：机械能和内能有什么区别？ 引导学生从相关因素、描述对象、包含形式说明即可。 20. 请完成学案练习7 下列关于内能与机械能的描述正确的是（　　） A. 内能用来描述的是物体内的所有分子，而机械能用来描述的是我们用眼看得见的物体。 B. 任何物体都有内能，但不是所有物体都有机械能。 C. 内能与物体的温度有关，而机械能与质量、速度、高度、弹性形变的程度有关。 D. 内能是不同于机械能的另一种形式。 三、改变内能的方法——做功 做功增加内能 21. 教师出示自行车打气筒并介绍其结构和功能	写 操作 答 写 答 写 10分钟 听 写	通过实验分析内能改变的方法

（续表）

教学环节	教师活动	学生活动与时间	设计意图
内能改变的方法	22. 请完成学案练习 8 请判断下列描述是否正确 在用打气筒给自行车的轮胎打气时，活塞下压的过程中活塞对气筒内空气有压力的作用，而且气筒内空气在这个压力的作用下沿着这个压力的方向向下移动了一段距离，所以我们说活塞对气筒内的空气做了功。 23. 问：用打气筒给自行车轮胎打气活塞对气筒内空气做功的同时还有什么现象？ 24. 师生共同完成“用打气筒给自行车打气”实验 25. 要求学生用手触摸气筒的下部在打气前后有什么变化？变热。 26. 要求学生分析活塞做功与筒壁变热之间的关系，从而总结出：活塞对气体做功气体内能增加 27. 教师出示空压缩引火仪并边解说边拆解仪器（如图 3） 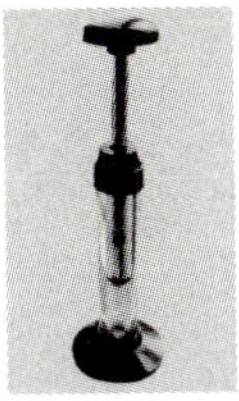 图3 28. 教师出示脱脂棉介绍其特点：燃点低，易燃 29. 问：当把脱脂棉放到空气压缩引火仪的管内底部，向下打压活塞时会出现什么现象？ 30. 学生猜测 31. 教师演示学生观察 32. 请完成学案练习 9 实验中管内的火光是由________燃烧发出的，这里注意脱脂棉并不是被活塞压着的，而是当活塞对桶内的空气________时管内空气的内能________、温度________了，以至于将桶内的脱脂棉点着。 33. 问：在本实验中脱脂棉的作用是什么？（证明活塞对管内空气做功时空气的内能增加） 34. 问：该实验再次有力地证明了什么？	答 操作 答 听 答 写 答	通过实验分析内能改变的方法

（续表）

教学环节	教师活动	学生活动与时间	设计意图
内能改变的方法	35. 板书：做功可以增加物体内能 应用： 36. 体验：引导学生用手指摩擦桌面，体会手指感觉 37. 请完成学案练习 10 37. 将手指用力压在桌面上同时迅速前后移动过程中手和桌面之间存在________力，这个力不断的________。此时手感觉烫说明手的内能________了，那么手的内能是通过什么方式升高的？________________。 38. 教师补充：这种通过摩擦做功的方法使物体内能增加温度升高的现象叫作摩擦生热。 39. 请完成学案练习 11 请判断下列生活事例中是否存在克服摩擦做功产生热的现象。 冬天我们双手相互摩擦取暖，要求学生尝试。 玩滑梯时屁股感到热，见图片 3。  图 3 用手捋绳子时感到烫手——要求学生尝试 工人在用电锯切割金属时冒出大量火花——看视频 划火柴的过程中点燃火柴——学生尝试。 40. 要求学生利用上述知识解释引课中提到的钻木取火现象（看视频：钻木取火） 做功减少内能。 41. 问：通过做功的方式能使物体内能增加，做功能不能使物体的内能减少？	操作 写 听 写 答 答 操作	通过实验分析内能改变的方法

（续表）

教学环节	教师活动	学生活动与时间	设计意图
内能改变的方法	42. 要求学生演示“塑料瓶瓶盖弹起瓶内出雾”实验如图 4，提示学生注意安全，同时注意观察瓶盖跳起时瓶内的现象 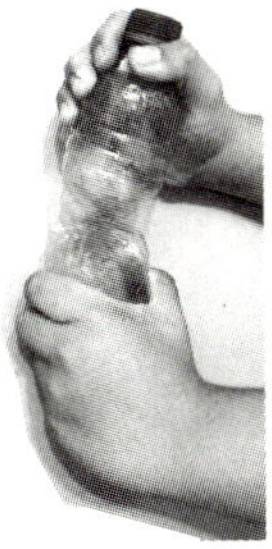 图 4 43. 补充相似实验：视频“瓶塞跳起时产生白气” 44. 请根据上述两个实验完成学案练习 12 实验中瓶盖之所以能被弹起，是因为瓶内的空气对瓶盖________，弹起前瓶内充满了无色的________，弹起时瓶内的水蒸气对________做功，水蒸气内能________温度________，液化变成了白雾。 45. 追问：瓶盖弹起时瓶内出现白雾证明了什么？ 46. 板书：做功可以使物体的内能减少 47. 请完成学案练习 13 概括以上所有实验和事例我们可以得到结论：做功既可以________物体内能，也可以________物体内能，所以我们说做功可以________物体内能。 答案：增加　减少　改变 四、改变内能的方法——热传递 48. 问：把一个温度极高的铁块放到一杯冷水中几秒钟后会有什么现象？ 49. 板书：热传递 50. 请完成学案练习 14 当把温度极高的铁块放到一杯冷水中几秒钟后，高温铁块的温度________内能________、冷水的温度________内能________。在这一现象中内能由________转移给________，两者的内能都发生了变化。这种现象叫作________。	看 写 答 写 答 写 答	通过实验分析内能改变的方法

（续表）

教学环节	教师活动	学生活动与时间	设计意图
等效性 检测	51. 问：发生热传递的条件是什么？ 追问：在热传递中被传递的是什么 52. 请完成学案练习 15 A. 我们把在热传递中被传递的内能的多少叫作________。用________表示。 B. 由此可见热量的实质是________，所以热量的单位同内能的单位都是________。 53. 问：一杯 18℃的水含有 100J 的热量这句话有毛病吗？ 54. 引导学生注意热量的语言描述 55. 教师引导学生总结：改变物体内能的方法都有什么？ 五、等效性 56. 问：这里有一段铁丝此刻它是凉的，如果我藏在桌下将其温度升高内能增加，大家能知道我具体利用那种方法吗？ 57. 引导学生总结出：在改变物体内能方面做功和热传递两种方法效果相同，即是等效的。 58. 板书：做功和热传递是等效的 59. 完成课后的 4 道题 六、课堂检测——见附件“检测题” 七、小结	写 答 答 写 写 写	通过事例分析等效性 检测
作业	见朝阳目标		
板书	第二节　内能 分子具有动能 分子之间具有势能 （以上两条）一切物体不论温度高低在任何情况下都有内能 物体的温度越高内能越大 做功可以增加物体内能 做功可以使物体的内能减少 （以上两条）做功 热传递 （做功、热传递）改变内能的方法 做功和热传递是等效的		
课堂反思			
效果评价			

初中音乐《走近国粹京剧》教学设计

初中　张悦

课题：《走近国粹京剧》　学科：音乐
教材：人音版音乐教材七年级下册第二单元　课型：欣赏课
课时安排：一课时　授课对象：初一（1）班
授课教师：北京化工大学附属中学　张悦

一、指导思想与理论依据

（一）指导思想

根据音乐课程标准关于“通过学习中国民族音乐，将会了解和热爱祖国的音乐文化。华夏民族音乐传播所产生的强大凝聚力，有助于培养学生的爱国主义情怀”的理念。本课教学以传统京剧为内容，引导学生感受京剧的魅力、关注京剧艺术、传承中国传统文化。

（二）理论依据

根据音乐课程标准关于“音乐教育以审美为核心；重视音乐实践；以丰富多彩的教学内容和生动活泼的教学形式，激发和培养学生的学习兴趣”的理念。让学生在音乐实践活动中，感受京剧的韵味，并通过演奏、感受锣鼓经、欣赏京剧唱段了解京剧知识的教学环节，激发学生的兴趣，实现引导学生走近国粹京剧的目的。

二、教学背景

（一）本课时教学内容在教材体系中的地位和作用

本节课内容选自七年级下册第二单元，是本单元的第二课时：欣赏传统京剧选段《这一封书信来得巧》《我不挂帅谁挂帅》。这两个唱段都被教育部编入“京剧进中小学课堂”的教材，《定军山》是我国的第一部电影，《我不挂帅谁挂帅》是梅派经典剧目的经典唱段，这两个唱段涉及生、旦两个行当，涉及西皮声腔中的西皮流水和西皮散板两种板式，学生通过音乐教学活动，可以体验传统京剧唱腔的韵味，感受京剧演唱吐字发音的方法和西皮唱腔的特点以及与人物情绪、形象的关系，同时还能够了解梅兰芳大师的艺术贡献和爱国情怀。这是学生在初中学段唯一走近传统京剧的一节课。这节课也为学生学习现代京剧的内容打下了基础。

（二）学生情况分析

本科授课对象为七年级学生，学生在小学四年级上册和六年级上册初步学习了京剧的相关知识，演唱了传统京剧、现代京剧选段和戏歌，知道了京剧的伴奏乐器名称及分类，体验过京剧锣鼓经《急急风》，聆听过京胡曲牌《西皮小开门》。但由于学生来自不同的小学，教师教学的侧重点有所不同，学生对以上内容的掌握程度参差不齐。因此，在本节课的学习需要对小学涉及的内容进行巩固与提高，加深学生对京剧艺术的感受，引导学生喜爱国粹京剧。

（三）教材内容分析

本节课的教学内容为欣赏传统京剧选段《这个一封书信来得巧》《我不挂帅谁挂帅》。

《这个一封书信来得巧》是京剧谭派老生代表剧目《定军山》中的经典唱段，全剧以三国时期蜀将黄忠与夏侯渊交战，夺取定军山为背景，前面为西皮流水板式，旋律动听、节奏明快，节拍为1/4，有板无眼，结束句为西皮散板。表现了老将黄忠想出妙计后的喜悦和得意。属于老生行当。1905 年

《定军山》被拍成了无声电影，它是我国第一部电影。

《我不挂帅谁挂帅》是梅兰芳的代表作《穆桂英挂帅》中的唱段，属于青衣行当，采用西皮流水和西皮散板板式，节拍特点与《这个一封书信来得巧》相同，表现了穆桂英经佘太君劝说后，以国家大局为重，决定挂帅出征、报国杀敌的决心。

三、教学目标

1. 能够积极参与感受、体验京剧唱段韵味、特点的实践活动，对国粹京剧产生兴趣。

2. 聆听京剧唱段《这一封书信来得巧》《我不挂帅谁挂帅》，能够模仿唱段中的一句唱腔，体会西皮流水有板无眼、咬字发音的特点，感受、表现老生、青衣唱腔的韵味。

3. 了解梅兰芳的生平及贡献。知道西皮流水与西皮散板的区别。

四、教学重点与难点

（一）教学重点

聆听唱段、模仿两段唱段中的第一句，初步了解吐字发音的方法，感受京剧唱腔的韵味。

（二）教学难点

1. 模仿唱腔中的“上口字”和“尖字”

封（fōng）、书（sh-ūr）、信（sìn）、助（zh-ùr）、成（chén）

猛（mǒng）、听（tīn）、得（dé）、角（juě）、声（shēn）、我（euǒ）、凌（lín）

2. 模仿青衣行当的发声方式

五、教学过程

教学过程				
教学阶段	教师活动	学生活动	设置意图	时间安排
一、导入	（一）组织教学：师生问好 （二）请看我为大家准备的京剧武场乐器：说出他们的名称？ PPT 展示京剧伴奏武场主要乐器名称。 请看一段京剧《慢长锤》 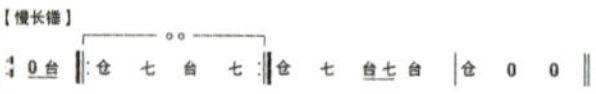 指导学生练习念并演奏锣鼓经《慢长锤》。 问题：大家喜欢看电影吗？ 你知道我国第一部电影的名字吗？ PPT：是 1905 年拍摄的京剧电影《定军山》，它是中国的第一部电影。	回答问题 观看大屏幕，复习京剧武场主要乐器名称。 跟随老师念锣鼓经 三位学生从大锣、小锣、铙钹中选择一种乐器，其他学生分成三组：大锣组、铙钹组、小锣组。 按照锣鼓谱在老师的指导下练习锣鼓经。 思考、回答问题。 思考回答问题 观看大屏幕。	激发学生兴趣，导入京剧内容。 了解《定军山》这部戏的特殊地位。	4 分 30 秒
二、新授课	（一）《这一封书信来得巧》 1. 介绍京剧《定军山》背景资料：三国时期，诸葛亮决定攻打曹军大将夏侯渊驻扎的定军山，老将黄忠主动请缨立下军令状："十日攻下定军山"，战场上两军交战，势均力敌，各有大将被俘，夏侯渊写信给黄忠，提出走马换将换回	观看大屏幕，听学生介绍。	了解唱段的演唱背景，为学生理解唱段人物形象进行铺垫。	1 分 30 秒

（续表）

教学过程				
教学阶段	教师活动	学生活动	设置意图	时间安排
二、新授课	侄儿夏侯尚，收到书信，黄忠有了攻打定军山的妙计：换将时箭射夏侯尚，激怒夏侯渊，然后利用“托刀计”斩了夏侯渊，夺取了定军山。 《这一封书信来得巧》就是传统京剧《定军山》中，黄忠收到夏侯渊换将书信后演唱的唱段，表现了老将黄忠想出妙计后的喜悦、得意、自信、神气的情绪和艺术形象。 2. 播放视频：《这一封书信来得巧》 问题： （1）这段演唱属于生、旦、净、丑哪个京剧行当？ 这段唱段是谭派老生行当的著名唱段。 （2）演唱使用大嗓（真声）还是小嗓（假声）演唱？ 老生在演唱中运用真声演唱。 3. 请同学们看曲谱，他的拍号？（1/4 有板无眼，只有强拍。）再次播放音频：《这一封书信来得巧》。 这段唱腔前面是西皮流水，边听边随老师在西皮流水部分打节拍。 4. 念一念、唱一唱，体会京剧韵味。 京剧的唱、念不完全用京音，而是采用“湖广音”、“中州韵”。	带着问题观看视频《这一封书信来得巧》。思考回答问题，了解答案。 观看大屏幕。 聆听《这一封书信来得巧》并打节拍。	带着问题初听唱段了解唱段行当，运用视频可以让学生感受京剧的表演和人物形象。 引导学生了解京剧的板式。	2 分 30 秒 2 分钟

（续表）

教学过程				
教学阶段	教师活动	学生活动	设置意图	时间安排
二、新授课	（1）念一念： 大屏幕中标出的字音，体会京剧唱腔韵味的吐字发音。 封：fōng 书：sh-ūr 信：sìn 助：zh-ùr 成：chén	练习京剧唱词的吐字发音。	练习突破教学难点	3 分钟
	（2）唱一唱： 范唱第一句："这一封书信来得巧，天助黄忠成功劳"，带领学生，学习唱腔，感受京剧韵味。 提示： ①用真声演唱。 ②注意咬字发音，有韵味。 ③"这"字正拍起唱，"天"字后半拍起唱。	聆听范唱，模仿学唱"这一封书信来得巧，天助黄忠成功劳"。	通过学唱感受表现京剧的韵味和吐字发音的方法。	5 分钟
	5. 做一做： 模仿两个动作，表现武将的气质和人物形象。 （1）这一封书信来得巧： 	练习模仿演唱动作，表现人物形象。	京剧是表演艺术，引导学生感受如何在唱的基础上通过动作塑造人物形象。	5 分钟

（续表）

教学过程				
教学阶段	教师活动	学生活动	设置意图	时间安排
二、新授课	脚左前右后丁字步站立，双手空攥拳，虎口对准胯骨放在其两侧外 10 厘米左右位置，肩膀大臂放松向后塌，挺胸立腰，腰立直，目视前上方。左手伸出示意“1”。 （2）天助黄忠成功劳：  唱“天助黄忠”时右拳左掌，拳掌相贴，做拱手状。			3 分钟
	6. 演一演： 带领学生演唱“这一封书信来得巧，天助黄忠成功劳”。	练习配合动作演唱“这一封书信来得巧，天助黄忠成功劳”。		1 分 30 秒
	（二）《我不挂帅谁挂帅》 1. 提问： 提起京剧大师，你能说出谁的名字？	回答问题。		
	PPT 小结梅兰芳生平及贡献： 京剧表演艺术家，四大名旦之首，梅派艺术创始人，抗战时期蓄须明志，表现了坚贞的爱国气节，他让京剧艺术走向了世界。代表剧目有：《贵妃醉酒》《霸王别姬》《穆桂英挂帅》等	观看大屏幕，听老师的补充讲解。	了解京剧大师梅兰芳，引领学生走近京剧艺术家，增进对京剧的情感。	

（续表）

教学过程

教学阶段	教师活动	学生活动	设置意图	时间安排
二、新授课	下面我们欣赏京剧《穆桂英挂帅》选段《我不挂帅谁挂帅》。 2. 唱段背景介绍： 《我不挂帅谁挂帅》选自京剧《穆桂英挂帅》第五场，是穆桂英经佘太君劝说后，以国家大局为重，决定挂帅出征的唱段。表现出国家危难之时，穆桂英勇于担当的急迫心情和出征杀敌的信心和决心。	了解《我不挂帅谁挂帅》的演唱背景。	了解唱段的演唱背景，为学生理解唱段表现人物形象进行铺垫。	30 秒
	3. 播放视频：《我不挂帅谁挂帅》 问题：这段演唱属那个行当？ 小结：这段唱属青衣行当。	带着问题观看视频，思考、回答问题。	初步感受京剧唱段，通过视频感受青衣行当的表演。	3 分钟
	4. 练习小嗓发声： 教师指导用“yi”发声，提示用丹田气。	练习用小嗓发声。		2 分钟
	5. 教师示范第一句，指导学生表现京剧唱腔的韵味。 （1）念一念：示范、指导学生发音 猛：mǒng 听：tīn 得：de 角：juě 声：shēn 我：euǒ 凌：lín	练习唱词中的“上口字”、“尖字”的发音。		6 分钟

（续表）

教学过程				
教学阶段	教师活动	学生活动	设置意图	时间安排
二、新授课	（2）唱一唱："猛听得金鼓响画角声震，唤起我破天门壮志凌云。" 提示：字儿、气儿、劲儿、味儿 节奏：正拍起唱，"金、唤、破、天"字后半拍唱 强调咬字的力度：猛、听、声、震、门、凌、云 塑造人物形象：穆桂英决心为国出征	模仿演唱，努力表现京剧韵味，和人物形象。	了解京剧的声腔，进一步走近京剧艺术的本质。 通过模仿唱腔，使学生通过音乐实践的方式实现教学目标。	2 分钟
	6. 教师演唱《我不挂帅谁挂帅》〔西皮流水〕	聆听教师演唱，体会演唱的发声，进一步感受唱段的韵味。	教师的演唱对学生有更强的直观性和影响力。	3 分钟
	7. 京剧知识：〔西皮流水〕与〔西皮散板〕 （1）播放《我不挂帅谁挂帅》片段： 引导学生为"我不挂帅谁挂帅，我不领兵谁领兵"这句唱腔击拍，提出问题：有什么感觉？ （2）讲解音乐知识 ①西皮：西皮的曲调活泼、欢快，唱腔刚劲有力、节奏紧凑，非常适合表现欢乐、跳跃、坚定、愤懑的情绪。 ②西皮流水板的特征是：节拍为 1/4，有板无眼，中速偏快。 ③西皮散板是自由节拍、无板无眼的唱腔结构，根据剧情的需要，演唱速度可快可慢。	聆听散板乐句尝试击拍，回答问题。 观看大屏幕，听老师介绍西皮、西皮流水、西皮散板。		

（续表）

教学过程				
教学阶段	教师活动	学生活动	设置意图	时间安排
三、小结	今天我们欣赏了京剧唱段《这一封书信来得巧》和《我不挂帅谁挂帅》，感受了京剧锣鼓经和京剧唱腔的韵味，认识了京剧艺术家梅兰芳，学习了音乐知识：西皮流水和西皮散板。我们更加走近了国粹京剧，希望同学们关注国粹、传承京剧艺术！	聆听老师小结本课。	小结本课。	30 秒
板书设计 走近国粹京剧 《这一封书信来得巧》 《我不挂帅谁挂帅》				

六、学习效果评价设计

（一）评价方式

本课的学习效果评价方式包括教师评价和学生自评。评价内容共四项，它们都是学生实践活动的内容，教师评价贯穿于整个学习过程，学生自评安排在课后。

（二）评价量规

评价内容 教学内容	看一看 听一听			念一念 唱一唱			做一做 演一演			想一想 说一说		
欣赏 《这一封书信来得巧》 《我不挂帅谁挂帅》	不够认真	基本认真	非常认真	不够准确	较有韵味	真有韵味	不够准确	基本准确	有表现力	不太认真	比较积极	积极参与
	10	20	25	10	20	25	10	20	25	10	20	25
总分												

注：总分 100 分，在相应的选项划“√”

七、教学反思

本节课课前能够认真研读小学音乐教材，了解学情，以便合理制定教学目标，因材施教。能够积极钻研京剧的相关知识和演唱、演奏技能，努力提升驾驭本节课的能力。我能够紧密围绕教学目标，精心设计教学环节，运用多种手段突出重点、突破难点。努力使教学语言规范，在老生与青衣的发声方式、西皮流水与西皮散板知识的教学中运用了对比的教学方法。能够用问题启发学生思考，并引领教学环节的进行。我精心选择经典的视听材料，提高音乐视听效果。教学课件制作精美，感受、体验的教学方法贯穿始终，用学生骨干带动全体学生，学生积极参与音乐实践活动，京剧锣鼓的教学环节复习了小学的学习内容，承上启下，激发了学生的学习兴趣。教师的演唱具有示范性和影响力，将学生学习京剧的情感推向了高潮，热爱京剧的情感油然而生，取得了良好的教学效果。

我的教学还有需要完善的地方：在学生练习演唱时强调气息的运用，但练习还不够充分，学生的声音没有充分发挥出来。在教学中有些前松后紧，尤其是导入环节用时稍多，对后面突出重点、突破难点的教学稍有影响。在教学语言上有时不够精练。

我要在今后的教学中，注重优化教学环节，合理把控时间，在教学的关键点上做得更加扎实。我要进一步提高自身的艺术修养，进一步练习音乐教学基本功，努力增强对学生的感染力，用更加丰富、精练的语言进行教学，在音乐课堂上使师生间情感的融合达到更高的境界，上出优质课。

初中信息技术《Flash 引导线动画》教学设计

初中　马娜

教学基本信息

课题	Flash 引导线动画		课型	新授	授课时间	2017－11
教师姓名	马娜	学科	信息技术	年级	初二	

学情分析

1. 现有情况

（1）本节课的教学对象是初二年级学生，经过前阶段的学习，初二学生已能较熟练操作与教学有关的电脑平台，能够根据教学思路和要求，准确找到所需资源的位置。

（2）在学习本节课之前，已掌握关键帧、元件、图层的概念和基本操作，能制作简单的物体沿直线运动的补间动画。在学习直线运动补间动画时就有学生提出如何让对象沿着自己想要的路径运动这样的问题，在此基础上，讲解引导层的使用刚好满足了学生的学习需求。

（3）初二年级学生思维活跃，好奇心强，自主学习能力、自我认识自我评价能力进一步发展。

2. 存在问题

（1）自主学习的能力有待提高。

（2）学生在知识和技能水平上存在差异。

（3）个别学生自控能力不强，注意力不集中。

3. 解决方案

（1）以“任务驱动——教师引导——合作交流——实践探究”的教学模式，提高学生自主学习合作学习的能力。

（2）教学中注意引导，注重搭设台阶，逐层递进，面向全体学生，使不同层次的学生都能有所收获。

（3）通过设置任务创设情境，激发学生的学习兴趣。

教材分析

（1）教材：本节课是以《北京市义务教育教科书 信息技术第 5 册》第 7 章第 6 节的教学内容为依据拓展开来讲授的。

（2）内容：本节课的主要内容是 Flash 引导层的添加和应用，学生通过本节课的学习能够运用引导层制作曲线运动的动画。

（3）地位：在 Flash 动画制作中经常碰到一个或多个对象沿曲线运动的问题，通过学习引导层的使用，物体沿任意指定路径运动的问题迎刃而解。因此引导层的使用是 Flash 动画制作中的重要环节。

（4）联系：在学习本节课内容之前，学生已掌握了运动渐变动画的制作方法，可以制作一个或多个对象沿直线运动的动画，本节课利用引导层制作对象沿曲线运动的动画，是对前面知识的引申，同时为后面综合作品的制作奠定基础。

（续表）

教学目标：

通过比较直线运动和曲线运动的实例，理解引导层和引导线的作用。

根据教师的引导，通过观察思考、自主探究、实践操作，学会添加引导层、绘制引导线，掌握引导层的使用要点，并能利用引导层创建对象沿曲线运动的动画，从而体验动画制作的乐趣，享受成就感，提高自主学习、合作学习的能力。

在作品展示评价的过程中，学会欣赏借鉴别人的优点，养成正确评价他人的良好习惯。

教学重点：

引导层及引导线的作用和创建方法；运用引导线制作物体沿任意曲线运动动画。

教学难点：

多个对象的引导线动画。

课时安排：

1 课时

教学方式：

教法：任务驱动、讲授法、直接演示。

学法：观察、自主探究、实践操作。

教学手段：

硬件：网络、多媒体计算机、投影仪。

软件：Flash CS5.5、极域电子教室、360 浏览器。

资料：多媒体教学课件（幻灯片、主题网站）、图片、视频、Flash 源文件

教学过程

教学阶段	教师活动	学生活动	设计意图	技术应用	时间安排
温故知新 激趣导入	**讲述：** 在之前的课程中，同学们学习了运动补间动画，下面请同学们参考主题网站中“温故知新”环节，完成“飞机飞行”动画。 **提出问题：** 请同学们观看一段我国八一飞行表演队的表演视频。观察视频中飞机的飞行轨迹与我们完成的飞机飞行动画有什么不同？ **引入主题：** 学习如何利用 Flash 引导线动画实现对象沿曲线运动。	动手操作。 观察、比较、分析。 结论：视频中飞机沿曲线运动。	复习运动补间动画（运动补间动画是制作引导线动画的基础）。 激发兴趣，引出新知。 创设情境，任务驱动，明确本节课的任务。	学习网站 视频播放	5 分钟

（续表）

教学过程					
教学阶段	教师活动	学生活动	设计意图	技术应用	时间安排
观察对比了解新知	**教师演示：** “沿曲线运动的小球”源文件 **提出问题：** 将“沿曲线运动的小球”与“飞机飞行”动画进行比较，时间轴面板有什么区别？ **答案预设：** （1）曲线运动动画比直线运动动画多了一个图层，这个图层的图标很特别，即“引导层” （2）引导层中有一条弯曲的线，即“引导线”。 **概念解读：** （1）引导层：一种特殊图层，用来绘制引导线，引导线规定元件的运动轨迹。 （2）被引导层：运动对象所在的图层。	比较，讨论 实现曲线运动，需要做什么？	引导学生学会通过观察时间轴面板发现问题的方法。 巩固旧知，学习新知。 概念的讲解为后面的操作做理论铺垫，同时在后面的操作中加深对概念的理解。	PPT Flash文件	3分钟
实践探究学习新知	**提出任务1：**特技飞行 指导学生通过浏览主题网页中“基础任务”下的五个探究子任务，在飞机沿直线飞行动画的基础上，学习如何添加引导层、绘制引导线、将元件吸附到引导线端点，完成单个飞机沿引导线运动的动画。 【探究1】如何添加引导层、绘制引导线 **要点提示：** （1）引导线绘制要点； （2）铅笔工具的“平滑”模式。	通过学习网站，自主学习，制作单对象的引导线动画。	学生动手实践，遇到的问题可能就是本节课的难点，在“导”的过程中就可以有针对性地进行突破。	学习网站	10分钟

（续表）

教学过程					
教学阶段	教师活动	学生活动	设计意图	技术应用	时间安排
观察对比了解新知	【探究2】如何将对象吸附到引导线端点 **要点提示：** 将对象吸附到引导线端点时，要对齐中心点。 【探究3】如何让飞机沿引导线运动时机身随之转向。 **要点提示：** 要点“飞机”层有补间动画的位置才能看到“调整到路径”选项。 【探究4】引导层的特点和属性 **要点提示：** （1）引导层内容播放时不可见，可以添加注释。 （2）引导层应该在被引导层上方。 如果被引导层属性出现变化，可在图层区拖动被引导层到引导层下方。 【探究5】添加背景	通过学习网站，自主学习，制作单对象的引导线动画。	在这一环节中，教师将任务分解为五个探究子任务，在降低难度的同时，逐步递进，不断激励引导学生在“发现问题——实践探究——解决问题——归纳表达”的过程中，加深对引导层和引导线的理解，掌握利用引导层创建物体沿任意轨迹运动的方法，提高探究问题的能力。	学习网站	10分钟
阶段小结检测释疑	**在线检测：** 指导学生从学习网站进入“学习检测”页面，完成在线测试。 **释疑小结：** （1）针对测试结果进行讲解 （2）梳理引导线动画的制作步骤和制作要点。	完成检测 听讲	通过阶段检测，检验学习效果，及时纠错，巩固重点知识。	学习网站 问卷	10分钟

（续表）

教学过程					
教学阶段	教师活动	学生活动	设计意图	技术应用	时间安排
进阶提升 深入学习	**提出任务2**：多对象的引导线动画 **引导探究**： 方法1： （1）一个引导层中绘制多条引导线，引导多个被引导层中的元件的运动。 （2）不便于修改引导线，适用于不交叉的简单引导线。 方法2： （1）为每个元件添加引导层，将不同引导线分画在不同引导层中。 （2）便于独立修改引导线，适合有交叉的复杂引导线。	利用学习网站学习两种多对象引导线动画的制作方法，并完成两架飞机的引导线动画。	在单对象引导线动画的基础上适当增加难度。小步推进，降低学习难度，让学生掌握多对象引导线动画的制作方法。	学习网站	5分钟
拓展练习 巩固提高 （学有余力的学生完成）	指导学生浏览学习网站，利用其中的素材，自主创作一个引导线动画。	发挥创意，动手实践，自主创作。	通过自主创作，深化学生对知识的理解与记忆。有利于发挥学生的创造力，有利于分层教学。	学习网站	7分钟
交流评价 总结反馈	（1）展示部分学生作品，师生交流评价，学习借鉴，让学生体验成功的喜悦。 （2）教师小结 先由学生归纳总结引导层的添加、引导线设置的方法，以及引导线在运动动画制作中要注意的问题，然后由教师补充完整。 教师总结这节课的重点及难点，确保重、难点的突破，总结学生在创作过程中遇到的一些细节问题。	展示成果 技巧讲解 交流评价	采用成功激励的方法，给学生以成就感。让学生介绍、评价自己和别人的作品，可发展学生的表达能力、操作能力和评价分析能力，在此过程中构建自己的知识体系，同时培养学生欣赏他人和正确评价他人的良好习惯。	PPT 极域电子教室	5分钟

（续表）

板书设计
Flash 引导线动画 创建运动补间动画⟶添加引导层⟶绘制引导线⟶将元件吸附到引导线的两个端点上
教学反思
成功： （1）利用飞行特技视频引出引导层的概念，激发学生的学习兴趣。 （2）充分考虑了学情，将整体任务分解为若干探究问题，层层递进，逐步引导学生在发现问题——实践探究——解决问题——归纳表达的过程中，掌握利用引导层创建曲线运动动画的方法和步骤，在降低了学习的难度的同时培养了学生合作学习，自主探究的能力。 （3）通过设置分层次的拓展练习，实现了分层教学，使各个层面的学生皆能有所收获和发挥。 **不足：** 教学过程中发现有些学生制作运动渐变动画的操作还不是很熟练，影响了本节课任务完成的速度，今后应注重重、难点知识的讲解剖析，以及课前预习课后复习环节。 **思考：** 评价环节的设置。

小学语文《生命 生命》教学设计

小学 裴煜

一、指导思想与理论依据

《语文课程标准》指出：“阅读是学生的个性化行为，不应以教师的分析来代替学生的阅读实践。应让学生在主动积极的思维和情感活动中，加深理解和体验，有所感悟和思考，受到情感熏陶，获得思想启迪，享受审美乐趣。”

在教学过程中，教师应重视对学生情感态度与正确价值观的导向。“生命”是一个沉重的话题，不同年龄层次的人对生命的认识和感悟也是不同的。不但要尊重学生的人格，更要充分关注学生个体差异和不同的学习需求，建立充分发挥学生主体性的探究式的学习方式，注重个性化朗读、体验，抓住典型词语理解，真正让学生体会生命的内涵和意蕴，并能联系生活实际，获得对人生独有的情感体验和有益启示，展现教学预设和动态生成的和谐课堂，并以此调动学生对单元教材的整体感知，提高他们探究思考的兴趣，培养学生总体感知、把握单元学习内容的能力，也激发学生对单元学习主题进行探究的欲望。

生命是每个学生都独自拥有的，对生命的感悟肯定也是独特的。通过个性化朗读、分析词语，联系生活的实际让学生体会、探究，这就使语文教学的课堂成为真正生机勃勃的课堂，灵活多样的课堂，多姿多彩的课堂。

二、教学背景分析

（一）教材分析

1. 本课在本单元的地位、作用

本文是人教版义务教育课程标准实验教科书四年级下册第五单元的第二篇精读课文。

这一单元是小学阶段第一次对学生提出生命这一主题，通过《触摸春天》，学生有了对生命的初识，而《永生的眼睛》让学生对生命产生了真实的触感，台湾女作家杏林子所著的《生命 生命》则承载着“引导学生体会含义深刻的句子”这一知识训练点，和对生命不同层次的认识的情感价值的渗透，为我们展现了真实生命存在的形式，让这个年龄段的学生对生命有了由衷的敬畏和珍惜。在教授这篇散文时，我在前两课学习的基础上继续引导学生抓住重点词，联系上下文体会含义深刻的句子，同时体会作者表达对生命含义的理解，为学生独立学习《花的勇气》奠定了坚实的基础，并为学生今后人生道路中如何体味人生、关爱生命埋下了娓娓道来的细腻一笔。

2. 本课特点

本文以设问开头，通过生活中极为普通的三个事例“飞蛾奋力挣扎逃生、小苗顽强地从墙缝里钻出来、倾听自己的心跳声”，讲述了三种不同的生存高度，引发出对生命的深刻思考，阐释了生命

（续表）

二、教学背景分析

的价值和意义。文章结尾处直抒胸臆“珍惜生命、决不让它白白流失，要让自己活得更加光彩有力”，表达了作者强烈的生命意识和积极进取的人生态度，使学生在品读文章的过程中懂得真爱生命、尊重生命、善待生命。

（二）学生分析

《语文课程标准》对第二学段阅读提出明确目标：能结合上下文和生活实际了解课文中词句的意思。关心自然和生命，展开想象，获得初步情感体验，感受语言的优美。

对于四年级孩子而言，已有一定的知识积累和生活经验，在三年级的基础上以能初步结合上下文和生活实际了解课文中词句的意思，而本课提到的生命只是一种抽象的存在形式，学生如何从真正意义上明白了珍爱生命、尊重生命、善待生命呢！

我采用提问单的方式对学生不明白的问题进行调研。

课题	日期：	
“我”的小问号	是否解决	解决办法： ①自读自悟 ②查阅资料 ③老师同学帮助 ④请教家长
	未解决问题	

经过前测调查分析得知，我校四年级大部分学生能初步读顺这篇散文，具备了解文章基本内容的能力。我对四年级两个班的 50 名学生做了调研，经统计有 72% 的学生通过自读课文，已经读懂了文章内容，而且其中 60% 的孩子已经通过初读明白了文章的主旨，我们应当相信学生有读懂文章内容的能力。同时我们也发现，孩子关注内容的成分较多，关注语言表达形式和分析含义深刻句子的能力远远不够。这就决定我们在进行教学设计时引导学生关注作者的表达形式，带领学生体会文本中的含义深刻的词、句。

另外，学生已经明了的内容，教学时我们就不涉及了，只针对学生不懂的核心问题进行探讨。我将学生质疑的问题经过梳理，主要有以下三类：

A. 针对事例提出的问题：

①作者为什么忍不住放了飞蛾？

②香瓜子靠什么生存？

B. 针对文章题目和主旨提出的问题：

①为什么作者以生命为题？中间为什么空着？

②生命到底是什么？

③我们怎么样浪费和珍惜生命？

（续表）

二、教学背景分析
C. 针对文章表达的形式提出的： ①香瓜子和飞蛾的生命与我们有什么关系？ ②为什么生命可以使用，也可以糟蹋？ ③为什么说生命有限，价值无限？ 由学生的质疑问难的梳理，我感到四年级的学生年龄还比较小，对生命只是浅层次的认识，而书中提到的“我可以好好使用它也可以白白地糟蹋它”。“虽然生命短暂，但是，我们却可以让有限的生命体现出无限的价值”等含义深刻的句子并体会他所表达的思想感情是学生理解的难点，理解课文所涉及的三个事例，深入体会作者对生命现象的一些感受和理性思考。从而引发自己对生命的理解。体会作者先看后感的表达方式和表达效果，是教学的重点，体会作者的表达方式更是这节课的核心。 课标对小学第二学段的阅读提出明确要求：“能体会课文中关键词句的表情达意的作用。”我校四年级学生经过上学期的训练，大部分学生能够准确地提取信息，但学生不能准确地将意思进行归纳，进行准确的批注。因此，本学期还要继续训练学生批注的能力。 我紧紧依据课程标准对第二学段的要求以及学生的学情调研，我制定了以下教学目标： （三）教学方法和手段 （1）以课文开篇的总问题梳理文章层次，学生自读自悟，抓住词语理解为基础，重点训练学生的批注，引导学生交流读书的收获与思考。 （2）设计不同层次不同方式的品读，在阅读中采用自读——理解——分析——感悟——升华，品词析句，体会重点词语、句子表情达意的效果，加强语言训练，提升学生情感，并结合上下文整体感知文意，来培养语感，理解句子的含义。 （3）注重在教学中渗透换位感悟的方法，努力创设一些情境将学生引进文本，用学生的视角诠释生命的形式和意义。 （4）关注文本独特的教学价值。定位到“人文合一”的层面，不但凸现教材中处处流露的生命教育因子，让学生认识生命，珍惜生命。而且引导领悟语言表达的特点、作用、效果，并使其相互作用，相互促进，注意归纳学法，让学生能够从课文的思想内容与语言表达的有机统一中，感受到语言的魅力。 （5）注意读写结合的训练，在课堂结尾的提升部分引导学生学以致用，开阔思路。 （6）适当引入相关资料，课内外结合，丰满文章内涵，加深对文本的理解。 （四）技术准备： 使用多媒体教学设备，教师准备电子演示文稿、音频资料、图片资料。
三、教学目标（含重、难点）
（1）有感情地朗读课文，把握课文内容，理解含义深刻的句子，揣摩其中蕴含的意思。 （2）感悟作者对生命的思考，懂得珍爱生命，尊重生命，善待生命，让有限的生命体现出无限的价值。

（续表）

三、教学目标（含重、难点）
（3）引导学生在自读自悟的基础上进行探究性学习，培养学生自主学习的能力。 教学重点：引导学生把握课文内容，关注课文所涉及的三个事例，深入体会作者对生命现象的一些感受和理性思考，从而引发自己对生命的理解。 体会作者先看后感的表达方式和表达效果。 教学难点：理解课文中“我可以好好使用它也可以白白地糟蹋它”。“虽然生命短暂，但是，我们却可以让有限的生命体现出无限的价值”。等含义深刻的句子并体会他所表达的思想感情。
四、教学过程
（一）谈话引入、拉近距离 同学们，在盲女童安静的心里，一只翩翩起舞的蝴蝶是一种灵动的生命；在活泼可爱的琳达的笔下，栩栩如生的马儿也是她生机勃勃青春的象征，那么，在台湾女作家杏林子眼里，生命，是什么呢？ 【设计意图：回顾单元主题，未有曲调先有情，温故而知新。复习初步了解的课文内容，明确本节课的学习内容。】 （二）抓住主线、整体把握 快速浏览全文，回忆作者围绕生命讲了哪几个事例？ （飞蛾求生　瓜子生长　心脏跳动） （三）深入品读、注重学法 1. 默读课文 2 ~4 自然段，用“～～～～”画出最让你感动，让你震撼的句子，在你感受深的句子旁边作简单批注。（请你读一读、画一画，写一写） 预设一：采取 2 ~4 自然段完全让学生自读感悟、抓住重点词语批注体会、换位感悟后总结学法的思路。 预设二：针对我校四年级学情，学生的批注能力不强，有一部分学生不知如何抓住重点词语进行批注，我将预设抓住重点词语批注体会、换位感悟后总结学法的思路调整为第二自然段引领学生学习，在教师的帮扶下理解、感悟，同时将自己的理解感悟进行归纳、提炼进行批注。 （1）引导学习“飞蛾奋力挣扎” ①找一找：展示飞蛾生命的句子。 “但它挣扎着，极力鼓动双翅，我感到一股生命的力量在我手中跃动。那样强烈！那样鲜明！飞蛾那种求生的欲望令我震惊，我忍不住放了它！” ②画一画：重点词语（挣扎、极力、鼓动、跃动）体会生命的含义，体会那种强烈的、最原始的、本能的渴望。 ③写一写：进行简单批注。 ④创设氛围，用换位体会的方法引导学生尝试情景再现，多形式、多层次地让学生朗读作者的所看、所感，拉近学生与文本的距离。

（续表）

四、教学过程
⑤小结学习方法。 进而引导学生溯本求源，飞蛾为什么会这样，回顾事件的起因，暗含渗透了作者的写法指导：先写看到的，再写自己的感受。 【设计意图：培养学生一种从文本仔细寻找答案的习惯，关注每一句话，培养认真读书的习惯，并初步感知作者的表达方法——先写看到的再写感悟。】 请每位同学伸出自己的右手，想象——小小的飞蛾就在我们大大的手掌里，稍一用力，〈辅助动作：攥拳〉此刻，你想说什么？ 此时，我若对飞蛾说：（面向学生）“小飞蛾呀，你别苦苦挣扎了，今天，你必死无疑。”此时，你想说什么？ 【设计意图：语文学习要适当为学生创设一些情景，以便更好地把学生带进文本，体会文意，即所谓披文入情。让学生将自己与飞蛾的角色转换，更有助于学生理解一种生物，在濒临死亡时对生的渴望。】 在结束本段的学习后，我设计了再一次回归课题——齐读课题的环节，一是为了加深学生对文章主旨的印象，二是为了课后落实训练铺垫。 （2）运用学习“飞蛾求生”的方法，自学3、4自然段，小组内交流。 预设一：完全放手让学生自学，以汇报的形式进行反馈。 预设二：对学生进行画批、感悟的实际情况给予帮扶，尤其关注班内学困生。 2. 第一层：“香瓜子顽强” （1）学生自读自悟，感受生命的不屈顽强 ①找出相关句子，读一读。 <u>墙角的砖缝中掉进一粒香瓜子，过了几天，竟然冒出一截小瓜苗。（看）那小小的种子里，包含着一种多么强的生命力啊！竟使它可以冲破坚硬的外壳，在没有阳光、没有泥土的砖缝中，不屈向上，茁壮生长，即使它仅仅只活了几天。（想）</u> 【设计意图：一是让学生把握文章的表达特点，作者写见闻时是先写看到的，再写自己的感受；二是指导学生背诵，提高课堂教学实效性。】 ②画一画、写一写：体会小瓜子的茁壮、不屈。（重点词语的批注，两个竟字） （2）通过创设情景的师生对读：小瓜苗呀你想怎样向人们展示自己顽强的生命力？（老师读情景，学生读感受。）落实学生抓重点词语理解句子的训练，也为课后的背诵练习梳理文章思路。 （3）在充分朗读后，指导学生抓住词语理解小瓜子顽强不屈、坚韧不拔的精神。 在抓住此段的重点词语理解上，我设计的分析词语的环节不仅仅是解释词语的基本训练，还有联系上下文理解的学法渗透，让学生扎实地体会到小瓜苗的精神，那是一种生命的坚韧和强大！ （4）此时引导学生想象感悟，迸发对小瓜苗由衷的钦佩。进行师生对读。 【设计意图：读中感悟是语文阅读训练重要的一环，也是语文素养扎实的基本功，正所谓一堂语文课必有朗朗的读书声，而且读后要有自己的体会，感受。很多学生没有体会，体会从何而来？不仅从词语中找，还可以从上下文中去找。】

（续表）

四、教学过程

（5）最后再一次回归课题——对马上进入的自己生命反思的一段奠定基础，也是对课文整体的一种回归。

【设计意图：关联词语的强调作为最后分析的升华时使用，着重在于训练学生的语感，再一次回归总课题，与开头的什么是生命大问题呼应，与题目呼应，为整体理解课文以及课后读写训练铺垫。】

3. 第二层："倾听心跳"

（1）链接资料、启发思考

①出示资料：

蛋壳里的小鸡想破壳而出，小马想要成为千里马艰难地行走着，干旱的土地上长出小嫩芽，花儿展开花瓣的图片，引导学生感悟这就是我们身边的生命。

当学生对于生命存在的形式和意义已经有了情感上的感悟和思想上的共鸣，我适时追问学生：我们的生命又是什么？你认为生命到底是什么？

【设计意图：动物和植物的生命存在形式和内在表达的张力学生已经有所感悟，此时加入一些生活中感性的，熟知的内容，便于学生舒缓情绪，开阔思维，为下面的深入思考，突破难点做好铺垫。】

②回归文本、深入思考

（2）创设情境：聆听自己的心跳。

（3）直接出示重点句：

我可以好好地使用它，也可以白白地糟蹋它。一切全由自己决定，我必须对自己负责。

（4）指导学生读中感悟，重点理解糟蹋这个词的含义，糟蹋生命的一种行为，不糟蹋生命的行为。在这里我会给学生补充一些名言和生活中熟悉的事例、人物。

（5）体会杏林子要告诉我们什么，突破教学难点，也正是课前对学生进行调研中学生不理解的地方，课上在40分钟内解决学生的真问题。

【设计意图：崔栾老师曾经提过大语文教育观的问题，叶老先生也曾经说过教材无非是个例子，所以当教材中的难点难以用语言解释描述的时候，可以指导学生利用教材以外的例子辅助理解，也积累了知识，开阔了眼界。】

4. 在了解了生命的意义后，又一次依据学情（学生最难理解的地方）出示中心句：

虽然生命短暂，但是，我们却可以让有限的生命体现出无限的价值。于是，我下定决心，一定要珍惜生命，决不让它白白流失，使自己活得更加光彩有力。

抓住一对反义词进行感悟和理解，"有限的生命"与"无限的价值"是什么意思？可以举例说明。

【设计意图：发现作者表达上的特点，自己学会模仿。】

（续表）

四、教学过程

（四）升华情感、读写结合

1. 读全文，思考：生命因（　　　　　　）而美丽。（坚强、顽强、勤奋、精彩）

2. 在你的脑海中谁的生命存在让你印象深刻？为什么？

我感受到飞蛾的生命　　因为坚持不放弃而美丽。

我感受到温迪的生命　　因为无私奉献而美丽。

我感受到贝多芬的生命　　因为自强不息而美丽。

我感受到______的生命　　因为________而美丽。

3. 提升

生命是飞蛾求生的欲望

生命是瓜苗生长的不屈

生命是心脏跳动的震撼

生命是（“可乐男孩”的乐观）

生命是（小狗漂流的勇敢）

生命是（角膜捐献的承诺）

生命是（抗争病魔的坚强）

4. 再一次回归课题，加深对文章主题的记忆，出示提升训练：填写标点。

生命____生命____

【设计意图：读写结合，拓展学生的语言积累，语感培养和书面表达的能力。而且渗透给学生一种由浅入深，寻因问由的思路，也是检测课文理解是否到位的一种手段。】

作业布置：依据学情，体现分层——针对目前减负教育教学背景，本着减负提质，提高课堂实效的原则，我布置作业如下：

1. 有感情地朗读本课，背诵写来。

2. 针对学生学业水平的差异：

（1）将你这节课回答过的感受整理，写一篇关于对生命思考的日记，题目自拟。

（2）请你把你学了这篇文章的感受，和家人谈谈。

（3）选择你最喜欢的一段话，练习朗诵。

3. 针对学生课外阅读量的差异：

（1）介绍你读一本书《感动中国——华彩乐章》。

（2）注意关注新闻和报纸中关于珍爱生命的报道，剪辑下来，和大家交流。

板书设计：

19. 生命 生命 珍惜 → 飞蛾求生（震惊）　有限
→ 瓜苗生长
→ 心脏跳动（震撼）　无限

小学语文《望庐山瀑布》教学设计

小学　金春颖

教学目标：

（1）认识本诗中的4个生字“庐、瀑、炉、疑”，并运用学过的识字方法自主识字。学会4个生字“炉、银、烟、流”，重点指导“照、炉”的书写。

（2）图文结合，抓住重点词句，展开合理想象，理解诗句的意思，感受诗的意境，有感情地朗读、背诵古诗。

（3）激发学生对祖国大好河山的热爱之情。

教学重点：

（1）有感情地朗读、背诵古诗。

（2）指导书写“炉、照”两个字。

教学难点：边读边想象画面，品词赏句，体会诗人所表达的感情。

一、导读引入，激发兴趣

古诗接龙：日出江花红胜火，（　）。春风又绿江南岸，（　　）。欲把西湖比西子，（　　）。

师；刚才我们通过古诗领略了大自然带给我们的美丽景色，这节课就让我们一起去欣赏庐山瀑布的风光。

二、知诗人，解诗题

1. 出示李白图。

李白是我国唐代的大诗人，他一生写下了许多诗歌有“诗仙”之称。你会背李白的哪首诗？

预设：学生可以背出静夜思、赠汪伦、古朗月行、早发白帝城、望庐山瀑布。

如果有孩子会背《望庐山瀑布》就让背一背。评价语：今天要学习的这首诗你已经会背了，你积累的古诗可真多。

2. 解诗题。

刚才有的同学已经把我们要学习的这首《望庐山瀑布》背下来了，那你知道“望庐山瀑布”是什么意思吗?

预设：诗人在望庐山的瀑布。　　问：“望”是什么意思?（生：看）

预设：诗人在看庐山的瀑布。　　问：哪个字是看的意思?（生：望）

师：你们认为“望”就是“看”的意思，是吗?

生答：是。师：不太准确，能读读这首诗再想一想。

生答：不是。就让学生来解释。

3. 再解诗题。

“望庐山瀑布”是什么意思?（诗人站在远处看庐山的瀑布。）

过渡：我们再读一读李白是用怎样的语言来描绘瀑布的景象的。

三、读古诗，认生字

1. 请打开书，自读这首古诗，要求读准字音，读通诗句。

2. 检查字音。

教师：预习时，我们已经在书上把生字圈出来了，现在我们来认认诗中的这些生字词。

出示带音节生字：庐　炉　瀑　疑

（1）庐：　庐山

炉：　香炉

观察这两个字有何共同点?（都读 lu，都有“户”）你怎么区分这两个字?（庐山的“庐”是“广字头”，香炉的“炉”是“火字旁”）

①通过偏旁来区分这两个字，你猜猜这两个字与什么有关?（“炉”字，与火有关）你是怎么知道的?（火字旁）

②你猜猜这个“庐”字，与什么有关?

学生知道就让学生讲。

学生不知道老师讲：“广”最初的含义是依山崖建造的房屋。汉字中有一部分带“广字头”的字，与房屋有关。

庐：本义是指建在山野供猎人居住生活的屋子。但在这首诗中庐山是一个地名

③根据字的偏旁，就能知道它的意思。

④理解“香炉”

师：见过香炉吗?

预设：见过。那就请这位同学说说。

都没见过。老师出示香炉的图片讲解：香炉原指专门烧香的器物，点燃香的时候，便香烟缭绕。但这首诗中的香炉可不是这个意思，而是指庐山的香炉峰（出示香炉峰的图片）：你们知道为什么叫香炉峰吗？仔细观察观察发现什么了？（香炉峰形状上尖下圆，很像香炉，这里经常有云雾笼罩，就像正在焚香的香炉一样，所以人们为它取名香炉峰。）

（2）认读：瀑

瀑：你见过瀑布吗？什么样？你怎么记住这个字？

预设：左边三点水，右边是个暴字（评价：你是用加一加的方法记住这个字的）。

（3）疑：你能用“疑”组词吗？（怀疑、疑问、可疑、疑心、疑点、疑惑）

再看到这个“疑”字，能认识吗？看来给字组词也是识字的一种方法。

3. 这些字大家都认识了，诗句能读通顺了吗？指生读。

4. 有节奏地朗读古诗。

（1）教师：你们能流利地朗读古诗了，但是读古诗跟我们读现代的文章是不一样的，我们在诵读古诗时，需要有节奏的去读。想想每句诗该在哪儿停顿呢？谁来试着读读？

（2）指名读。其他同学听节奏。

师：谁听出来了。他是在哪儿停顿的？指名说。

预设：学生能按照前四后三的停顿来读。

学生不能正确停顿，让学生读读“飞流直下三千尺”这句，让学生感受“飞流直下”不能断开读，指导学生读出前四后三的停顿。

（3）七言绝句一般是按照前四后三的停顿来读，那请你按照前四后三的节奏再读读这首诗，是不是有点古人读诗的味道了？（课件出示停顿符号。）

四、读诗句，明诗意

过渡：请你再认真地读这首诗，边读边想，你都知道了什么？还有哪些不懂的在书上标出来。

同学互相交流一下。

1. 通过朗读，你知道了什么？其他同学认真听，也许你不懂的内容，正是他知道的，认真倾听别人的发言解决自己的问题。

太阳照在香炉峰上，峰顶云雾变成了紫色。远远看去，瀑布像一条大河挂在山上。瀑布飞快地流下来，有三千尺那么长。怀疑是银河从九天落下来。

关注："生"与"升"区分，太阳照在香炉峰顶上的云雾，产生出了紫色的烟雾。

2. 还有什么不知道的，或读不懂的？

3. 学生提出不懂的问题，老师解决。

学生可能出现的问题：

（1）挂前川：理解"川"：

①"川"是什么意思？遇到不懂的怎么解决？（查字典）学生动手查字典（河流）。通过查字典解决字的意思，这就是"查"的方法。

②现在我们知道了这句是说：远远看去，瀑布像挂在山上的大河。

这个意思还是没表达清楚，可以把"川"字的位置换到"挂"的前面，就是：瀑布像一条大河挂在山上。用到了换、加的方法。

③我们通过查、换、加的方法读懂了这句古诗。

师：诗人第一眼看到瀑布的感受是"挂前川"，瀑布像是一条大河高挂于香炉峰上。谁能将瀑布这巨物"挂"起来呢？是大自然的神奇力量。看看这"挂"字用得多妙呀。

师：请你们想象一下，瀑布像一条大河挂在山上，在阳光的照射下闪烁着光芒，这会是一道怎样的瀑布，这景象带给你什么感受？

• 把你的想象化成语言，说说。填空：远远望去，一道（银光闪闪、耀眼、闪着银光）的瀑布，像一条大河挂在山上，这景象真（壮观、壮美）呀！

•（带着感受读这句诗）你能把你的想象读出来吗？

评价：你的朗读让我感受到了瀑布的壮美。

学生读不好时，引导：只有大自然的神力才能将这瀑布挂在高山之上，把这种壮美读出来。

正是大自然的鬼斧神工，才使我们有幸看到了这壮美的庐山瀑布。

（2）（飞流直下、三千尺）

①飞流直下：瀑布从香炉峰上飞流而下，速度特别的快。

②三千尺：说明瀑布很高、很长。

③看诗句填一填：这瀑布真（高）呀！流下的水真（快）呀！

• 快到什么程度？（像飞一样）能用你的朗读来表现吗？

• 教师：三千尺相当于我们现在的900多米，这900多米到底有多高呀？我们的教学楼大约有12米左右，要75个教学楼摞起来大概是900多米，京广中心大约有210米，要4个京广中心摞起来差不多是900米。这瀑布可真高、真长啊！真的有三千尺那么长吗？（不是）这种写法叫作夸张。（板书：夸张）

④李白诗歌的夸张特点。

这种大胆夸张的写法是李白诗歌的特点，比如，桃花潭水深千尺，不及汪伦送我情。用深千尺衬托汪伦情谊深。白发三千丈，缘愁似个长。用三千丈来衬托李白的愁绪。危楼高百尺，手可摘星辰。用高百尺来形容楼宇的高。两岸猿声啼不住，轻舟已过万重山。用万重山来形容小船的速度快。李白运用夸张的写法，只用了7个字就把瀑布的快、高的特点表现得淋漓尽致，留下了这首千古名句。

⑤指导朗读：巍巍香炉峰藏在云烟雾霭之中，遥望瀑布就如从云端飞流直下，声如雷鸣，水花四溅，这磅礴的气势，这壮美的景象，读出来。男女生对读，齐读

评价：这景象太壮美了。

读不到位时：这飞一样的速度，这三千尺的高度没有展现出来，再来读读。

（3）银河：出示图片，由许多闪烁的星星组成的一条明亮的光带，看起来像一条银白色的大河，古人称它为银河。这里的银河指的是谁？（瀑布）

（4）九天：古人认为天有九层，九天就是天的最高处。

想象：什么从九天落下来？（银河）请你闭上眼睛想象：浩瀚无边的宇宙中，美丽的银河顷刻间，裹挟着闪耀的星辰，穿越九天，倾泻而下，出现在我们眼前。睁开眼睛，你看到了怎样的瀑布呀？

③指导朗读：诗人的想象力太丰富了，已经穿越到了宇宙中。带着这种丰富的想象，读读这一句。（指名读、分组读、齐读）

评读：你的读也让我们充满了想象。

④李白诗歌的丰富的想象特点

丰富的想象也是李白诗歌特有的风格。这种丰富的想象，还表现在其他的诗中，比如，床前明月光，疑是地上霜，由床前明月光想象到地上霜，又疑瑶台镜，飞在青云端。看到天上的月亮想象到那是仙人用的镜子。在这首

诗中也让我们深切地感受到了这一点。

4. 出示正确的译文

你们说得不错，把我们刚才读懂的内容连起来就是这首诗的意思。

过渡：青山、紫烟衬着一道银光闪闪的瀑布，像一条大河挂在山上。远远望去，这道瀑布飞流而下，像是耀眼银河从天而降。如果让你用一个词来概括庐山瀑布给你的印象，你会用哪个词？（美）

美的表现形式是不同的。老师这有 3 个词，哪一个最能体现庐山瀑布的美——优美，壮美，秀美？

壮美与别的美有什么不同？（不但美而且壮观）是一种壮观的、有气魄、有气势的美。

5. 有感情地朗读（配乐朗读）

师：李白站在香炉峰下，抬头远望，太阳高照在香炉峰上，把峰顶的云雾变成了淡淡的紫色，这朦朦胧胧的紫烟，让香炉峰显得更加美丽，此情此景，李白不禁吟诵到：日照香炉生紫烟。

一道瀑布自天而降，犹如一条大河，气势万千地挂在绿色的崖壁上，于是，他又吟诵到：遥看瀑布挂前川。看着瀑布从高耸入云的香炉峰上轰然跌落，白浪翻飞，银珠四溅，这景象让诗人联想到这瀑布像是银河从天而降，他不禁脱口而出：飞流直下三千尺，疑是银河落九天。

6. 从刚才读中体会到什么？

预设：生：李白很喜爱庐山瀑布。生：庐山的景色太美了，很壮观。

小结：李白用他优美夸张的语言，丰富的想象，描绘出了这么雄伟壮丽的庐山瀑布，难怪人们会说“庐山之美，瀑布居首”。这么壮美的景象，李白只用了短短的 28 个字来表达。你们看，古诗的语言多么凝练呀！

五、写生字

过渡：这首诗同学们都会背了，老师相信你还能把它写出来！你看，大部分字我们都学过了，今天就来写这两个字。

1. 出示“炉、照”

2. 观察这两个字

一看整体：比较紧凑，注意避让与穿插。二看左右结构，左窄右宽（让右者，右伸左缩）。三看压线笔画。四说：组词。

3. 提醒学生应注意的地方

4. 指导书写“照、炉”

炉：两个色块提醒我们左右两边高度一样。

照：四点底的写法

5. 写这两个字。反馈。

六、课外积累

瀑布是大自然中的壮丽的景观，古往今来都是诗人赞美的对象。我们看看叶圣陶先生是怎么赞美瀑布的。

（1）出示《瀑布》全文，播放录音。

还没看见瀑布，先听见瀑布的声音，好像叠叠的浪涌上岸滩，又像阵阵的风吹过松林。山路忽然一转，啊！望见了瀑布的全身！这般景象没法比喻，千丈青山衬着一道白银。站在瀑布脚下仰望，好伟大呀，一座珍珠的屏！时时来一阵风，把它吹得如烟，如雾，如尘。

（2）唐代大诗人李白远望瀑布雄伟壮丽，叶圣陶先生近看瀑布如烟、如雾、如尘。两首诗相隔千年，写法不同，但是为我们描绘的瀑布图却同样美丽。

七、作业

找叶圣陶先生的《瀑布》读一读。

板书设计：

望庐山瀑布

李白

日照香炉生紫烟，　　　　壮美
遥看瀑布挂前川。
飞流直下三千尺，　　　　夸张
疑是银河落九天。　　　　想象

小学语文《习作指导——我的小伙伴》教学设计

小学　王雷

一、教学目标

（1）学会从“亲情、友情、师生情、故乡情、民族情、理想与追求、哲理和自然与环保”主题中选择自己写作人物的特点，拓宽选材思路。

（2）通过小组合作学习、讲练结合的学习方式，学会将人物特点描写具体。

（3）通过“景+人+事+情”的写作方法突显画面感，表现人物特点，提高学生写作能力。

二、教学重难点

学会围绕主题，选择1~2件事例进行描述。在记叙事情的过程中，通过“景+人+事+情”的写作方法突显画面感，表现人物特点，提高学生写作能力。

三、教学过程

（一）导入（3分钟）

1. 课前游戏

同学们，在学习今天的知识之前，我们先来玩一个小游戏吧！

游戏规则：

老师会展示三个人物的描写，每个人物都会出示几个词条，如果你知道这个人物是谁，请你大声地说出来。

投影出示三个人物形象：

（1）猪八戒

（2）诸葛亮

（3）林黛玉

猪八戒：黑脸短毛，长嘴大耳，圆身肥肚，穿一身青不青、蓝不蓝的梭布直裰，提一柄九齿钉耙，看到吃的就口流涎水，两眼放光。

诸葛亮：身长八尺，面如冠玉，头戴纶巾，身披鹤氅，飘飘然有神仙之概。

林黛玉：两弯似蹙非蹙笼烟眉，一双似喜非喜含情目。态生两靥（yè）之愁，娇袭一身之病。泪光点点，娇喘微微。闲静似姣花照水，行动似弱柳扶风。心较比干多一窍，病如西子胜三分。

2. 提问

谁来说一说，为什么有些人物我们没有猜出来呢?（为什么我们能够准确的猜到每一个人物呢?）

预设：

（1）没有抓住外貌特点

（2）模仿的动作不太像

（3）没有说出有代表性的语言

（4）没有找到表现人物特点的事例

总结：同学们，要想把一个人物生动地展现在别人的眼前，一定要学会通过具体事例，抓住人物的外貌、动作、语言、神态描写表现人物特点。

设置与写作主题相关的活动，达到收心作用，引出知识点。

（二）新授课（20 分钟）

1. 明确要求

生活中我们也结识了很多小伙伴，我们一起来回忆一下，你最熟悉最要好的小伙伴。你准备写哪个小伙伴，他有什么特点?

预设：

（1）乐于助人的班长

（2）关心他人的学习委员

（3）爱读书的普通同学

总结：看来让我们说一说自己熟悉的小伙伴的特点也不是一件容易的事，没关系，接下来老师就来教会大家怎样来写自己的小伙伴。

我们先来看这次的习作要求：

学会围绕小伙伴的特点，选择1～2件事例进行描述，并且在记叙事情的过程中，通过人物的外貌、动作、语言、神态描写表现人物特点。

提问：看了习作要求，你知道了哪些习作的要求？

预设：

（1）人物：小伙伴

（2）要写出特点

（3）通过事情写人物

（3）要有描写

2. 明确选材

过渡："找啊找啊找朋友，找到一个好朋友，敬个礼，握握手，你是我的好朋友！"

（1）提问：谁是你的小伙伴呢？我们先来想一想，如果是在家里，谁是你的小伙伴呢？

预设：弟弟、妹妹、哥哥、姐姐，我的老顽童爷爷也是可以的。

总结：没错"弟弟、妹妹、哥哥、姐姐"不仅是关爱我们的家人，也是陪伴我们，让我们倾诉心声的最好的伙伴。

（2）提问：我们再来想一想，如果是在学校里，你想和谁交朋友呢？

预设：我的同桌、班长、学习委员、组长……

追问：他们的身上，一定有着吸引我们的地方，能不能说一件，你为什么想要和他交朋友呢？

预设：

A. 我喜欢乐于助人的同桌。

B. 我想要和多才多艺的文娱委员做朋友。

C. 关心班集体、关心同学们的班长是我想要结交的朋友。

D. 学习委员不仅学习成绩好，而且她爱思考，也爱帮助我们共同进步，我想和她做朋友。

（3）提问：除了家人、同学，我还想和谁交朋友呢？

预设：

A. 住在我隔壁的小姐姐。

B. 回奶奶家乡遇见的小伙伴。

C. 外出游玩的时候遇到的小伙伴，虽然只见了一面，但给我留下了深刻的印象。

……

总结：小伙伴是生日聚会上姐姐的笑脸，她陪我们吹灭生日蛋糕上的蜡烛；小伙伴是忧伤时候班长的一个鼓励，他为你抚去心灵的阴霾。小伙伴是无聊生活中的一次聚会，给你的生活增加些许美好。我们的人生路途中离不开“伙伴”的陪伴。

拓展学生思维宽度，积累写作素材。

3. 人物特点

过渡：我们已经知道了我们可以写哪些“小伙伴”了，你的小伙伴你是最了解了，在他们身上有什么与众不同的特点呢？

预设：乐于助人的班长、热爱读书的同学、热爱劳动的组长……

预设：亲情（孝顺家人）、友情（关爱同学）、师生（尊重老师）、故乡情（爱国）、哲理（坚强不屈）、理想与追求（实现自己的理想）、自然与环保（保护周边的环境）。

总结：同学们真是太棒了，我们从情感和道理两个方面，又找到了小伙伴身上的闪光点，你们都有一双发现美的眼睛；只要拥有这双眼睛的孩子，我们会发现生活永远都是美好的。现在再来看看，我们的选材变得多丰富呀！

拓展学生思维宽度，拓宽写作主题。

4. 制作名片，回顾写法

过渡：人们都说“说起来容易做起来难”，现在让大家动笔写，成不成？在动笔之前我们先来看看本单元的课文，都写了哪些人物？作者采用了怎样的写作手法表现人物特点的呢？

课文《少年闰土》

人物：闰土

特点：聪明能干

写法：对比手法

事例：雪地捕鸟，看瓜刺猹

课文《一面》

人物：鲁迅

特点：关心青年

写法：细节描写

事例：廉价卖书

课文《我的伯父鲁迅先生》

人物：鲁迅

特点：为自己想得少为别人想得多

写法：侧面描写

事例：关心女佣

课文	人物	特点	写法	事例
《少年闰土》	闰土	聪明能干	细节描写、对比手法	雪地捕鸟
《我的伯父鲁迅先生》	鲁迅	为自己想得少，为别人想得多。	细节描写、侧面描写	关心女佣
《一面》	鲁迅	关心青年	细节描写	廉价卖书

过渡：同学们，回忆了本单元的课文，我们也试着给自己想写的小伙伴制作一张名片吧！

提问：你准备写哪个小伙伴？他有什么特点？你准备采用怎样的描写方法？用什么事情能表现他的这种特点呢？来给你的小伙伴设计一张名片吧。

板书：

人物：

特点：

写法：

事例：

预设：

人物：韩蓄

特点：爱看书的小书虫

写法：对比手法

事例：课间看书

人物：陈小西

特点：十分要强

写法：细节描写

事例：和我下棋输了，约好一个月后再下，结果苦练一个月真的赢了我。又一次被同学嘲笑字写得难看，一个暑假都在练习。

总结：本单元习作是我的小伙伴，在写作之前，我们给小伙伴制作一张名片，实际上也为我们写作列好了提纲。我们学会了根据我们要表现的小伙伴的特点，选择合适的材料。

5. 指导写事

过渡：当我们设计好了小伙伴的名片之后，我们就可以开始写一写了，在写之前，请同学们先在小组内说一说自己想怎么把事情写具体，说一说：先写什么？再写什么？准备用怎样的写作手法，突出人物怎样的特点？

小组内互相说。

展示一到两个。

过渡：同学们说的老师心花怒放的，说得可真好。那么我们就动笔操练起来吧。

（1）提问：展示一个同学的写作内容，谁来说一说，他写得怎么样？

预设：写作中有动作、语言、神态和心理的描写。

描写没有顺序，不能突显人物的特点。

（2）写法指导：

过渡：同学们说的都很对，我们从三年级就已经接触这些描写了，到了六年级这样的描写还远远不够，如何才能让人物有血有肉、活灵活现地站在你的面前呢？同学们想不想提升？想提升，我们来读一个片段，在读这个片段的过程中，请你想一想，这个片段写了哪些内容。

记得一个夏天的晚上，月亮已经高高地挂在空中，周围的星星闪闪烁烁，路灯已经亮了起来，看着天色已晚，我才极不情愿地回家去了，因为每天晚上爷爷都要给我讲故事，这个故事我都听了三百多次了。（景）

来到门口，我慢慢地打开门，从门缝中向里面看去，爷爷手中拿着眼睛，靠在沙发上睡着了，还轻轻地打着呼噜，电视里还播放着京剧的节目，我蹑手蹑脚地往屋子里走，生怕吵醒爷爷，正当我要进入卧室的时候，爷爷醒来了。（人）

看见我回来，爷爷立马兴奋起来，站起身来，摆着手说：“孩子回来了，过来，过来，爷爷给你讲个自行车的故事。”我只好垂着脑袋，走到爷爷面前，看着爷爷一脸兴奋的样子，我也只能面带微笑，听起了爷爷的故事。听着，听着，爷爷又睡着了，我慢慢地离开了客厅，走进了屋子，心想：终于可以写作业了。刚拿出笔，爷爷就进来了，兴奋地说到：“孩子，回来了，来来来，爷爷给你讲个故事，保准你没听过，给你讲个自行车的故事！”就这样爷爷又开始讲了，我在一旁认真地听……（事）

这就是我的爷爷，一个有些“糊涂”的老小孩，爸爸说爷爷年纪大了，我们要学会关心爷爷，所以我到现在还一直在听故事——自行车的故事。（情）

提问：读了这个片段，你发现这个片段都写了哪些内容？

预设：写了优美的景色，具体描写了人物，事情写的较具体，还抒发了自己的感受。

总结：同学们都是火眼金睛，找的可真准。这段文字确实是通过“景＋人＋事＋情”的写作方法，写出了事情的“画面感”。现在，我们就试着用这样的方法写一写自己的小伙伴。

过渡：现在就请同学们动笔写一写。

教师巡视，投影展示，讲评。

（三）板书设计：

我的小伙伴

选材：生活空间

主题：情　　　　理

孝顺　关爱　尊重　爱国　　坚强　实现理想　　保护环境

画面感：　景　＋　人　＋　事　＋　情

借景抒情托物言志

小学语文《白鹅》教学设计

小学　周阳

【教学目标】

（1）能有感情地朗读课文，体会白鹅高傲的特点，学习作者抓住特点运用反语、对比的方法进行描写，体会作者用词的准确生动和幽默风趣。

（2）能抓住关键词句，联系上下文及生活实际体会第三自然段白鹅叫声高傲的特点，小组合作学习四至七自然段体会白鹅步态和吃相的高傲。

（3）体会作者对白鹅的喜爱之情，感受人与动物的和谐美。

【教学重点】

能抓住关键词句，联系上下文及生活实际，体会白鹅高傲的特点。

【教学难点】

学习作者抓住特点运用反语、对比的方法进行描写，从看似贬义的词语中体会作者对鹅的喜爱之情。

【教学过程】

一、导入回顾，词语复检（3 分钟）

揭示课题：学习丰子恺笔下的《白鹅》。齐读课题。

1. 复检词语：

过渡语：上节课我们学习了本课中的词语，我们一起来回顾一下。

出示：窥伺　侍候　净角　供养　不周　大模大样　伸颈狂吠

边读边思考从第二组词语中你有什么发现？

严肃郑重　厉声呵斥　三眼一板　一丝不苟　从容不迫　架子十足

预设：都是四字词，都是描写白鹅的，体现出白鹅高傲的特点。

板书：高傲

2. 再读课文，品读特点

整体感知课文内容：小声读读课文，想一想鹅的高傲表现在哪些方面？

板书：叫声、步态、吃相

二、体会白鹅叫声的高傲（10 分钟）

1. 抓关键词体会鹅叫声的高傲

过渡语：从哪些语句能够感受到白鹅叫声的高傲呢？我们来看看课文第三自然段。

（续表）

出示阅读提示：请你默读第三自然段，用“＿＿”画出表现出白鹅叫声高傲的词语，用你的朗读表现出来。

鹅的叫声，音调严肃郑重，似厉声呵斥。它的旧主人告诉我：养鹅等于养狗，它也能看守门户。后来我看到果然如此：凡有生客进来，鹅必然厉声叫嚣；甚至篱笆外有人走路，它也要引吭大叫，不亚于狗的狂吠。

学生汇报。

2. 联系上下文选择字义

讨论：“厉”字在字典中有这样几个解释，你能说说在这里是什么意思吗？

出示：

厉（厲） lì ㄌㄧˋ ❶严格，切实：～行节约|～禁。❷严厉，严肃：正言～色。❸凶猛。[厉害][利害]（-hai）1.凶猛：老虎很～。2.过甚，很：疼得～|闹得～。❶古同“砺”：秣马～兵。

预设：选择第三个解释，白鹅是非常凶猛的叫。

3. 感受程度词及对比的写法，加深对白鹅高傲的理解

出示：凡有生客进来，鹅必然厉声叫嚣；甚至篱笆外有人走路，它也要引吭大叫，不亚于狗的狂吠。

讨论：“凡有、必然”等几个词语的表达效果，并将感受落实在朗读中。

4. 语言文字训练

想象其他情景，仿照课文中的写法在学习单上写一写白鹅叫声的高傲。

设计意图：在学生自读的基础上，教师带领学生通过抓关键词句。学生联系生活实际体会白鹅叫声高傲的特点，并且通过有感情地朗读加深这一体验，最终在学生练笔中加以应用。

5. 朗读训练：将这段话分为两部分读，你想怎样读？

三、体会白鹅步态的高傲（10 分钟）

过渡语：我们还能从课文的哪些地方看出白鹅的高傲？先自学，再四人小组合作学习。

1. 小组汇报。

出示：鹅的步态，更是傲慢了。大体上与鸭相似，但鸭的步调急速，有局促不安之相；鹅的步调从容，大模大样的，颇像京剧里的净角出场。它常傲然地站着，看见人走来也毫不相让；有时非但不让，竟伸过颈子来咬你一口。

（续表）

2. 教师播放净角出场的视频，学生谈感受。

3. 体会对比的写作手法。板书：对比。

4. 学生有感情地朗读课文，读出白鹅的高傲以及与鸭步态的对比。

四、体会白鹅吃相的高傲（7 分钟）

过渡语：这白鹅的叫声、步态都高傲得很！请各小组继续汇报你们刚才的学习成果！

1. 小组汇报

2. 讨论白鹅的吃法：三眼一板，一丝不苟。

出示：

苟 gǒu ㄍㄡˇ ❶姑且，暂且：～安｜～延残喘。❷马虎，随便：一丝不～。❸文言连词，假如：～可以利民，不循其礼。❹姓。

设计意图：教师放手让学生自主学习白鹅步态、吃相的高傲特点，在此基础上以小组合作的形式讨论、汇报学习成果。

五、回归整体，感受表达（10 分钟）

1. 默读全文，感受作者对这白鹅的喜爱之情。板书：喜爱。

讨论：从哪些语句感受到了作者对白鹅的喜爱呢？

2. 体会作者的语言生动风趣的特点及反语的写作手法。

3. 深入感受作家写作手法。

默读俄国作家叶·诺索夫写的《白公鹅》，比较一下这两只白鹅，再看看这两位作家的写法有哪些相同和不同的地方。

【板书设计】

13. 白鹅

高傲 { 叫声、步态、吃相 } 喜爱

对比

反语

小学语文《习作指导——父母之爱》教学设计

小学　张海青

教学目标

（1）引导学生从文本回忆本单元的写作方法，学会运用细节描写、对比这一写作方法，回忆利用生活中事件，拓宽写作思路。

（2）通过对比手法，升华学生情感，理解父母之爱。

教学重难点

（1）把学生叙述性平淡的语言提升成生动的、形象的描写性的语言。

（2）通过加入景物描写来烘托文章中人物的情感。

课前准备

口语交际部分的表现父母之爱的小故事；学习单；教学幻灯片。

教学过程

一、复习导入

1. 回顾课文内容，明确六单元课文写作方法。

提问：本单元作者通过哪些写作方法展现了父母的爱呢？赶快打开书看一看。

课文	写作手法
17 地震中的父与子	抓住人物外貌，动作进行描写（烘托出一位伟大坚定的父亲形象）。
18 慈母情深	通过对母亲外貌、神态、语言的描写（烘托出一位慈爱，贫穷但是有远见的伟大母亲形象）。
19《精彩极了和糟糕透了》	通过人物动作、语言、神态的描写，体会父母不同的爱。 写作手法：对比（原来父亲对他的严厉批评也叫爱）伏笔。
20 学会看病	通过语言和大量的心理描写来表现一位伟大母亲教会孩子独立的形象。

过渡语：今天我们来学习通过我们的写作，把父母对我们的爱也像书中的文章一样样鲜明生动的展示出来。

2. PPT 出示六单元习作要求，明确写作内容（全部习作要求）。

师引导：打开书，读读本单元习作要求，看看有几项要求？请你圈画出来。

生预设：①通过一些事情，作文内容；②表达真情实感；③交换意见；④和父母交流。

（续表）

师引导：上节课，在口语交际时，我们已经给父母提出了一些建议并对父母说了一些心里话。课前我们也有许多同学表达了想通过一件事来表达父母的爱，今天我们就通过我们的笔来表达出父母的爱。（红色框圈出口语交际第一部分的内容）

二、打破常规选材，引导利用对比方法写作，学生自主决定详略

（根据习作要求选材，确定写作方法）

过渡语：大家还记得吗？要写父母的爱的一件事，我们三年级就写过，（出示学生选材）大家看，这件事对我们来说不难，但是我们的选材太常见了，现在我们回忆一下，父母的爱还可以体现在哪些方面？请先同桌说一说。

1. PPT 出示选材

（1）我考试成绩优异，妈妈奖励我，我很高兴。

（2）我晚上发高烧，妈妈照顾我，我很感动，我爱妈妈。

（3）妈妈每天在我上学前早起给我做饭，我体会到了妈妈的爱。

（4）天气不好时，妈妈向单位请假提前下班，来学校给我送伞，我很感动。

（5）天气闷热又停电，妈妈自己不睡觉给我扇扇子，我长大后一定孝顺妈妈。

2. 讨论

3. 汇报

（生预测：唠叨，督促，批评，师板书）（管理班让学生写写父母别的方面的爱，一两句话）

（1）妈妈天天唠叨我，让我好好学习，我很烦。

周末我写完作业，想玩会游戏放松一下，父母从来都没同意过，我很难过。

（2）我考试没考好，爸爸总是严厉的批评我，我感觉爸爸只在乎我的成绩，不在乎我。

（3）我不想上民乐班，妈妈总是要我坚持上，为这我们都吵好几回了，他们怎么就不能听听我的想法呢？

师提问：这段话你感受到了什么？

他用两句话，就向我们说明了对父母的不理解，通过人，加一件小事，再加上他的感受，说得多么清楚。

师随机提问：唠叨怎么体现父母对你的爱？

拒绝怎么体现父母对你的爱？

（生预测，唠叨我是为了让我好好学习，取得好成绩）

教师追问：你想通过什么方法来展示父母对你的爱。（对比、细节、神态、动作、景物描写）

4. 教师小结：你这个想法真好，正好能和我们前面学过的方法一样，通过对比来展现父母对你的爱。

过渡语：（大屏幕）随着年龄的增长，你对于父母的每一次不理解，不认同，可能会在你生活中的某一个瞬间转变成理解和感谢，感谢父母当初的拒绝、批评、呵斥。如果有，让我们把它详细地写下来。（提前写一写）

（续表）

5. 变叙述为描写，指导细节描写 教师引导语：好的，我们运用对比的方法来写这篇作文，我们已经五年级了，写作文要注意详略，把自主权交给你，你自己决定不理解的事情详细写还是理解你的事情详细写。你看看哪部分可以更好地展现父母之爱。 6. 生写片段 7. 生汇报 生预设：当你在一次全校演出时，因为你民乐的特长博得了全场观众的热烈掌声时，你高兴极了，感谢父母的付出。（对比） 我们看看这样平淡的叙述的话，你感觉怎么样？（生预设：不生动，没有内容）那今天我们就学着运用我们学过的细节描写，把人物描写得好像站在你面前一样，让我们的语言更加生动，活泼。 （教师相机知道，去学生中寻找细节描写得好的）不但有细节描写，还有景色的烘托。你能试着加一加吗？ 8. 生修改 9. 生汇报 老师总结：我们今天这篇文章，不但有细节描写展现父母对你的爱，还有景物的烘托表现人物的心情，通过对比描写凸显了父母对你的爱，我们回家之后，可以把你的文章再次进行修改，读给你的父母听。
三、总结深化主题 每一位父母都爱自己的孩子，但爱的方式不同，在我们小小的世界中，并不能马上理解每一种爱，没关系，或许在我们成长的某个瞬间会忽然明白父母对我们的爱。这个瞬间我希望它来得不要早，不要晚，当我们能够以感恩的心对父母感谢他们的辛劳，这个瞬间来得就刚刚好。

小学数学《鸽巢问题》教学设计

小学　王彦玲

【课题】“鸽巢问题”的具体应用（第3课时）

【教学内容】教材第70~71页例题3，及“做一做”的第2题，及第71页练习十三的3~4题。

【学情与教材分析】

例题3是“鸽巢问题”的具体应用，也是运用“鸽巢问题”进行逆向思维的一个典型例子。应该把什么看成鸽巢，要分放的东西是什么？学生在思考这些问题的时候，一开始可能会缺乏思考的方向，很难找到切入点。而且，题中不同颜色球的个数，很容易给学生造成干扰。因此教学时，教师要允许学生借助实物操作等直观方式进行猜测、验证，并在此基础上，逐步引导学生把具体问题转化为“鸽巢问题”，找出这里的“鸽巢”是什么？“鸽巢”有几个？再应用前面所学的“鸽巢问题”进行反向推理。

【设计理念】

本课着眼于学生数学思维的发展，注重让学生充分体验猜测验证的推理过程，努力提高他们分析和解决问题的能力。通过实验操作、假设推理等活动，调动学生已有的生活经验，引导他们体验运用“鸽巢问题”进行逆向思维的探究过程，培养学生观察比较、动手操作、逻辑推理以及语言表达等能力。让学生在应用“鸽巢问题”的过程中，感受数学的魅力，激发他们学习数学的兴趣和探求数学知识的欲望。

【教学目标】

（1）通过观察、猜测、实验、推理等活动，寻找隐藏在实际问题背后的“鸽巢问题”的一般模型。体会如何对一些简单的实际问题“模型化”，用“鸽巢问题”加以解决。

（2）在经历将具体问题“数学化”的过程中，发展数学思维能力和解决问题的能力，感受数学的魅力。同时积累数学活动的经验与方法，在灵活应用中，进一步理解“鸽巢问题”。

【教学重难点】

重点：引导学生把具体问题转化成“鸽巢问题”。

难点：找出“鸽巢问题”中的“鸽巢”是什么？“鸽巢”有几个？再利用“鸽巢原理”进行反向推理。

【教学准备】课件，红色和蓝色的原片各4个，题纸。

【教学过程】

一、情境导入

一天晚上，毛毛房间的电灯突然坏了，伸手不见五指，这时他又要出去，于是他就摸床底下的袜子，他有蓝、白、灰色的袜子各一双，由于他平时做事随便，袜子乱丢，在黑暗中不知道哪些袜子颜色是相同的。毛毛想拿最少数目的袜子出去，在外面借街灯配成相同颜色的一双。你们知道最少拿几只袜子出去吗？

在学生猜测的基础上揭示课题。

教师：这节课我们利用鸽巢问题解决生活中的实际问题。

板书：“鸽巢问题”的具体应用。

二、探究新知

教学例3（课件出示例3的情境图）.

出示思考的问题：盒子里有同样大小的红球和篮球各4个，要想摸出的球一定有2个同色的，最少要摸出几个球？

（1）学生通过“猜测验证→分析推理”的学习过程解决问题。

请学生独立思考后，先在小组内交流自己的想法，验证各自的猜想。

指名按猜测的不同情况逐一验证，说明理由。

摸2个球可能出现的情况：1红1蓝；2红；2蓝。

摸3个球可能出现的情况：2红1蓝；2蓝1红；3红；3蓝。

摸4个球可能出现的情况：2红2蓝；1红3蓝；1蓝3红；4红；4蓝。

摸5个球可能出现的情况：4红1蓝；3蓝2红；3红2蓝；4蓝1红；5红；5蓝。

教师：通过验证，说说你们得出什么结论。

小结：盒子里有同样大小的红球和蓝球各4个。想要摸出的球一定有2个同色的，最少要摸3个球。

（2）引导学生把具体问题转化为“鸽巢问题”。

教师：生活中像这样的例子很多，我们不能总是猜测或动手试验吧，能不能把这道题与前面所讲的“鸽巢问题”联系起来进行思考呢？

思考：

A. “摸球问题”与“鸽巢问题”有怎样的联系？

B. 应该把什么看成“鸽巢”？有几个“鸽巢”？要分放的东西是什么？

C. 得出什么结论？

（3）分析推理。

如果把 a 只鸟放进 n 个巢，如果 $a \div n = b \cdots\cdots c$（$c \neq 0$），那么一定有一个巢里至少可以放（$b+1$）只鸟。

师板书：$a \div n = b \cdots\cdots c$（$c \neq 0$）

师：现在 a 表示几个物体知道吗？n 表示多少？

板书：$a \div 2 = 1 \cdots\cdots c$（$c \neq 0$）

师：那么 b 表示多少呢？你是怎么想的？

师：要使得摸出的球 a 尽可能少，那么 c 就应该是几，所以 a 最少是几？

学生讨论，汇报。

预设1：因为一共有红、蓝两种颜色的球，可以把两种“颜色”看成两个“鸽巢”，“同色”就意味着“同一个鸽巢”。这样，把“摸球问题”转化“鸽巢问题”，即“只要分的物体个数比鸽巢多，就能保证有一个鸽巢至少有两个球”。

预设2：从最特殊的情况想起，假设两种颜色的球各拿了1个，也就是在两个鸽巢里各拿了一个球，不管从哪个鸽巢里再拿一个球，都有两个球是同色，假设最少摸 a 个球，即（a） $\div 2 = 1 \cdots\cdots$（b）当 $b=1$ 时，a 就最小。所以一次至少应拿出 $1 \times 2 + 1 = 3$ 个球，就能保证有两个球同色。

结论：因为有两种颜色，只要摸出的球数比他们的颜色种数多1，就能保证有两个球同色。

三、知识应用

（1）我们把红、黄、蓝、白四种颜色的球各10个放到一个袋子里，至少取多少个球，可以保证取到两个颜色相同的球？

（2）希望小学篮球兴趣小组的同学中，最大的12岁，最小的6岁，最少从中挑选几名学生，就一定能找到两个学生年龄相同。

观察，小结：刚才我们解决的这几个问题，有什么共同点？

都是要求一个鸽巢里至少放几个同色的鸟。

解决这类问题的思路是：巢数 +1

（3）变式问题：盒子里有同样大小的红球和篮球各 4 个，要想摸出的球一定有 2 个不同色的，至少要摸出几个球？

小组讨论，交流。

结论：至少摸出 5 个球。考虑最坏可能。（如果前四个摸出的都是同一种颜色，第 5 个不管怎么摸都会出现不同的颜色）

这道题跟刚才的题有什么不同？我们又是如何解答这类问题的？

都是要求一个鸽巢里至少放几个不同色的鸟。

解决这类问题的思路是：（巢数 -1）X 每个巢里的鸟的个数 +1

四、巩固练习

1. 从一副扑克牌（52 张，没有大小王）中要抽出几张牌来，才能保证有一张是红桃？54 张呢？

2. 拓展提高

有 22 张扑克牌背面朝上放在桌面上。其中有 10 张黑桃、6 张红桃、4 张梅花、2 张方块。问：至少从中取出多少张，才能保证其中有 4 张是同一花色的？

五、课堂总结

运用“鸽巢原理”解决问题的思路和方法：

如果是求同一个鸽巢里至少放几个同色的鸟：

解决这类问题的思路是：巢数 +1

如果是求同一个鸽巢里至少放几个不同色的鸟：

解决这类问题的思路是：（巢数 -1）X 每个巢里的鸟的个数。

另外，我们还可以从最不利的情况出发来考虑，也是一种解决此类问题的好方法。

板书设计：

“鸽巢问题”的具体应用

同色：　　　　不同色：

巢数 +1　　　　（巢数 -1）X 每个巢里的鸟的个数 +1

$$a \div n = b \cdots\cdots c \ (c \neq 0)$$

$$(a) \ \div 2 = 1 \cdots\cdots (b)$$

$$1 \times 2 + 1 = 3$$

小学数学《优化思想——田忌赛马》教学设计

小学　安倪

一、指导思想与理论依据

小学阶段的数学思想，在小学人教版教材中处处可见渗透痕迹，总地来说有8种：集合思想、对应思想、符号化思想、极限思想、统计思想、数学模型思想、化归思想和优化思想。《田忌赛马》属运筹学范畴，它渗透的是优化的数学思想。运筹学的思想在古代就已经产生了。敌我双方交战，要克敌制胜就要在了解双方情况的基础上，做出最优的对付敌人的方法，这就是“运筹帷幄之中，决胜千里之外”的说法。现在普遍认为，运筹学是近代应用数学的一个分支，主要是将生产、管理等事件中出现的一些带有普遍性的运筹问题加以提炼，然后利用数学方法进行解决。前者提供模型，后者提供理论和方法。

所谓“优化思想”就是在有限种或无限种可行方案（决策）中挑选最优的方案（决策）的思想。如计算教学中的“算法优化”、解决问题教学中的“策略优化”以及统计教学中的“统计方法优化”等等。除此之外，在以单元“数学广角”为呈现形式，较为集中地安排训练数学思维的教学内容中，“优化思想”的渗透就占了绝大部分。

《田忌赛马》属于新课程教材中“综合实践”领域的内容，对于这部分内容，《数学课程标准》指出：当学生“面对实际问题时，能主动尝试着从数学的角度运用所学知识和方法寻找解决问题的策略”。一方面，为学生营造实践感悟的空间，体验解决问题的多种策略，比较中寻求最优策略，体验中感悟优化思想；另一方面，在动手操作中提升思维活动，将行为的感知升华为理性的思维认知，在发展思维能力的同时理解抽象的数学思想。

四年级的学生，在低年级时已经对“优化思想”有了初步的体验。比如，简单的搭配，搭配的方法有很多，但其中有序的排列可以做到不重复、不遗漏，学生初步体验到了解决同一个问题有很多种方法，一个好的方法可以帮助我们更有效地解决问题。到了中高年级开始以“优化思想”作为一节课的主要目标展开教学，比如，烙饼问题和找次品问题的教学，它们都让学生经历了方法多样化和优化的过程，体验到了“优化思想”在解决问题中的应用价值，从而真正帮助学生形成“优化思想”。

二、教学背景分析

（一）教材分析

1. 对优化思想的整体分析

<table>
<tr><th>册别</th><th>内容</th><th>数学思想</th></tr>
<tr><td>二上</td><td>简单的排列：1、2、3 能组成几个两位数？

</td><td>排列方法的优化
（有序思维）</td></tr>
<tr><td>三上</td><td>简单的排列：3 个数字卡片能摆几个没重复的两位数？
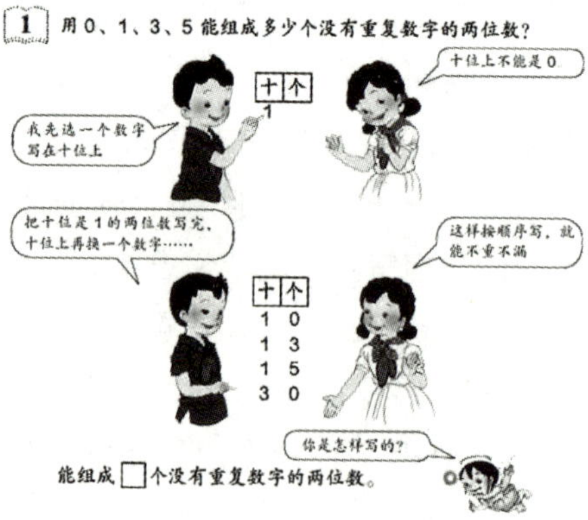
</td><td>排列方法的优化
（有序思维）</td></tr>
</table>

（续表）

<table>
<tr><th>册别</th><th>内容</th><th>数学思想</th></tr>
<tr><td>三上</td><td>简单的组合：有几种不同穿法？
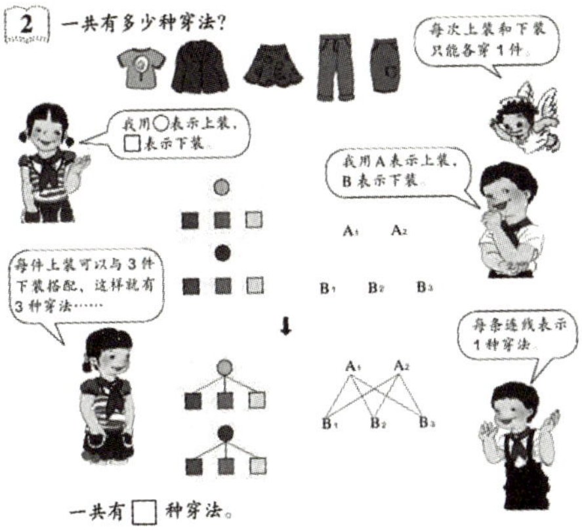
</td><td>排列方法的优化
（有序思维）</td></tr>
<tr><td>四上</td><td>运筹问题：沏茶、烙饼等。

对策论：田忌赛马

小朋友，你听过“田忌赛马”的故事吗？田忌是怎样赢了齐王的？
<table>
<tr><th></th><th>齐　王</th><th>田　忌</th><th>本场胜者</th></tr>
<tr><td>第一场</td><td>上等马</td><td></td><td></td></tr>
<tr><td>第二场</td><td>中等马</td><td></td><td></td></tr>
<tr><td>第三场</td><td>下等马</td><td></td><td></td></tr>
</table>

</td><td>优化与运筹对策论</td></tr>
</table>

（续表）

册别	内容	数学思想
五下	打电话：给15位同学打电话，怎么打时间最省？（综合与实践） 找次品：5件、9件物品中找次品  	优化

小学阶段共十二册教材，有编入“数学广角”内容的，除“优化思想”外，它们要集中训练的数学思想方法分别有排列组合、逻辑推理、集合、等量代换、化归（植树问题）、数字编码，假设法（鸡兔同笼问题）和抽屉原理等，由以上表格可知，只有“优化思想”在四册中重复体现。

2. 对本课内容的理解

第七单元“数学广角”的教学内容，就是要通过日常生活中的一些简单事例，让学生尝试从优化的角度在多种解决问题的方案中寻找最优的方案，初步体会运筹思想在实际生活中的应用，及运用对策论方法解决现实生活中的某些问题，提高学生解决问题的能力。

战国时期发生的《田忌赛马》中运用的对策论体现了我国古人丰富的运筹思想，对策论的方法也是运筹思想中常用的方法之一，至今在体育比赛中还经常用到。比如在乒乓球团体比赛中就要根据不同对手来排兵布阵，这里就用到了对策论的方法

（二）学情分析

四年级学生已经储备相当的数学知识和生活经验，掌握了一些思想方法

小朋友，你听过“田忌赛马”的故事吗？田忌是怎样赢了齐王的？

	齐王	田忌	本场胜者
第一场	上等马		
第二场	中等马		
第三场	下等马		

	第一场	第二场	第三场	获胜方
齐王	上等马	中等马	下等马	
田忌1				
田忌2				
田忌3				
田忌4				
田忌5				
田忌6				

和探究策略，拥有了一定的数学精神和数学态度。他们思想活跃，兴趣广泛，学习积极性高。他们前面学习的运筹思想和优化意识，是自主探究本节课的前提和基础。因此本节课的教学方法是引导发现法、讨论法等，引导学生参与到自主探究、合作交流的数学活动中。在学法指导上，我采取迁移、点拨、渗透、对比、反馈等多种指导方法，让学生不断体验作为策略的价值才是关键所在。

到了中高年级开始以“优化思想”作为一节课的主要目标展开教学，比如，烙饼问题和找次品问题的教学，它们都让学生经历了方法多样化和优化的过程，体验到了“优化思想”在解决问题中的应用价值，从而真正帮助学生形成“优化思想”。

（三）我的思考

（1）引导学生通过探究活动学习有序思考，并找到最优方案。

（2）通过小组内比赛，给学生创设更具探究空间的学习情境，帮助学生形成“优化思想”。

三、教学方式与教学手段说明

根据教材特点和学生的年龄特征，本节课我采用“引导探究法”进行教学，教学中辅以“情景创设法、兴趣激励法”等教学方法。在学法指导上，我把学习的主动权交给学生，引导学生采用“列举法、归纳法、类比法”等学习方法，在合作交流的过程中，引发思维的碰撞，最终掌握新知。

四、教学目标及重难点

（1）通过简单的事例，初步体会对策方法在解决实际问题中的应用，尝试用数学方法去解决生活中的简单问题。

（2）通过扑克牌游戏的活动，感受解决问题策略多样化与应用的广泛性，提高寻找解决问题最优方案的意识，以及解决实际问题的能力。

（3）感受数学与生活的密切联系，在探究的过程中获得成功的体验。

教学重点：学生能在所有可能采用的策略中选择最优的策略。

教学难点：如何在实际生活中合理地应用策略。

五、教学过程

（一）激趣引入，凸现游戏背后的数学内容

1. 出示扑克牌，谈话引入

师：今天我们就从扑克牌的游戏玩起。

游戏规则：

有两组扑克牌，每人选一组牌，谁先选牌谁先出；

每人每次只能出一张牌，三局两胜。

2. 初步感知策略，产生研究需求

（1）师生进行扑克牌游戏。

监控：你选择哪一组？为什么选这一组呢？

（2）小结：老师能取胜，是因为有策略，今天我们来研究策略问题。

（设计意图：本环节以学生喜爱的扑克牌游戏导入，符合学生的年龄特点和心理特征，唤起学生的学习兴趣，为后面的学习活动打下了基础。）

（二）自主探究，寻找统筹优化数学思想方法

第一层：寻找游戏背后的数学

1. 引出田忌赛马

师：像这样的游戏，我国自古有之，你们听说过田忌赛马的故事吗？

2. 观看田忌赛马的动画，看到一半时停止

（1）回顾田忌第一次赛马是怎么输的？

监控：都是上对上，中对中，下对下，怎么就是齐王赢了呢？【课件演示】

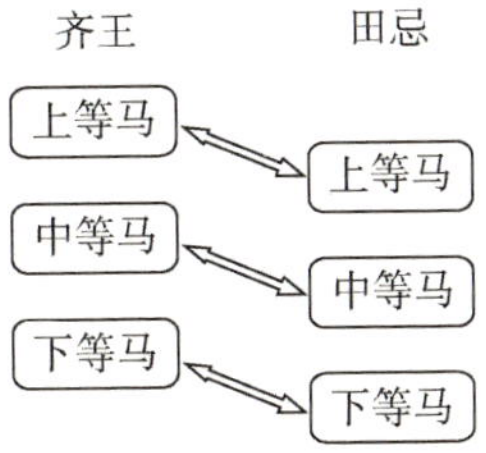

（2）如果你是孙膑，你想怎样帮助田忌取胜？

第二层：探讨“赢”的策略

3. 学生实际操作，探究取胜策略

（1）借助表格，列出田忌派出赛马的出场顺序。

	第 1 场	第 2 场	第 3 场	获胜方
齐王	上	中	下	
田忌 1	上 ×	中 ×	下 ×	齐王
田忌 2				
田忌 3				
田忌 4				
田忌 5				
田忌 6				

（2）汇报交流。

监控1：有几种出法？哪种出法能取胜？【有序思考】

监控2：为什么让田忌的下等马去对齐王的上等马？这不是明摆着让齐王赢吗？

我们赛马都是想赢的，为什么还先让齐王赢呢？【课件演示】

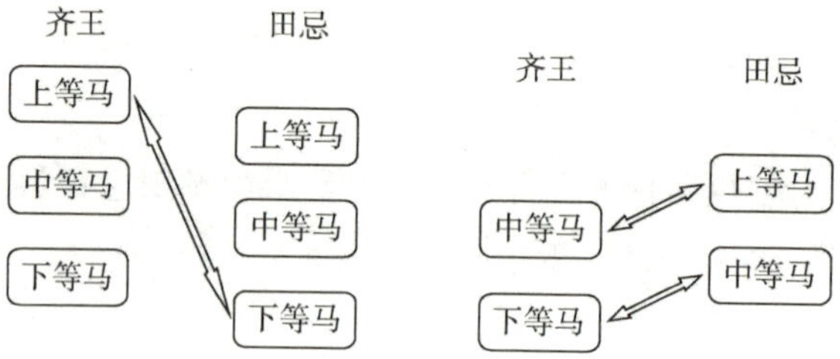

（设计意图：对策本身是一个抽象的概念，学生只有经历了知识的形成过程，才能建构新的知识体系，本环节让学生亲自参与到活动中，从自己的思维实际出发，经历“研究与发现”的完整过程，得出赢的最佳策略。）

（三）追源探流，感悟统筹优化思想的深刻魅力

1. 追源

（1）继续看动画。

小结：刚才同学们的研究和孙膑的想法如出一辙，你们真聪明。

监控：孙膑的聪明体现在哪些方面？

介绍孙膑【课件出示】

孙膑，战国中期伟大的军事家，在作战中，他善于分析、周密思考。创造了许多著名的战法。通过田忌赛马被引荐为齐威王的军师。著作有《孙膑兵法》。

（2）运用策略，继续研究扑克牌游戏，深入理解对策。

师：还记得刚才的扑克牌游戏吗？刚才很多同学都还没玩呢，想玩吗？

咱们接着玩牌。现在老师拿大牌，你能赢老师吗？

①师生对战。老师按10、7、4的顺序出牌，让学生在桌子上出牌。

②反馈：你们赢老师了吗？

监控1：老师没告诉你们取胜的策略，你们怎么都把老师给赢了？

监控2：扑克牌游戏与田忌赛马有什么联系？

（3）改变出牌顺序，探索小牌必胜对策。

师：如果还是大牌先出，不按照10、7、4的顺序出了，小牌还能赢吗？

①小组合作研究取胜策略：

扑克牌游戏

第1局	
大牌	小牌

第2局	
大牌	小牌

第3局	
大牌	小牌

第4局	
大牌	小牌

第5局	
大牌	小牌

第6局	
大牌	小牌

合作要求：

A. 3人小组分工合作：拿大牌者，拿小牌者，裁判兼记录

B. 对小组内的三种角色分别提出要求：

拿大牌者：改变出牌的顺序，迷惑对方。

拿小牌者：不被迷惑，想办法赢得比赛的胜利。

裁判兼记录员：保证大牌先出，并记录每次的出牌。

②汇报交流：

师：你们组小牌赢了几局？

师：几局出牌中有什么相同和不同？你找到小牌赢的策略了吗？

2. 探流（生活中的实际应用）

（1）拿磁扣游戏

游戏规则：

有10个磁扣，两人轮流拿，每次可以拿1个或2个，谁拿到最后一个磁扣，谁获胜。

（2）我是小小军事家

情报透露，敌军18万人分三路向我放进攻，中路8万人，左路6万人，右路4万人，我军只有15万人，如果你是军事家，你将如何指挥我军打赢这场仗呢？

（设计意图：本环节让学生用所掌握的策略方法，应用到“拿磁扣”、“我是小小军事家”活动中，使学生进一步认识到优化思想，以及在生活中的应用价值。）

（四）板书设计

优化思想——田忌赛马

齐王　　田忌

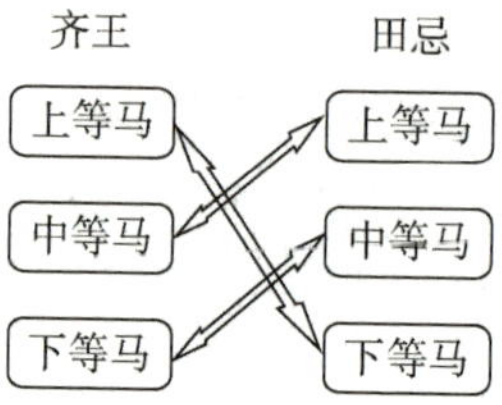

六、学习效果评价设计

跟朋友比赛说：“我们班同学真是了不起”

比赛规则：

游戏从上面的话开始，两人依次轮流说这句话，每次说一个或两个字，谁先说到最后一个字，谁就获胜。（学生在玩的过程中感受到，要先说到最后一个字就要先说到第7个、第4个、第1个）

七、本次教学设计的特点

1. 追源探流，丰富过程感悟，重在自主探究

数学广角的教学，更要凸显过程性。如果仅仅让学生知道“田忌用下等马应对齐王的上等马，用中等马应对齐王的下等马，用上等马应对齐王的中等马，最后获胜”的方法，那么只需要讲故事即可。作为数学课应该立足过程，让学生自己用数学的方法进行自主探究，充分交流不同的学习成果，在这些探究活动中获得一些活动经验，充分理解和应用优化思想。

2. 在“赛”中体会优化思想的价值

在玩扑克牌、拿磁扣、我是小小军事家一系列游戏活动中，学生在实践中不断应用优化思想，使数学思想不断渗透，从而更深刻地体会到优化思想的价值所在。

小学数学《认识8和9》教学设计

小学　张继东

教学内容：人教版一年级上数学教材P50、P51《认识8和9》。

教学目标：

1. 使学生能正确数出数量是8和9的物体的个数，会读、会写数字8和9。
2. 使学生知道9以内数的数序，会比较9以内数的大小。
3. 通过用不同方法数数、摆、拨珠的学习，培养学生创新意识。
4. 结合插图对学生进行热爱劳动的教育。

教学重点：8和9的基数，序数含义，8和9的书写。

教学难点：引导学生有序地数数，进一步理解基数和序数的含义。

教学过程：

一、同学们你们喜欢做游戏吗？

那么我们一起来做个小游戏吧，游戏的名字就叫作看图说数。

小结：刚才我们说了这么多数，在数数的时候，不仅有以前学过的数，还有今天我们要学习的数，你能猜到是谁吗？

二、今天我们就一起来认识8和9。(板书)

1. 初步认识8和9

那8和9还可以表示什么呢？请你写一写、画一画，让别人一下就看出8和9来。

师：说一说，你画的这张画表示什么意思？可以用几来表示？

其实，除了可以用画出的图画来表示8和9之外，我们也可以用点子图来表示8和9。

小结：你们看这小小的点子图，不仅可以表示点子本身，还可以表示任何物品的数量。

2. 8和9的基数

那么8和9是怎么来的呢？

请大家看看老师这里，这是几啊？

师；7添上1个是几啊？

9是怎么得到的？

小结：其实，数就是这样一个添上一个得到的。

3. 8和9在直尺的位置

师：到现在，我们学了这么多数，你们能给这些数找找家吗？

（续表）

9 的家在哪？干吗要贴在这儿？你是怎么想的？

好，那我们一起来读读这些数吧。（正数、倒数）

4. 比较 8 和 9 的大小

师：同学们，你们能从直尺上任意挑出两个数比较它们的大小吗？

那你能用今天我们学习的数比较大小吗？

小结：同学们。我们不仅认识了 8 和 9，还知道了 8 和 9 是怎么得到的，并且比较了 8 和 9 的大小，你们做得真棒！

5. 8 和 9 的序数

那老师这儿又有新问题了（出示数学书 51 序数）

1. 把左边的 8 只小动物圈起来，给从左边数的第 8 只小动物的上面画上一个。（都是 8 支，你们怎么圈的不一样？）

2. 把排在第 6 知道小动物下面画上一个。（为什么标的位置不一样？）

3. 老鼠排第 1，谁排第 9？龙排第（　）？

4. 同桌之间像上面这样互相提一个问题。

三、8 和 9 的书写

会写 8 和 9 吗？

试着写一下 8 和 9。

那好，你们看老师怎样写，其他同学跟着我书空。

老师写的怎么样？你们能像老师这样把 8 和 9 写的和我写得一样漂亮吗？那么在题纸上再写几个 8 和 9。

四、说一说你今天的学习收获。

小学数学《比的意义》教学设计

小学　刘艳娇

学习目标：

（1）理解比的意义，掌握比的读、写方法，知道比的各部分名称，会求比值。

（2）经历从具体情境中抽象出比的意义的过程，在小组合作与自主探究活动过程中提高分析、综合、抽象、概括的能力。

（3）感受到数学与生活的联系，体会比在生活中的广泛应用，培养学生的应用意识，充分感悟数学文化的价值。

学习重点：通过学习理解比的意义。

学习难点：理解不同类量的比的意义。

学习过程：

一、走进费希纳的实验，依托这一数学文化的素材，感受同类量比的意义

1. 借助情境，初步感受比

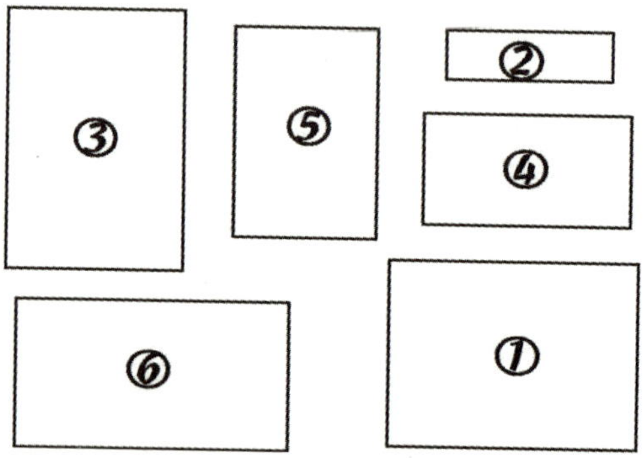

在这六个长方形中，找出你看起来更美观、更舒服的长方形。

2. 思考长方形中长与宽的关系，感受美的原因

（1）思考为什么选 4、6 的同学比较多，其中的原因是什么？

（2）借助老师提供的数据，以小组为单位，自己选择方法研究长与宽的

关系。发现长和宽之间的倍数关系不变。

(3) 师：了解像这样长与宽的关系还可以说成是长与宽的比是8∶5，这是一种新的表示方法——比。

(4) 思考　A：是谁与谁的比？对比你有什么了解？

B：中间这个类似冒号的符号是什么？

3. 自学比的相关知识：17 世纪，著名数学家莱布尼兹认为，因为两个数相除又叫作两个数的比，所以比号与除号有一种亲缘关系。而比号与除号又不能共用，所以就把“÷”中的小横线去掉，于是“∶”就成为了比号。

(1) 比号前后的这两个数呢？(前项、后项)

(2) 这个比表示了长与宽之间什么样的关系？

(3) 8∶5 的结果叫——(比值)。

(4) 宽是长的 $\frac{5}{8}$ 还可以用5∶8 表示？

思考：同样是长和宽之间的关系，怎么一会儿说是 8∶5，一会儿又是 5∶8？

通过思考认识到：比是不能随便调换顺序的。

4. 小组合作：写出其他长方形中长与宽的关系，并计算出比值。(除不尽的保留 3 位小数。)

教师监控：

(1) 这个长方形长与宽之间的倍数关系可以怎样表示？

(2) 这个比表示了长与宽之间什么样的关系？

在老师的带领下发现黄金比。

发现这些长方形宽与长的比值都接近 0.618，这就是美学史和数学史上非常著名的“黄金数”。

Fechner，1801-1887

（3）了解费希纳实验。

刚才做的实验早在100多年前，德国著名心理学家费希纳就做过了。他专门召开过一个“矩形展览会”，每件展品的边长均在35厘米以下。他邀请了592位朋友到会参观，要求每位参观者在看完之后投票选出自己心中认为最美的矩形，结果下面四种矩形得票最多：5×8，8×13，13×21，21×34。这组矩形的短边与长边之比均接近0.618。和我们的实验一样，在我们选的6个长方形中，4和6两个长方形的宽与长的比值接近0.618，是看起来比较美的长方形。

（4）借助老师提供的素材进一步认识欣赏生活中的“黄金比”。

①维纳斯雕像；②埃菲尔铁塔；③五角星；④巴黎圣母院；⑤雅典帕台农神庙。

试着从这些素材中找到黄金比。

5. 小结：什么是比？

根据老师给的两组数量关系写出比。

二、在比较辨析中完善比的意义

1. 根据信息写出比

①六（1）班有男生5人，女生4人。

②走800米的路，小明用了20分钟。

讨论：两个不同类的量可不可以比？

2. 思考

①一名马拉松运动员2小时跑了40千米。

②张云买了3本练习本，每本2元。

（1）哪一组中的两个数量之间的关系可以用比来表示，并写出这个比。想一想写出的是谁与谁的比，比出来的结果是什么？

（2）哪一组两个数量之间的关系不可以用比来表示，为什么？

3. 提炼比的意义——两个数相除又叫两个数的比。

4. 认识生活中的“比”，进一步理解比的意义。

（1）根据老师提供的信息，判断。

①上半场，巴西队被罚下一人，场上人数比意大利队少1人。

②目前场上两队人数的比是10∶11。

③下半场巴西队凭9号的梅开二度以2∶0领先。

（2）研讨交流，得出结论。

①“比”与“比较”的区别。

②比分没有相除关系。

③只有相除关系才能用比表示。

三、归纳概括，总结提升

四、课后检测

1. 六（5）班共有40名同学，其中男生24人，男生人数与全班人数的比是（　　），男生人数与女生人数的比是（　　），女生人数与全班人数的比是（　　）。

2. 不同的蔬菜中钙和磷含量的比是不同的。

蔬菜	 芹菜	 菠菜	 茄子
钙和磷含量的比	7∶5	2∶1	23∶20

小学英语《I can sing!》教学设计

小学　张洁生

教学基本信息				
课题	北京市义务教育课程改革实验教材（北京出版社出版） Unit5 I CAN SING!			
学科	英语	学段：低段	年级	一年级
设计者	张洁生			

指导思想与理论依据

课堂互动为学生提供与信息、理念、材料或过程互动交流的机会是主动学习的最佳条件。这说明互动对于有效学习的重要性。学生在听、读真实的语言材料，甚至听同学在讨论，表演短剧或共同解决问题中的语言输出时可以增加他们的语言储备。在互动中学生可以把他们学过的语言用于真实的交际，即使在一年级初始阶段他们也可以学习用这种方式学到语言的灵活性。本节课我以游戏为辅助手段，采取生生互动，师生互动的教学互动形式达到自然习得语言的效果。

教学设计的核心理念即生生互动，合理整合，以活动深入，提高教学实效性。

教学背景分析

教学内容分析：在本单元中，学生将围绕展示自己能做的事的话题进行交流，并要求学生对Can you…在特定语境中语气的深入理解。在本册书的之前的第三单元中，学生已经学习了 come 和 go 的动词表达，在本课中将涉及 sing、dance、run、fly、drive、jump 的动词学习，话题是全新的，这是授课的一个重点。我校一年级学生喜爱 chant，他们韵律感强，非常爱参与韵律活动，针对于此，我制定了以说唱 chant 和 modify songs 改编歌词的形式学习新知。在实际情景中创编对话，使孩子能够较自然流利的表达自己的想法也是本课的一大重点。由简到难的教学思路，在游戏活动中学生通过看、听、说、实践，熟练掌握后再扩展。教学难点表现在把握课堂的时效性。本单元将要为即将学习的第六单元小宠物 Pet 做活动的小韵文做好言语表达的铺垫。

学生情况分析：我所授课的班级是一年级新生，在幼儿园孩子们都已经接触过英语，学生们对说唱形式和表演游戏活动的兴趣极大，对于课堂教学的活动能积极主动地参与，但是注意力时间有限，需要教师多方式的教学手段去吸引他们。编成 chant 有节奏的拍出来，有助于学生巩固新学句型并激发学生参与课堂的热情。有部分胆小的孩子仍需要课上以互动的方式去特别关注。

（续表）

教学目标
知识与技能目标： （1）学生能够在公园里聊天、玩耍的情景里，正确理解课文、朗读并尝试表演课文。理解、认读单词 dance，初步感知体会字母 a 在单词中的发音/a：/。 （2）学生能够在表达自己所能做的事情的话题中，理解、会用“I can…”向他人介绍自己所能做的事情 。以及“Can you…?”互相询问并做出肯定或否定回答。 （3）充分利用韵律歌曲 I can sing，I can dance！通过替换歌词中动词的方式熟练掌握功能句。 （4）通过改编 chant 的方式，让低段孩子体会英语学习的有趣快乐。 过程与方法目标： （1）创设真实情景看动作图片，快速说出所看到的有关能力动作的语言。 （2）通过听、说、读、写的活动帮助学生在体验中认识和应用语言。利用图片、信息技术等教学手段，加强直观教学，调动学生的学习兴趣和想象力，从而培养学生善于运用形象进行思维的习惯。 （3）通过歌曲韵律操“I can sing，I can dance!”帮助学生在韵律活动中操练和应用中掌握语言点。 情感态度价值观目标： 让学生充分了解中西方不同的语言文化，明白中国人对表达能力方式比较含蓄谦虚（我不行，还要加油），而西方人比较自信而开朗（我能行，我最棒）。培养学生在情景中进行真实的语言交际，不断提升自信力。I can do it！感知中英文两种语言所承载的不同文化差异，使学生乐于接触外国文化，增强祖国意识。 教学方式： 本节课主要通过游戏激发学习兴趣，以小组竞赛形式进行互动学习，创设情境进行话题教学，拓展练习，游戏中习得语言。
教学内容及重难点
教学内容： 整合学习第五单元第 17 课和 18 课，学会自主与伙伴谈论表示能力的话题。会用“I can…”向他人介绍自己所能做的事情 。以及“Can you…?”互相询问并做出肯定或否定回答。 教学重点： 在真实的语境中谈论自己能做的事情的话题，熟练掌握 I can 和 Can you…，并能在特定语境中询问他人能否做某事，能用 Yes，I can/ No，I can't 应答。 教学难点：培养学生在情景中进行真实的语言交际，不断提升自信力。 教具准备：技术准备：①PPT 课件。②听力选择题。③课文声音文件。④实物、图片、单词卡。

（续表）

教学流程示意

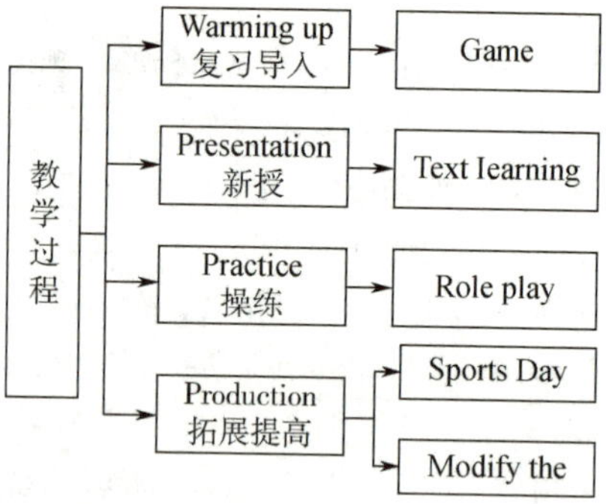

教学过程（文字描述）

Ⅰ. Warming up

活动一：头脑风暴，师生互动，迅速进入课堂英语环境。

【活动目标】观看：打开书，关上门，走上前，回座位等动作图片，引出不同活动动词的变化。

【活动方式】T-Ss 观察学生是否全部进入英语学习中去，同时让一年级小同学们迅速集中精神。

【活动时间】1 分钟

活动二：

Hello! Boys and girls!　Let's do actions.（Follow me!）

Run, run, run, I can run.

Jump, jump, jump, I can jump.【活动时间】1 分钟

Hop, hop, hop, I can hop.

Skip, skip, skip, I can skip.

【设计意图】：听指令，做动作不仅活跃了课堂气氛，帮助学生尽快进入动作学习的情境中，为本节课教学做铺垫，同时还有效地集中了学生的注意力.

Ⅰ. Presentation and practice

活动三：出示课文主题图，学习话题。

（续表）

教学过程（文字描述）

【活动目标】在公园里聊天、玩耍的情景里，正确理解课文、朗读课文。会运用本课的功能话题交流。

【活动时间】15 分钟

（1）实施方法及师生预设语言：

初学课文（整体呈现）

师整体呈现课文录音，在听之前给学生提出问题，让学生带着问题听课文录音。

Who can dance? Who can sing? 模仿录音，听音进行动作训练。

I can… I can… I can do it!

（2）Look and listen. 教学资源运用：充分利用教材内容。自编 chant，并提问学生，师生互动活动，在生生互动游戏，Who can jump? Lala can jump. Who can run? Kate can run. Who can fly? Bird can fly. Who can swim? I can swim. Who can dance? Guoguo can dance，初步感知体会字母 a 在单词中的发音/a：/。黑板上画简笔画 swim. 并板书 swim. i 下面画线，强调发音 i-i，swim.

（续表）

教学过程（文字描述）
教学策略：先提出问题再带着问题听录音，更加具有针对性，学生自己小声读，第二次再听，然后跟读，出示内容。第三次用手指读，跟录音，注意力更加集中，创设情景，提高了学生学习与实践的积极性。 Look, I can swim. 让学生模仿．板书课题 I can swim. 并朗读．边画边说 ride a bike．动作示范．领读，划出 i 在 ride 和 bike 中的发音。区分 swim，ride 与 bike 字母 i 在单词中的不同发音。手指操：利用手指拼读单词。 【设计意图】：这句话既是本课课题，又是新学句型，在教学中间板出，既可以突出新内容，又避免重复，还使板书美观，给人耳目一新的感觉． 师在黑板上画 jump，并板书，领读，动作示范，划出 u，语音强化操练：I can jump，can you jump? 【设计意图】： 如何让学生快速，有效的记住新单词是本节课的关键，让学生真实语境中亲自体验动作和整句，亲自感受，可以加深他们对文本的印象．语音强化，可以培养学生良好的发音习惯，评价奖励可以调动学生的积极性。 （3）Let's do actions. 生生互动，活动中复检新知。 女生说能力动作句型，男生做动作。然后交换。小老师上台发指令，让学生做动作。 【设计意图】： 请小老师在活动中利用功能句子，其他学生迅速反应，有利于发挥学生的主动性和训练学生听说的能力。 （4）Let's say a chant. Follow me. Swim，swim，swim，I can swim. jump，jump，I can jump. Ride a bike，ride a bike ，I can ride a bike . 小组竞赛，并进行评价，奖励小组。 【设计意图】：有节奏地说歌谣，充分调动学生参与课堂活动的积极性，让学生在乐中学，学中乐，轻松记住所学的英语单词。 （5）生生互动指导运用。 走到学生中间问：Can you run/swim/…？让学生回答，引出否定答语 No，I can't. 和肯定句 Yes，I can。以开小火车的游戏形式，车头带动小车尾，两组学生在行进中再次巩固操练功能句，并关注学困生。 【设计意图】： 教师直观的动作示范，便于学生理解新句型的意思；在教师的指导下，学生用已经掌握的新单词替换句型，自然，顺畅，降低了难度，照顾到了不同层次的学生。

（续表）

教学过程（文字描述）

（6）Let's say a chant. 新语言的进一步理解和运用。

Can you run? Yes, I can.

Can you swim? No, I can't.

Can you jump? No, I can't.

Can you ride a bike ? Yes, I can. Yes, I can.

Follow me. → Let's have a competition. 生生互动，小组竞赛，奖励小组。

【设计意图】：

chant 是我校学生最喜欢的一种活动形式，本句型节奏感强，编成 chant 有节奏的拍出来，有助于学生巩固新学句型并激发学生参与课堂的热情；小组竞赛有助于培养学生的团队精神。

活动四：Production 生生活动，创设语境。

【活动时间】10 分钟

点击课件：Look at the pictures. 化大附中小关校区运动节到来了，孩子们一起参与趣味运动会吧。

I can… I can… I can do it! Can you…? Yes, I can. /No, I can't.

Let's do group work.

教学指导策略：同伴间互助，进行语言的真实运用。

学生充分利用主题话题分组合作交流。小组合作表演展示。奖励小组，评比得分结果，并鼓励学生。一定要加上动作。评价贯穿整个教学过程，在整个教学过程中利用语言评价和奖励足球、篮球小卡片等形式进行个人和小组评价，激发了学生参与的积极性。

【设计意图】：

这是一个拓展性及语言交际运用的练习，目的是让学生拓宽知识面，并将所学的知识运用到真实的交际情景中去。既培养学生的学习能力，又可以使其学以致用。

活动五：归纳总结，帮助学生梳理。

【活动时间】9 分钟

Sing a song/Modify the song 改编歌词，充分利用新知。

（续表）

教学过程（文字描述）

课件出示韵律歌曲“I can sing，I can dance!”通过替换歌词中动词的方式熟练掌握功能句。教学资源运用：新整合的教学资源。

【设计意图】：

歌曲教学使学生放松并营造了活泼的课堂气氛，同时也让低段一年级学生巩固了新学的知识，加深了对新学内容的印象，歌曲翻唱还可以培养学生的创新思维。

活动六：英语小绘本“Little bird，can you fly?”

【设计意图】：有趣的绘本小故事就像歌曲一样，能读能唱，适合一年级小同学复检拓展新知。

【活动时间】4分钟

Homework：说一说，和小伙伴一起粘笑脸。

	I can			
	run fast	jump high	throw far	swim fast
Peter		☺		
Anne			☺	
Dongdong				☺
Lingling	☺			

【设计意图】：课后在生生互动活动中进一步复习、拓展话题。

Blackboard designing：

UNIT FIVE　I CAN SING！

I can…

Can you…?

Yes，I can/No，I can't.

dance

swim

jump

run

sing

本教学设计与以往或其他教学设计相比的特点：

（1）联系生活，拓展思维。本节课设计的大部分资源都取材于生活，这与学生的日常生活和经验都息息相关，通过一节课的语言学习，触及到他们最真实的感受，让学生在学习的过程中结合知识与情感，获得很好的教学效益。在贴近生活的情景中，完成了教学目标。学生通过大量的灵活多变，紧张有趣的操练，整合学习第五单元第17课和18课，学会自主与伙伴谈论表示能力的话题，并能将主要话题运用到较为真实的情景中。

（续表）

教学过程（文字描述）
（2）以动制静，互动学习。本节课中，学生在参与课堂活动当中，在实践中掌握了对知识的学习，通过亲身互动、参与、合作和交流，加大了他们吸收知识的能力，在突破教学难点方面，学生亲自参与其中，共同解决单词的发音困难，让孩子在参与中学到了知识，同时提高了自身的综合语言素养，最大限度地发挥了英语课程的工具性与人文性的统一结合。 灵活多样的教学手段使课堂充满活力。我校一年级学生注意力容易分散，为了吸引学生的注意力，调动学生的积极性，我设置了 TPR 互动活动、游戏、chant、歌曲、竞赛等形式多样的课堂活动，调动学生的多种感官，使学生在学习过程中感到既紧张又有趣。同时，还为学生创造了一个宽松、民主、和谐的英语学习环境，让他们在乐中学，学中乐，在活动中不知不觉地掌握本课主要的单词和句型，取得了很好的教学效果。环环相扣的教学环节使课堂结构紧凑，本节课每个环节的设计都是为下一个环节做铺垫。如热身活动 chant 是为导入新课教学话题做铺垫的，后一个环节又是前一个环节的巩固和延伸，层层递进，步步加深，使整个教学有层次，操练有梯度，衔接紧凑，简洁活泼。本节课的拓展活动以开运动会的形式进行，为学生提供更为真实的语言交际环境。

小学音乐《阳光牵着我的手》教学设计

小学　洪蕊

一、指导思想与理论依据

（一）指导思想

通过欣赏、视听拓宽学生的视野，并使每一个学生在学习音乐的过程中，感受、体验歌曲的意境，同时在歌曲的演唱中使情感得以抒发、释放。

（二）理论依据

以瑞士心理学家皮亚杰的认知结构论为理论依据，以学生的“学”为中心，在教学中始终把音乐听觉思维放在首位，强调学生音乐的情感体验。以音乐审美为核心，以情感为主线，贯穿于音乐教学各个环节之中。

二、教学背景分析

（一）教学内容分析

全套内容分析：小学教材共45首合唱歌曲，其中一年级1首轮唱，二年级1首合唱歌曲，三年级6首，四年级12首，五年级14首，六年级11首。四年级合唱歌曲的数量明显增加了很多，四年级更多的感受到合唱歌曲的层次感、立体感。逐步掌握演唱合唱歌曲，聆听声音层次的能力。

核心内容分析：《阳光牵着我的手》北京市义务教育课程改革实验教材小学音乐第8册第五课中的一首合唱歌曲。为本册书中第3首合唱歌曲。

《阳光牵着我的手》的歌词寓意深刻，具有较强的思想性；旋律建立在大调式上，二段体结构充满活力。歌曲中的八分附点音符和四分休止符很多，都是学生需要注意的地方。A乐段前3个乐句只用了1、2、3、5、6五个音，且音合也与我国的传统民歌高相近。B 乐段从齐唱过渡到二声部合唱，后四小节的旋律系前四小节变化而成。演唱形式为合唱与齐唱交替进行。B 乐段的合唱部分是本课的重点和难点。教学中需要用大部分时间解决合唱演唱。

相关内容分析：本课包括相关内容感受与鉴赏领域以及表现领域。

在歌曲一声部的学习中感知音乐主题、乐句和段落的变化，感知和声、速度、音色、旋律等音乐表现要素，体验音乐情绪的变化。在二声部的学习中运用器乐辅助教学，并能积极自信的参与合唱歌曲的演唱。

（二）学生情况分析

（1）“情感态度与价值观”：四年级学生喜欢唱歌课，愿意参与到合唱活动中，同时具有一定的音乐分析能力，能够很好地理解歌词中的寓意。

（2）“过程与方法”：利用口风琴辅助学习二声部，来提高二声部合唱能力。在正确演唱两个声部歌词的同时，通过声部的监听与调整，初步做到声部的和谐统一。

（3）“知识与技能”：已经具备了一定的合唱能力和口风琴吹奏能力，养成了良好的合作意识。

（三）教学方式与教学手段

在教学中让学生通过听、说、看、唱、想等多项活动，把学生引向求知的乐趣上。采用视听结合的教学方式激发学生学习音乐的积极性，从而培养他们独立学唱歌曲的能力。注重唱歌教学以音乐为本，从音响出发，遵循听——唱——唱好的原则。口风琴辅助合唱教学，帮助学生记住旋律，辅助音准。

（四）技术准备

（1）钢琴、音响、口风琴、多媒体等教学设备。

（2）利用 TT 作曲家制作出简谱歌片及两个乐段的歌片。

（3）利用 OVERTURE 制作出钢琴伴奏谱。

（4）学生的演唱、演奏及音乐分析的能力。

（五）前期教学状况及对策

（1）运用听唱法学习歌曲，学生自主发现歌曲中的相关信息。

(2) 在歌曲二声部的学习中，声音不够和谐，采用口风琴吹奏，辅助教学。

三、教学目标

(1) “情感态度与价值观”目标：在学习音乐的过程中，激发学生喜爱演唱歌曲的愿望，能与他人合作的意识。培养对祖国对生活的热爱之情。

(2) “过程与方法”目标：在学唱的过程中对合唱歌曲的演唱有基本的了解。为之后的合唱歌曲打下基础。

(3) “知识与技能”目标：养成在唱自己的声部的同时倾听协调另一声部的和声，达到声部和谐统一的习惯。

四、教学重点与难点

(1) 教学重点：用准确而和谐的声音，欢快热情的情绪演唱歌曲《阳光牵着我的手》。

(2) 教学难点：歌曲合唱的和谐统一、一字多音的准确演唱。

五、教学过程与教学资源设计

(一) 教学流程图

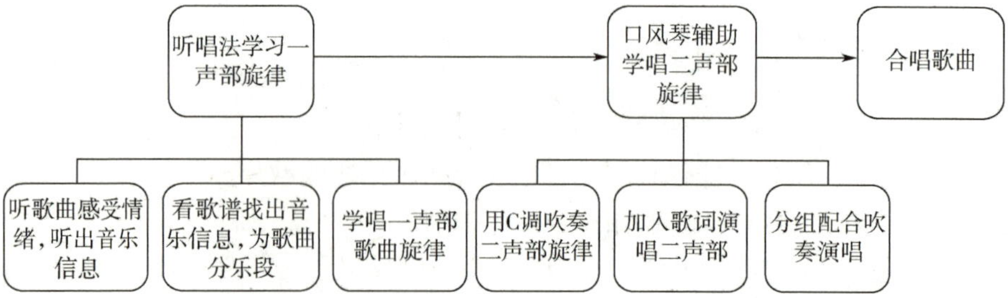

(二) 教学过程

1. 学习歌曲一声部

阶段目标：能够以欢快的情绪演唱歌曲一声部。

设计意图：学生自主学习快速准确演唱歌曲一声部。

（1）新课导入。

（2）初听歌曲，体会一下歌曲的情绪和思想感情。

师：下面我们一起来学习新歌《阳光牵着我的手》，请先听示范演唱，注意，在听的时候让我们一起搜集音乐信息。

（3）复听歌曲，还可以听到哪些音乐信息（速度、节拍、演唱形式）。

（4）出示歌谱，在听歌曲：

师：歌曲分为几个乐段？

（两个乐段，演唱形式不同旋律风格对比）

（5）跟琴学唱第一段歌词。

设问："太阳"、"阳光"的含义是什么？"小窗口"、"家门口"指的是什么？

生："太阳"代表党，"阳光"指党给的温暖，给的关怀。"小窗口"、"家门口"指的是我们的心。

"阳光牵着我的手"就是：党带领我们健康成长，幸福生活。那我们是不是应该对党、对生活充满热爱之情呢？

（6）跟琴学唱第二段歌词。

（7）完整演唱：（无间奏）。

请孩子们自己来说说哪些地方唱得好，哪些地方还需要改进？

2. 口风琴吹奏学习二声部旋律，解决难点

阶段目标：口风琴辅助学习二声部旋律，能够分组演唱分组伴奏。

设计意图：口风琴辅助合唱教学，帮助学生记住旋律，辅助音准。

（1）学习二声部旋律，视唱二声部歌谱。

（2）口风琴吹奏二声部歌谱，找出不同，解决难点。

（3）演唱二声部旋律。

（4）合唱双声部。

3. 合唱歌曲

阶段目标：学生能够合唱歌曲，声音和谐。

设计意图：学生能够合唱歌曲，声音和谐。

（1）完整慢速轻唱全曲。

（2）再次演唱歌曲。

用较快的速度来歌唱。注意字正腔圆，声音的和谐，休止符的停顿。

生：这次演唱声音更美了，力度表情都不错，整齐，有感情！

表演歌曲，用耳朵去审美。

（3）表演唱：用我们的耳朵去欣赏美。

①分男女领唱，两个声部不变。请学生点评。

②分组领唱。请学生点评。

六、教学效果评价

教师通过观察、提问、监听等形式对学生进行评价，并引导学生在合唱环节，引导学生进行评价。评价其音准、节奏、音乐的表现、声音的和谐度。

七、教学设计特点

从聆听入手，让学生自己主动找出音乐中的信息，学习歌曲，激发学生富有情感地歌唱，以情带声，声情并茂。快速学唱歌曲一声部旋律，器乐辅助二声部旋律学习，轻唱为主，培养学生聆听音乐，倾听协调另一声部的和声。发展学生的听觉思维应贯穿于音乐教学的全部活动中。

小学体育与健康
《田径：50 米快速跑——终点跑（1/4）》教学设计

小学　屈公亮

一、指导思想与理论依据

本次课以《体育与健康课程标准》提出的“健康第一”为指导思想进行教育教学，促进学生健康成长，提高快速跑的能力。在整个教学过程中采用师生之间、学生之间互动教学，注重学生良好的学习习惯培养。通过多种形式的练习，提高学生的积极性，提高学生快速跑的能力，使学生体验到运动的乐趣和价值。促进学生身心健康发展。

二、教学背景分析

1. 教学内容分析

教学内容的选用是依据人教版第五册《50 米快速跑》的教材内容，本单元共分为 4 课次，本次课为第 1 课次，终点跑是全程跑技术环节之一，也是全程跑最后一段距离。其任务是保持途中跑的正确技术，用全部体力以最快的速度冲过终点。

2. 教学重难点

重点：距离终点线两米左右躯干前压撞压终点线。

难点：最快速度冲过终点，不减速、不停顿、不跨跳。

3. 教学目标

（1）学生能够说出终点跑的动作方法与要领，体会胸部或肩撞线的动作，在接近终点线时做到不减速、不停顿、不跨跳。

（2）发展学生下肢力量，全面提高身体素质及快速跑的能力。

（3）培养学生严肃认真的学习态度和竞争的意识，不怕困难的良好品质，提高团队的合作精神。

4. 学情分析

五年级学生，他们身体素质和运动能力已有了一定的基础，他们善于模仿，对自己的成绩特别关心，对跑步这类竞争激烈的运动项目兴趣较高。我校学生基本都是外地借读生，这些学生具有较强的意志力，能吃苦，有很高的求知欲望，所以在课堂教学中，对学生严格要求，多练习。教师在教学中运用讲解法、直观示范法等手段，多用激励语言，激发学生的学习动机，使学生乐学好学。在学练中进一步养成良好的倾听习惯，规范的站立等姿势。

本班学生学习能力较强，但有时纪律意识不强，需要教师及时纠正。

5. 单元计划

50米快速跑单元教学计划

单元教学目标	1. 通过学习和练习，学生基本能够掌握50米快速跑的技术动作，提高自己快速跑的能力。 2. 进一步发展学生速度、耐力、灵敏等身体素质，提高身体的协调性和跑的能力。 3. 培养学生积极竞争的意识，不怕苦难的良好品质，提高团队合作能力。		
	2课时		4课次
课次	**教学内容**	**重难点**	**教法措施**
1	学习50米快速跑技术，重点学习提高冲刺跑。	距离终点线两米左右躯干前压撞压终点线，以最快速度冲过终点。	1. 原地摆臂模仿练习，体验躯干迅速前压的动作。 2. 分组进行原地摆臂，听口令撞压终点线练习。 3. 学生分组进行10米跑冲过终点线练习。利用自制终点线体验成功的快乐。 4. 指导学生在跑道上跑10米、20米后冲过装有道具的终点。 5. 教师激励学生练习50米快速跑，重点强调终点跑的动作方法与要领。
2	学习50米快速跑技术，重点改进提高加速跑和途中跑。	上体慢慢抬起，快速启动反应灵敏。	1. 出示挂图讲解起跑后的加速跑，并做示范（侧面示范——观察老师的上体慢慢抬起）。 2. 原地小步跑、高抬腿变加速跑20米练习。 3. 通过提踵向前倒变加速跑20米练习。 4. 用同学相互作标志物练习上体慢慢抬起的过程。
3	蹲踞式起跑。	蹬摆有力正确的起跑姿势。	1. 挂图教学直观的给学生讲解起跑技术。 2. 带领学生练习蹲踞是起跑动作技术。 3. 分解动作练习到连贯动作练习。 4. 起跑追逐游戏提高学生的兴趣和快速反应能力。

（续表）

课次	教学内容	重难点	教法措施
4	考核	动作自然大方，成绩优异。	1. 学生练习各环节。 2. 分组进行测验（合理安排）。 3. 教师指导鼓励。

年级　五　第 1 次课　上课时间：　　年　　月　授课教师：屈公亮

教材内容与课次	1. 50 米快速跑——终点跑（1/4）；2. 游戏：欢乐伞。
教学目标	1. 学生能够说出终点跑的动作方法与要领，体会胸部或肩撞线的动作，在接近终点线时做到不减速、不停顿、不跨跳。 2. 发展学生下肢力量，全面提高身体素质及快速跑的能力。 3. 培养学生严肃认真的学习态度和竞争的意识，不怕困难的良好品质，提高团队的合作精神。

部分	教学内容	次数	时间（分）	组织教法与要求
开始部分 3 分	一、队长整队、报告人数、师生问好。 二、宣布本课内容及要求。 三、队列练习 向后转－走。	1 2～4	3	组织队形：学生站成四列横队 X X X X X X X X X X X X X X X X X X X X X X X X X X X X X X X X X △ 教法： 1. 教师观察学生整体情况，强调注意力集中，精神饱满。 2. 教师提示队列要求，强调转体换臂，步伐一致。 3. 学生听口令练习向后转走，教师指导纠正。 要求：精神集中，队列整齐，步伐统一。
准备部分 7 分	一、准备活动：徒手操 1. 头部运动 2. 扩胸振臂 3. 腹背运动 4. 正侧压腿 5. 膝绕环 6. 手腕脚踝	4×8	5	组织队形：学生成体操队形散开 X　X　X　X　X X　X　X　X　X X　X　X　X　X X　X　X　X　X　X △

（续表）

部分	教学内容	次数	时间（分）	组织教法与要求
准备部分 7分	二、辅助练习： 1. 腿部肌肉拉伸 2. 原地跑步练习 3. 原地高抬腿练习	1 2 2	2	教法： 1. 教师提示徒手操作方法与要求。 2. 学生听口令随教师做徒手操。 3. 教师指导学生做专项练习。 要求：认真用力，舒展大方，充分活动身体。 教法： 1. 教师提示原地跑步和原地高抬腿跑的动作要领，重点提示摆臂动作和身体姿态。 2. 学生听信号做练习。 要求：专心听讲，认真练习。
基本部分 20分	一、终点跑  动作方法： 以全部体力、最快速度在距终点线两米左右（最后一步）时，躯干迅速前压，以胸部或肩部撞压终点线，跑过终点。跑过终点后，逐渐自然减速跑进一段距离。 重点：距离终点线两米左右躯干前压撞压终点线。 难点：最快速度冲过终点，不减速、不停顿、不跨跳。 易犯错误： 接近终点时减速或跨跳等。	1 1 1 3－5 5－7 3－5 1 1 2－3 5－6 2 1	20	组织队形：如图所示 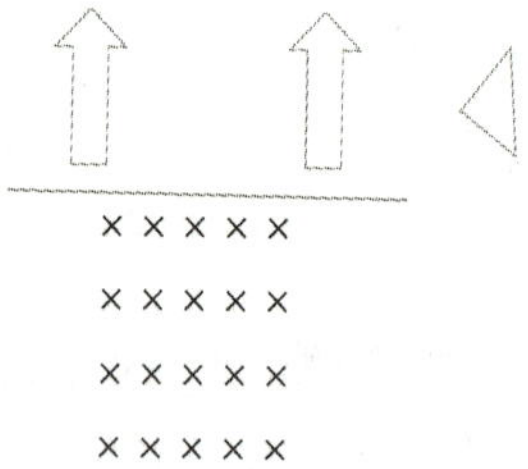 教法： 1. 教师指导学生进行20～25米快速跑过标志物的练习，重点提示跑步姿态和快速通过终点。 2. 语言导入：老师刚才发现同学们在通过标志物的时候，有些同学在接近标志物的时候就减速了，还有一些同学不是快速跑过标志物，而是跨过标志物，这些现象都会影响你跑的成绩，引出本课所学内容：50米快速跑——终点跑。 3. 教师出示挂图讲解示范终点跑的动作方法与要领，强调距离终点线两米左右躯干前压，撞压终点线。加速摆臂以最快速度冲过终点。 4. 指导学生原地摆臂模仿练习，体验躯干迅速前压的动作，教师随时语言提示。 5. 指导学生两人一组进行原地摆臂模拟撞压终点线练习，体验躯干迅速前压，以胸部或肩部撞压终点线。

（续表）

部分	教学内容	次数	时间（分）	组织教法与要求
基本部分 8分	纠正方法： 教师提示学生终点跑技术要点。 二、游戏：欢乐伞 游戏方法： 学生11人一组，围成两个圆圈，共同用双手抓住欢乐伞的边缘，大家一起抖网，将球抛向空中，然后用伞接住，规定时间内完成次数多的为胜。 游戏规则： 1. 不能用手触球； 2. 球必须落在伞面； 3. 球离开伞面超过50厘米。	3~5	8	6. 学生分组进行10米跑冲过终点线练习。利用自制终点线体验成功的快乐。 7. 请动作好的学生进行展示。 8. 师生共同评议，教师重点提示胸部和肩部撞压终点线。 9. 教师进一步讲解终点线其实是一个垂直的面，指导学生在跑道上跑10米后冲过装有道具的终点。 10. 教师指导学生进行20米练习，强调用最快速度冲过终点线，做到不减速、不停顿、不跨跳。 11. 教师激励学生练习50米快速跑，重点强调终点跑的动作方法与要领。 12. 教师小结学生表现情况，以表扬为主。 要求：专心听讲，认真观察，刻苦练习，相互协作。 组织队形：如图所示 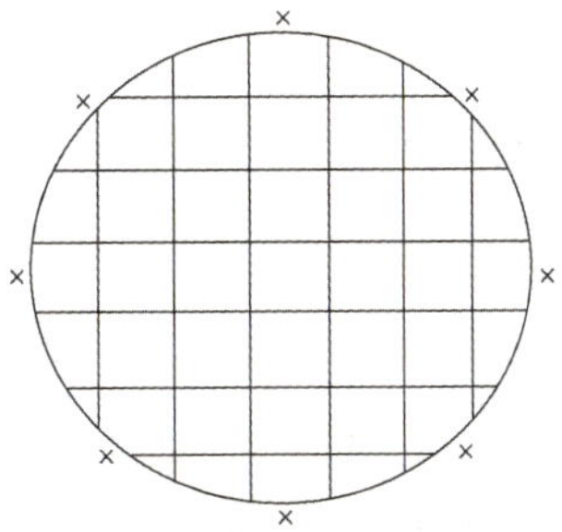 教法：1. 教师讲解欢乐伞动作方法。 2. 学生分组进行尝试练习。 3. 组织学生进行比赛，规定时间内完成次数多的为胜。 4. 变换游戏形式。 5. 教师小结以表扬为主。 要求：注意安全，团队协作，永争第一。
结束部分 2分	一、放松小结 二、师生再见 三、收回器材	1	2	组织队形：学生站成四列横队 教法：1. 教师带领学生做放松。 2. 总结本课的收获，教师表扬守纪律、刻苦锻炼的学生。 3. 回收器材，师生再见。

（续表）

<table>
<tr><td>场地器材</td><td>标志桶：4 个
挂图：1 幅
自制终点线：6 根
终点道具：1 套</td><td rowspan="3">预计生理负荷</td><td rowspan="2" colspan="2">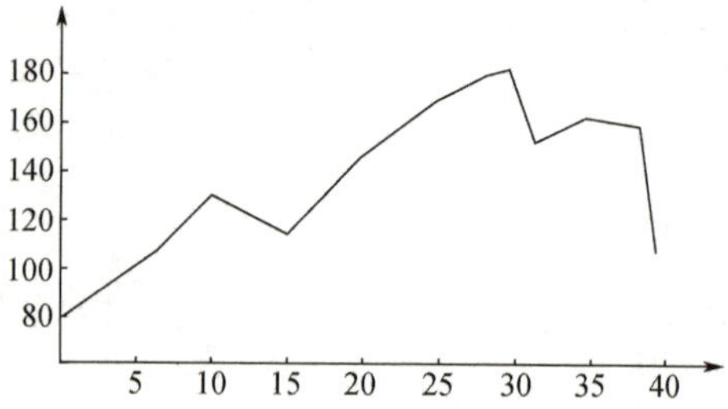
</td></tr>
<tr><td rowspan="2">安全措施</td><td rowspan="2">课前检查场地器材是否有安全隐患，做好各项准备活动，随时提示学生注意安全。</td></tr>
<tr><td>预计练习密度：33%</td><td>预计平均心率：
125～135 次/分</td></tr>
<tr><td>课后小结</td><td colspan="4"></td></tr>
</table>

三、教学效果评价设计

学生学习效果评价：

好	较好	再努力
学生能够以最快速度冲过终点，“撞线”动作明显。	学生基本能够运用正确的终点跑方法完成冲刺，有“撞”线动作。	不能运用正确的终点跑方法完成冲刺，接近终点时减速或跨跳。

评价方式：教师在学生学习过程中根据具体情况进行评价，运用激励性语言，肢体语言等。

评价形式：师生共评、生生互评与师评相结合。

四、本课特点

教师根据本节课重难点有针对性自制教具，进一步提高学生练习兴趣，更好地帮助达到教学目标。教师讲解示范或提示动作要领语言简练，学生容易理解，小组合作练习过程中，教师引导学生积极发现问题，个别指导，体现区别对待原则，使每一个学生都能有所收获，教师运用激励性语言多给予学生鼓励，增强学生的自信心。练习过程中本着精讲多练的原则，多给予学生练习的时间，充分发挥了学生的主体地位，真正做到了以学生为主体。通过教师的启发、引导、激励充分调动学生学习的主动性、积极性，培养学生小组合作能力；教学环节中“教”、“学”、“练”、“赛”相得益彰，层次清晰；教师运用语言的激励，标准的示范，亲切自然的教态，师生互动，来打造激情和灵动的课堂，让学生真正有所受益，促进学生的健康成长。

小学美术《水墨游戏》教学设计

小学　胡艳阳

教学基本信息					
课题	《水墨游戏》教学设计				
学科	美术	学段：第二学段	年级	三年级	
相关领域	造型·表现				
教材	书名：《北京市义务教育课程改革实验教材美术第5册》 出版社：人民美术出版社 出版日期：2002年10月				

一、指导思想与理论依据

（1）本课是国画的初始课，旨在通过水墨游戏的方式，使学生体验、感受笔、墨、纸在水的作用下产生的丰富变化，从而激发学生对祖国传统文化的兴趣，萌发学习中国传统文化的愿望。初步了解中国特有的文房四宝的有关知识。

（2）本课教材选取了吴作人的一幅水墨画作品《啸传万里足立千秋》，教师要引领学生通过欣赏作品，了解水墨画的主要特点。教材中介绍了游戏的方法，并附有效果图，这几种方法表现起来简单易行、富有趣味性，教师可根据自己的实际情况有选择地指导学生学习。

（3）本课的学习重在体现游戏性，教师要确立游戏的主题或制定游戏规则，以避免学生活动的盲目性和无序性。

二、教学背景分析

（一）教材分析：

本案例为人教版小学美术三年级下册第一课《水墨游戏》，属于“造型·表现”学习领域。这是小学生入学以来初次接触水墨画，离开水彩笔等工具而用毛笔在宣纸上作画对小学生来说是充满神秘感的，因此他们对水墨画的学习是很有浓厚兴趣的。但是运用传统的教学方法教授笔墨技法和单一的临摹学习会让小学生感觉枯燥无味，限制了他们的天性的创新能力，最终以缺失兴趣而厌恶学习水墨画。针对三年级学生的年龄特征和心理特点，水墨画的辅导练习以求取掌握技法精神即可。教师要示范最基本的用笔、蘸墨、施水、调色等水墨画基本方法并使之养成良好的特定规律习惯。水墨画本身具有随机、变通、接近童趣的一面，要重视培养小学生的学习兴趣，不能像对成人培训一样苛求。《水墨游戏》一课以游戏为主导，注重了儿童的个性意识，以体验式学习贯穿始终，让学生不拘束于水墨教学的条条框框，自由畅想，发展学生的想象力和创新力，体现出一个轻松、活泼、自由、趣味的水墨画课堂。

（续表）

二、教学背景分析		
（二）学情分析： 小学三年级学生天性活泼好动，有着强烈的求知欲和好奇心，他们善于观察，充满无拘无束的想象，喜欢各种各样富于乐趣的“游戏活动”。儿童的生活是游戏的生活，儿童的世界是游戏的世界。喜爱游戏是每一个孩子的天性，课堂上以游戏激趣调动起他们的积极性，就会看到他们爆发的思维火花和天女散花般的创作思绪。 （三）教学方式：情景教学法 { 感知：感知情景，激发兴趣。理解：了解国画，积累表象。深化：丰富想象，发散思维。 （四）技术准备： 教师：多媒体设备、投影仪、国画工具、课件、范画、美术书。 学生：搜集的资料、中国画、美术书。（共 28 份）		
三、教学目标（含重难点）		
教学目标： 知识和技能：认识中国画的工具材料，感受水墨画笔、墨、纸的特点。了解基本的用笔、用墨方法，并运用中国画的方式尝试完成一幅水墨小品画。 过程与方法：在开放式的笔墨游戏中体验、感受笔墨变化，能够控制毛笔的水分，尝试用中锋、侧锋调出不同层次的墨色。在教师的启发指导下，学习尝试用水墨组织画面。情感、态度与价值观：通过水墨游戏的实践，让学生感受到中国传统文化的独特魅力，培养学生热爱民族传统艺术，树立民族自豪感。 **重点、难点分析：** 教学重点：在自主探究的游戏中体验笔、墨在宣纸上的变化，感受水墨画独特的艺术魅力。 教学难点：大胆尝试水墨画的多种表现方法，体验创造乐趣。		
四、教学过程		
（一）教学导入【1 分钟】		
看老师画一幅画好不好？ 问题 1．你知道老师画的是什么画吗？ 问题 2．你知道老师是怎样画出这样的效果吗？ 中国画是中国所特有的，画家们经常用各种方法来作画，他们热爱中国画，当技艺达到随心所欲时，经常用这些工具进行水墨游戏。	欣赏。 中国画 把纸先揉了。	直切主题。 激发兴趣。 感受中国画的独特表现方法。

（续表）

<table>
<tr><td colspan="3">四、教学过程</td></tr>
<tr><td colspan="3">［设计意图］创设情境，引发学生生活经验，激发学习兴趣。
（二）讲授新课</td></tr>
<tr>
<td>游戏的方法很多，大家想不想尝试一下？今天我们就来利用这些绘画工具也像画家一样做做水墨游戏。
板书课题：水墨游戏
游戏一
是游戏就要有游戏规则，请同学们听清老师的规则：每个同学只能沾一笔墨。
任务1：试着用笔画出尽可能多的线。（画不出来时只能加水）
教师演示从纸的下面往上画。
任务2：试着用笔点出尽可能多的点，在线的上端点。（画不出来时只能加水）
教师演示从墨线重的线条开始点。
问题1：看一看，你画出的像什么？
问题2：有的墨线、墨点特别浓重、有的墨线、墨点很清淡，这是为什么？
板书：焦浓重淡清
小结：在中国画里，“墨”并不是只被看成一种黑色。在一幅水墨画里，即使只用单一的墨色，也可使画面产生色彩的变化，完美地表现物象。
任务3：为了让树林长得更加茂盛，叶子更多，想想可以怎么做？
（学生说，老师可适当添加）
真是一幅非常美的画面，为了表示树林的茂密，我觉得这些叶子还不够，你能想出什么办法让树叶长的更多更茂密吗？
教师演示：滴染法（墨笔在另一支笔上敲打）
同学们太棒了，我们一起完成了一幅非常漂亮的水墨游戏作品。你们想不想知道画家们在作水墨游戏时都花些什么？（课件出示）欣赏画家水墨游戏作品：</td>
<td>想
听规则
按要求动手绘画
学生按要求完成游戏任务。
笔中墨色多少不同，加的水多少不同，产生的墨色就不同。
加水越多，墨色越清。
学习滴染法。
想</td>
<td>通过实践体会：
1. 水分的多少，用笔的轻重不同，画出的墨线也会不同。
2. 墨与水的结合产生了浓淡干湿的变化。
引导学生体会中国画中的墨分五色。
感受中国画的写意之美、水墨产生的画面乐趣。</td>
</tr>
</table>

（续表）

四、教学过程		
水墨之趣  问题：这些作品表现了什么内容？造型和用墨有什么特点？ 小结：画家们把自己喜爱的美好生活，化繁为简，用简淡之笔描绘物象，构图简略随意，墨色丰富，却常出乎意料，令人玩味不尽。	欣赏感受 山水、动物、人物、花鸟。 造型简单，墨色浓淡丰富。	了解体会中国画简练的线条，表现内容的丰富性。 培养学生观察记忆能力，了解中国画的造型及笔墨创作特点。

［设计意图］课前的自主学习、课上的协作与交流等学习环境要素充分发挥学生的主动性、积极性，体现了以学生为中心的教育理念。

游戏二 规则：运用水和墨创作一幅水墨画。 要求： 1. 可以用点、线、面来表现画中的景物。 2. 画中体现墨色的变化。	独立完成。	培养学生运用已学技法进行简单的创作。

（三）艺术实践【16 分钟】

［设计意图］学生进行实践练习，提高绘画技法，大胆表现造型。

（四）巡视辅导

个体：（1）技法的表现

（2）墨色的变化

［设计意图］结合普遍极个别的问题有针对性地进行指导解决。

（五）展示评价【5 分钟】

（续表）

四、教学过程		
画展：为你喜欢的作品献上创意之星（小贴画），并说一说为什么喜欢它。教师补充并给予恰当地鼓励，指明努力的方向。	围绕水墨游戏规则，谈对作品效果的分析评价。	提高学生的鉴赏能力，体验成功的快乐，培养学生热爱祖国传统艺术的情感。

（1）学生自评：介绍个人的创作内容。

（2）同学互评：提出创作中可供学习的优点或提出修改的建议。

（3）教师点评：提炼优点与不足（突出的及普遍的）。

（六）课后拓展【2 分钟】

延伸：今天我们通过游戏，重点地学习和了解中国画的墨色技法，但是还有很多笔墨技法，需要同学们去学习和了解，像下面这些水墨游戏的方法，你想不想试一试……（课件：水墨游戏方法）

总结：中国画的博大精深可不是一朝一夕就学会了，下一节课我们将继续研究中国画的水墨游戏，做一个传承中国传统文化的接班人。

体现中国传统绘画的丰富，开阔学生眼界，激发学生创作的欲望。

［设计意图］通过课后的拓展，引发学生对人类飞向太空梦想的意义的思考。鼓励学生敢于梦想，创造美好生活的情感。

［板书设计］

水墨游戏

版面一

范画　范画

墨分五色：焦浓重淡清

造型：简单

内容：丰富

版面二

画展